基层治理
数字化转型研究

JICENG ZHILI
SHUZIHUA ZHUANXING YANJIU

何立军 著

中国社会出版社
国家一级出版社 · 全国百佳图书出版单位
北京 · BEIJING

图书在版编目（CIP）数据

基层治理数字化转型研究 / 何立军著 . -- 北京 ：中国社会出版社，2024.7（2025.5 重印）
ISBN 978-7-5087-7055-0

Ⅰ. ①基… Ⅱ. ①何… Ⅲ. ①数字技术－应用－社区管理－研究－中国 Ⅳ. ①D669.3-39

中国国家版本馆 CIP 数据核字（2024）第 103105 号

基层治理数字化转型研究

责任编辑： 张 迟
责任校对： 刘延庆
装帧设计： 尹 帅
出版发行： 中国社会出版社
（北京市西城区二龙路甲 33 号 邮编 100032）
印刷装订： 北京九州迅驰传媒文化有限公司
版 次： 2024 年 7 月第 1 版
印 次： 2025 年 5 月第 2 次印刷
开 本： 170mm × 240mm 1/16
字 数： 256 千字
印 张： 16.75
定 价： 58.00 元

序

张贤明*

立军是我所指导的吉林大学政治学理论专业博士研究生，他在博士学位论文基础上拓展完善而成的专著《基层治理数字化转型研究》出版之际请我作序，我是欣然答应的。因为，他不仅在攻读博士学位期间勤奋努力让我印象深刻，博士毕业后还能在紧张繁忙的工作生活之余继续保持对学术研究的热情与动力，作为他的指导教师我深感欣慰。

在信息化、数字化浪潮席卷全球的今天，基层治理作为国家治理体系的重要组成部分，正面临着前所未有的挑战与机遇。推动基层治理数字化转型，不仅是提升基层治理效能、实现国家治理现代化的客观要求，也是推动社会发展进步、增进人民福祉的重要途径。数字化转型不仅为基层治理带来了全新的技术手段和工具，更在深层次上推动了治理结构的优化、治理过程的重塑和治理功能的提升。基层治理数字化转型涉及数字技术在基层治理中的应用、数据资源的整合与利用、基层治理模式的变革与创新等诸多方面。通过数字化转型，可以不断提高基层政府的运行效率，更加精准地把握基层社会的脉搏，更加高效地解决基层治理中的问题和矛盾；同时也能够促进基层治理的科学化、智能化、法治化、民主化，通过数字赋权与数字赋能等方式，不断增强人民群众的参与感、获得感和安全感。

《基层治理数字化转型研究》一书旨在深入探讨基层治理数字化转型的理论逻辑与实践路径，为相关领域的研究和实践提供有益借鉴与参考。该书在充分吸收借鉴相关研究成果的基础上，采用“结构–过程–功能”分析框

---

* 张贤明：吉林大学行政学院院长、教育部“长江学者”特聘教授、中国政治学会副会长。

架，深入剖析了基层治理数字化转型的内在逻辑和运行机制，并以引领全国数字化改革的浙江省为样本，选取浙江省G镇作为典型案例展开系统分析，为我们呈现了一幅生动的基层治理数字化转型实践图景。浙江省G镇的实践探索不仅展示了数字化转型在基层治理中的巨大潜力，也为其他地区提供了宝贵的经验启示。通过对G镇的案例分析，我们可以清晰地看到数字化转型如何重塑基层治理结构、优化基层治理过程、增强基层治理功能。

在结构层面，数字化转型打破了传统基层治理的分散格局，通过信息平台的构建和数据资源的整合，实现了党政机关、企事业单位、社区组织、居民之间的紧密连接和高效协同。这种新型治理结构的形成，为基层治理注入了新的活力，提升了治理效能。在过程层面，数字化转型促进了信息的共享与传递，使得基层治理的各个环节更加透明、公开。通过数字化工具的应用，政府可以精准把握民意、更加高效运行，居民也可以更加便捷地参与治理，从而形成政民互动、共治共享的良好局面。在功能层面，数字化转型增强了基层治理的功能，提高了治理的精准性和有效性。通过数据分析和智能决策，基层政府可以更加科学地制定政策、优化服务，满足居民的多元化需求。

就我所见而言，立军博士的这本《基层治理数字化转型研究》无疑是一部具有较高学术价值和实践意义的著作，彰显了其学养功底和这些年来对基层治理数字化转型实践的敏锐观察、深刻理解。当然，任何一部作品都不可能完美无缺。该书虽有可圈可点之处，但仍有一些值得探讨和改进的地方。例如，对于基层治理数字化转型更深层次的理论问题需要进一步深化探究，对于浙江省G镇的实践探索还可以有更加深入持久的田野调查，对于其他地区的实践经验也有必要进行多维度的比较研究等。希望立军在未来的研究中进一步深入，提出更具创新性和前瞻性的理论观点，增加跨地区的比较研究，关注数字化转型的可持续性和风险控制，深入探讨如何有效地控制和管理可能出现的风险与问题等。

寥寥数言，是为序。期待立军博士不忘初心，牢记使命，笔耕不辍，有更多高质量的研究成果，在今后的工作中取得更大进步，为国家治理和社会进步贡献更多智慧与力量。

2024年5月于长春

目　录

前　言

数字化转型是当今世界前沿性课题。在自上而下的部署推动和自下而上的创新探索共同作用下，中国基层治理数字化转型步伐日益加快，大量的实践创新不仅有效地提升了基层治理效能，也不断地驱动基层治理模式转型。这其中蕴含着中国特色的政治逻辑以及对应的技术治理进路。一方面，数字化的技术治理在当前中国的基层治理实践中发挥着重要作用，为基层治理体系优化和治理能力提升提供了动力支撑；另一方面，在中国基层治理实践中，技术治理进路的选择也受制于中国特色的政治制度安排，基层治理数字化转型过程充满了技术与制度的张力，融合与发展遇到了许多问题和挑战需要深入研究。质言之，当前中国的基层治理数字化转型实践出现了技术治理悖论：一方面，数字化的技术治理解决了传统治理的很多问题，比如通过“技术赋权”“技术增能”提升了治理的能力和水平；另一方面，当前的技术治理实践遇到了很多问题和挑战，存在很大的局限性，比如技术治理催生了新的“碎片化”、加剧了“内卷”，技术治理受制于制度变革等。因此，如何破解技术治理悖论，探索出基层治理数字化转型高质量发展的路子，需要展开深入研究。

本研究选取基层治理数字化转型作为研究对象，试图通过理论与实践相结合的系统分析，试图回答两方面问题：一是当下中国的基层治理遇到了哪些瓶颈？为什么要进行数字化转型？数字化转型的目的是什么？基层治理数字化转型蕴含着什么样的政治逻辑？二是如何突破数字化的技术治理实践中出现的悖论，找准与数字化转型逻辑相对应的技术进路，提高技术治理的有效性，实现高质量的基层治理数字化转型？为此，本研究聚焦基层治理实践遇到的突出问题，主要立足政治学和公共管理学科视角，以国家能力、政府治理、社会治理三者的有机互动为底层逻辑，以“结构-过程-功能”为分析框架，尝试以典型案例为基础，将浙江省杭州市X区G镇作为典型个案进行全景呈现，通过点面结合的分析，深入阐释中国基层治理数字化转型的内在逻辑，探寻有效推进基层治理数字化转型的技术路径。

基于对基层治理数字化转型这一核心概念的界定，以及对数字治理、技术治理、整体性治理等相关理论的梳理，本研究首先从整体上呈现了“结构-过程-功能”分析框架，而后结合个案探索实践，对基层治理数字化转型的政治逻辑及其对应的技术进路展开了系统分析。

首先，关于基层治理数字化转型的结构调整问题。本研究首先从政府内部条块关系和治理资源下沉基层等方面分析了当前基层治理数字化转型面临的结构性问题，阐明了当前中国政府自上而下的科层治理逻辑与自下而上的社会治理逻辑的内在张力，提出需要通过基层治理结构性重塑实现对国家意志、政府治理与社会治理的良性互动。接着，分析认为基层治理数字化转型的结构性逻辑主要体现在三个方面：一是调和国家意志与政府治理结构性张力；二是提升基层治理能力回应社会发展需要；三是增强国家信息能力扩大居民自主参与。然后，结合G镇的实践探索，分析得出基层治理数字化转型的结构调整进路主要是从“碎片僵化”转向“整体智治”，具体通过加强组织领导统一思想认识启动相应改革，高位顶层设计为基层条抓块统提供制度保障，通过技术治理支撑实现整体智治。

其次，关于基层治理数字化转型的过程优化问题。本研究分析认为，由于中国的基层治理过程是在中国共产党的领导下主要以政府治理为牵引推动社会治理转型，因此将政府治理过程的数字化转型作为核心研究对象。具体从政府治理过程分析提出，基层治理的权责传递过程出现由任务加码到工作避责的问题，资源传递过程出现由碎片下沉到职能补漏的问题，信息传递过程出现由信息内卷到共谋分锅的问题。这些问题表明，政府治理过程数字化转型的关键在于：通过权责明晰激发基层治理的活力性，推动资源下沉增强基层治理的协同性，化繁为简应对基层治理的复杂性。最后，结合G镇的实践探索，本研究提出基层治理数字化转型的过程优化进路主要是从“板结内卷”转向“敏捷协同”，具体通过数字化平台集成和模块管理提升权责精确度，在场景打造和任务牵引下强化部门间的协同，在流程再造中实现数据决策、科学应对基层纷繁复杂的治理问题。

最后，关于基层治理数字化转型的功能改善问题。本研究对基层治理的功能实现与数字化转型的逻辑关系进行了深入讨论，指出当前基层治理数字化转型面临着系统性不足、精细化不够、共生性不强等突出问题，主要表现在政府统筹整合统筹能力有限、高质量的有效治理不足、共建共治共享的治理格局不牢等方面。这些问题的本质在于，通过技术赋权增能努力释放基层治理功能，通过服务增效努力实现精细化治理，通过价值引领推动共治共享。结合G镇的实践探索，本研究认为，基层治理数字化转型的功能改善进路主要是从“低效粗放”转向“高效精治”，具体可以通过价值创设、多元参与、技术治理、提升数字素养等途径努力构筑基层共建共治共享的治理共同体。

综上，本研究发现：基层治理数字化转型是一项复杂的系统工程，关系着基层治理的结构、过程和功能变化，其本质在于对传统基层治理模式、政府运作模式、社会治理范式等进行变革与创新。基层治理数字化转型的技术进路与政治逻辑之间有着密切关联，其中政治逻辑是党和国家意志与既有基层治理行为逻辑的内在统一，既包含着党和国家总体层面的政治要求，也囊括了基层治理中必须直面的现实问题和内在矛盾，这些问题和矛盾也正是当前基层治理面临的重点难题，而数字化转型的政治逻辑及其技术进路分析提供了一种解题思路，在过去相关研究基础上形成了一些新认识。第一，基层治理数字化转型不一定需要基层治理结构和过程的完全变革也能实现。实践表明，通过直接的数字化赋能给群众展现智能化的服务场景的确让群众得到了实惠，但同时由于基层治理的结构和过程变革跟不上，进一步加剧了基层工作负担。第二，结构调整并不意味着整个治理体系的实质变革，基层治理过程才是决定性因素。因为治理过程本质上是一种协作，组织协作的方式不变，结构的改变并不能保证治理预期目标实现。第三，在政府治理主导的基层治理数字化转型实践中，结构调整是由相应的功能需求决定或倒逼的，结构功能的实现则是由过程决定的，过程和功能相辅相成，过程优化需要适应结构调整和功能牵引的需要，同时功能输出结果对过程优化也会产生反向促动作用，只有结构、过程与功能有机联动才能实现基层治理转型目标。第四，技术支撑是基层治理数字化转型不可或缺的要素。治理主体要深刻认识、科学用好各类技术，坚持数字技术与社会技术融合应用，做到技术与治理深度融合；要坚守数字正义，处理好安全与发展、技术与人文之间的关系，破解技术治理悖论，努力实现高质量的技术治理。

绪　论

一、选题缘由与研究意义

（一）选题缘由

基层治理数字化转型是国家治理现代化的重要内容，是一项长期性系统工程，代表着基层治理的新范式，涉及多学科、跨领域的理论与实践问题，近年来受到学术界热切关注，目前面临大量问题亟待深入研究。

第一，数字化转型是当今世界前沿课题，基层治理数字化转型是其中的重要内容，有大量实践性和学理性问题需要研究。

生产力决定生产关系。数字化转型最早或者说更多的讨论和研究主要体现在经济领域，应用主要体现在商业变革和企业管理领域，近些年来逐步成为国家治理领域的研究热点。随着人类社会逐步进入数字社会，数字经济迅猛发展对既有的生产关系形成了巨大冲击和挑战，国家治理不得不适应新形势，朝着数字化的方向变革发展。特别是随着第四次工业革命加速演进，各类技术应用渗透到社会运行发展的方方面面，深刻地改变着人们的生产生活方式、社会交往方式、社会组织形态、经济发展模式。一方面，科技革命塑造了一个流动的、庞大的、复杂的、去中心化的社会，对国家能力①提出了挑战。国家不得不通过改革创新去适应、回应科技发展

---

① 国家能力是指一个国家将自己的意志目标转化为现实的能力。这种能力主要包括汲取能力、调控能力、合法化能力、强制能力等。参见：王绍光. 国家治理与基础性国家能力［J］. 华中科技大学学报（社会科学版），2014（3）：8-10.

带来的社会变化。另一方面，科技革命也为国家治理提供了强有力的技术支持和动力支撑，在很多方面提升了国家能力。在全球处于数字技术驱动大变革的时代背景下，世界主要发达国家将数字技术广泛应用于政府治理与社会治理领域，而中国①从国家战略层面大力推进数字化发展，着力建设数字中国、网络强国、智慧社会，这是应对当前政府与社会治理面临一系列问题和挑战的迫切需要，也是有效应对国家现代化建设过程中种种风险挑战的战略选择。②

随着国家治理现代化走向深入，国家越来越重视数字化发展治理问题。基于对国际国内形势的综合研判，中国提出了加快建设数字中国、网络强国、智慧社会等国家战略，并作出了一系列部署安排，出台了一系列政策文件，大力推动数字经济高质量发展和公共治理数字化转型。《中华人民共和国国民经济和社会发展第十四个五年规划和 2035 年远景目标纲要》专门设置“加快数字化发展 建设数字中国”章节，对加快建设数字经济、数字社会、数字政府，营造良好数字生态等作出明确部署；明确提出，“加快数字社会建设步伐”“提高数字政府建设水平”“营造良好数字生态”“全面提升城市品质”“构建基层社会治理新格局”。③《“十四五”国家信息化规划》明确提出要建立健全规范有序的数字化发展治理体系。

基层治理是国家治理的基石。基层治理与国家治理、地方治理构成国家治理体系。在中国的话语体系中，国家治理可以理解为治国理政，地方治理主要指省、市层级的治理，基层治理主要指县级以下行政层级的治理。作为国家治理体系的基础组成部分，基层治理不仅要落实国家治理、地方治理的任务，还要承担“属地管理”近乎无限责任的治理，因此情况

① 除他人研究成果外，本研究中提到的“中国”主要指中国大陆地区，本研究主要针对中国大陆地区的基层治理数字化转型问题展开。

② 魏礼群，顾朝曦，倪光南，等. 数字治理：人类社会面临的新课题［J］. 社会政策研究，2021（2）：3-12.

③ 中华人民共和国国民经济和社会发展第十四个五年规划和 2035 年远景目标纲要［N］. 人民日报，2021-03-13（1）.

复杂、任务艰巨。① 自党的十八大以来，全面深化改革逐步进入攻坚期和深水区，国家与社会加速转型变革，基层治理面临很多新情况新问题新挑战。② 为此，2021 年 4 月，中共中央、国务院出台了《关于加强基层治理体系和治理能力现代化建设的意见》，明确提出“加强基层智慧治理能力建设”，加快推进基层治理现代化。③

2019 年底暴发而后在全球大流行的新冠疫情，充分暴露出多个国家的基层治理短板和不足，同时也凸显出数字技术在疫情防控以及疫情后的基层治理中发挥了重要作用。疫情加速了数字社会发展进程，推动人类社会快速进入数字时代。时至今日，传统的国家与社会治理方式已无法适应数字时代的发展需要，一个日新月异的数字治理时代已经到来。在中国，无论是政府治理，还是城市治理、基层治理，都在积极推进数字化转型。

在政府治理领域，数字政府建设成绩显著同时也面临诸多问题和挑战。建设数字政府是落实网络强国和数字中国战略的必然要求，是推进政府治理体系和治理能力现代化的重要途径，是提升政府服务质量、增强政府公信力、推动社会经济高质量发展、再创营商环境新优势的有力抓手和重要引擎。数字政府以信息技术为核心驱动，强调平台建设，突出过程优化，塑造了以大平台、大数据、大系统、大集成为战略导向，以数字化、协同化、透明化、智慧化为实施路径，以跨部门、跨系统、跨地域、跨层级高效协作为重要支撑的政务模式，从而为国家治理现代化提供了技术支持，让国家治理现代化在信息的加持下行稳致远。④ 数字政府是国家治理现代化背景下政府应用数字技术履行职能而展现的一种政府运行模式，本

---

① 何立军，朱志伟．区块链嵌入基层治理的价值效能与创新路径［J］．江汉论坛，2021（7）：79-84.

② 何哲．基层治理的复杂性和干部面临的现实难题［J］．国家治理，2020（40）：7-11.

③ 中共中央 国务院关于加强基层治理体系和治理能力现代化建设的意见［N］．人民日报，2021-07-12（1-2）.

④ 刘淑春．数字政府战略意蕴、技术构架与路径设计：基于浙江改革的实践与探索［J］．中国行政管理，2018（9）：37-45.

质上是政府治理的数字化转型。① 以政务服务数字化为例，党的十八大以来，在中央政府持续推进简政放权、“放管服改革”和“互联网+政务服务”的背景下，政府的办事服务能力水平大幅度提升，一些地方的政务服务发生了革命性变革，逐步实现了“最多跑一次”“秒批”“不见面审批”，方便了群众办事、提高了政府治理效能。但目前跨组织的数据共享和业务协同仍然面临许多障碍，“信息孤岛”仍然是数据应用的结构性梗阻，“最后一公里”还需要进一步打通。比如，不同部门之间的信息互联与共享平台仍需完善，证照电子化的省际互认还面临诸多制度性障碍，亟待建立跨地区、跨部门共享和全国互信互认的电子证照共享服务系统。②

在城市治理领域，智慧城市建设不断迭代升级，但与市民需求还有很大距离。快速的城市化给城市经济发展、资源利用、生态环境、生活质量带来了严峻挑战，为实现城市可持续发展，迫切需要构建智慧城市治理体系③，提升科学决策水平和精细化管理效率。21 世纪以来，中国的智慧城市建设大致走过了三个阶段：从智慧城市概念导入的分散建设阶段，到智慧城市试点探索的规范发展阶段，再到 2016 年正式进入新型智慧城市发展阶段。“新型智慧城市”是数字中国、智慧社会的核心载体，相较于以前，更加重视顶层设计与数据融合。目前中国已成为全球智慧城市创新发展的重要力量，但同时也存在各种各样的问题。比如，城市内部各部门之间信息不畅通、共享不足；前端产品单一，数据采集较多的是音视频；智慧城

---

① 刘学涛．行政法典编纂进路中数字政府的形塑［J］．法治社会，2022（1）：21-32.

② 马亮．数字政府建设：文献述评与研究展望［J］．党政研究，2021（3）：99-111.

③ 虽然关于智慧城市目前没有形成统一的定义，但可从技术、城市发展、社会三个层面进行深度理解。从技术层面讲，智慧城市是运用物联网、云计算、大数据、地理空间信息等新一代信息技术，促进城市规划、建设、管理和服务智慧化的新理念和新模式。从城市发展层面讲，智慧城市是集城市运行管理、产业发展、公共服务、行政效能于一体的城市全面发展战略，是现代城市发展的高端形态。从社会层面讲，智慧城市是一个由新技术支持的涵盖市民、企业和政府的新城市生态系统，是对城市地理、资源、生态、环境、人口、经济等复杂系统的数字网络化管理，具备服务与决策功能的信息体系。参见：【亿欧智库】2020 中国智慧城市发展研究报告：“新基建”驱动城市建设新篇章；陈鹏．智慧城市建设面临的现实困境与优化路径［J］．宁夏党校学报，2022，24（1）：93-101；李建平．经济增长新引擎［M］．广州：中山大学出版社，2022.

市的价值未得到充分体现，许多“大城市病”依然没有解决。中国的城市治理数字化转型中有大量问题亟待深入研究。推动城市治理智慧化，政府、企业、社会等各方要形成合力，需要用好新基建、新技术，优化合作机制，完善保障措施，为多元市场主体参与新型智慧城市建设创造良好环境。

在基层治理领域，数字化转型已成为中国地方治理改革创新的重要议题。近年来各地按照中央部署要求结合实际采取了一系列举措推进基层治理数字化转型。例如，北京的“接诉即办”数字平台建设；上海的“一网统管，一网通办”数字化转型实践；浙江全域数字化改革等创新探索为各地推进数字化转型提供了学习借鉴的样板。以浙江为例，不少城市都迈出了城市治理创新的步伐，“数字赋能”成为治理创新的“浙江名片”。杭州市积极创新优化矛盾纠纷调处模式，不断构建完善以“三级三层六和六能”为主要框架的城市基层社会治理“六和塔”工作体系；温州市着力构建基层社会治理“协调指挥”“源头防范”“动态管控”“智慧保障”四大体系；嘉兴市率先在全国探索形成“三治融合”建设地方标准规范，建立健全“三治融合”评价体系。①

总的来看，浙江省在基层治理数字化转型方面走在前列，但就全国整体而言，很多地方的基层治理数字化转型还处于起步探索阶段。与此同时，一些好的经验模式也有待实践检验，创新扩散的动力和条件还需不断探索，在创新探索过程中涌现出的新问题、新挑战亟待研究解决。比如，随着云计算、物联网、人工智能、元宇宙等新技术的深度应用，智慧城市、智慧社区的蓝图日益清晰，但敏感信息外泄、外部恶意窃取等数据安全问题以及数据使用权限问题同时暴露出来。一方面，各地依托网格化管理系统建立起来的智慧社区平台积累了大量数据（例如，社区人口、空间地理、医疗卫生、文化科教、各类事件等信息），这些数据承载了丰富的个人、社会和国家的重要信息，一旦泄露或被他人非法利用将产生恶劣后

① 姜方炳．理解“市域社会治理现代化”的三个着力点［J］．杭州（周刊），2019（19）：36-37.

果；另一方面，各地政府建设运维的网格化系统中沉淀的数据几乎都是从基层收集上来的数据，但基层特别是社区却无权调取使用这些数据，应有的“数据红利”并没有释放出来。

第二，当代社会已然是技术治理的社会，基层治理数字化转型是典型的技术治理实践，面临着大量需要深入研究的现实和理论问题。

20世纪七八十年代以来，技术治理逐渐成为全球范围内政治活动与公共治理领域最显著的基本趋势和普遍现象。① 特别是伴随现代信息技术的快速发展，管理学、政治学、社会学、哲学、伦理学等学科关于技术治理的研究文献显著增多。在社会治理、公共管理、企业管理中，运用理性化、专业化、数字化、程序化、智能化的技术原则和方法日益成为主流，“社会技术”“社会工程”“科学管理”等相关术语日益为公众所接受。② 以至于有学者提出，当代社会已然是技术治理的社会。③ 在过去几十年里，中国社会的治理模式经历了巨大的转型与变迁：在治理机制上逐步从总体支配向技术治理转变，④ 在国家与社会关系上呈现多样化态势，⑤ 在政府运行机制上更侧重于“行政发包”⑥“项目治国”⑦。在信息化、全球化的当下，无论是自然技术还是社会技术的发展应用，都深刻影响和改变着国家、社会的治理模式与人们的生产生活状态。

一方面，自然技术蓬勃发展，特别是各类数字技术已经成为时代发展

---

① 刘永谋．技术治理、反治理与再治理：以智能治理为例［J］．云南社会科学，2019（2）：29-34+2；于江．数字政府建设中的治理风险及纾解［J］．行政与法，2022（5）：13-20.

② 社会技术的概念诞生于19世纪末20世纪初；第二次世界大战到20世纪50年代末社会技术概念被明确界定，被诸多思想家、诸多学科使用；20世纪60年代至今，社会技术概念得到广泛应用，且受到技术哲学、社会心理学、社会学等为代表的社会科学专门研究。参见：关锋，谢超．社会技术：一种概念史的考察与梳理［J］．洛阳师范学院学报，2016（6）：13-21；刘永谋．技术治理的哲学反思［J］．江海学刊，2018（4）：46-52.

③ 刘永谋．技术治理、反治理与再治理：以智能治理为例［J］．云南社会科学，2019（2）：29-34+2.

④ 渠敬东，周飞舟，应星．从总体支配到技术治理：基于中国30年改革经验的社会学分析［J］．中国社会科学，2009（6）：104-127+207.

⑤ 黄晓春，周黎安．政府治理机制转型与社会组织发展［J］．中国社会科学，2017（11）：118-138+206-207.

⑥ 周黎安．行政发包制［J］．社会，2014，34（6）：1-38.

⑦ 渠敬东．项目制：一种新的国家治理体制［J］．中国社会科学，2012（5）：113-130+207.

的新标签，正在深刻影响着人类社会的治理模式、改变着人们的生产生活形态。① 另一方面，质量管理、目标管理、绩效管理、清单管理、项目管理等社会技术嵌入人类社会生产管理实践乃至个体生活的各个方面；社会技术的重要性日益凸显，甚至超越自然技术。构建合适的社会技术，进行有效的社会治理，推动社会善治、和谐发展，是国家治理现代化的重要任务。② 技术创新已成为推动现代社会发展的第一动力，在社会生活中发挥着越来越重要的支撑作用。③ 特别是以制度为代表的程序性社会技术成为调整社会关系的主要依据和尺度。④

综观中国目前的基层治理实践，数字技术被广泛应用，同时各地在全面深化改革中积极进行制度创新，探索应用了大量社会技术，有力地提升了政府管理效率和社会治理效能，涌现出一批成功案例，当然也出现了很多技术治理效果不明显或比较失败的案例。比如，随着信息化的快速发展和社区建设力度加大，越来越多的城市建立了社区网格管理信息系统和突发事件应急管理系统，在社会治安防控、应急管理等方面发挥了积极作用，但在一些地方这些系统的实际运行情况和效果不尽如人意，有的甚至形同虚设、劳民伤财。再比如，在我国的精准扶贫实践中，互联网、大数据技术的应用在不少地方发挥了积极作用，但在一些地方也带来了简单数字脱贫、道德伦理风险、碎片化扶贫、纯粹技术升级等问题。⑤ 学术界近几年形成了一系列研究成果，展开了多维度的探讨，达成了初步共识，但也存在大量基础性、前瞻性问题含混不清的情况，尚需彻底研究。特别是在新冠疫情防控中，数字技术在疫情防控、风险研判和复工复产等方面发

---

① 辛勇飞．数字技术支撑国家治理现代化的思考［J］．人民论坛·学术前沿，2021（Z1）：26-31+83.

② 关锋，谢超．社会技术：一种概念史的考察与梳理［J］．洛阳师范学院学报，2016（6）：13-21.

③ 王伯鲁，王宁．社会技术化机理及其特征剖析［J］．社会科学研究，2019（1）：119-124.

④ 魏振．社会技术的结构分析［J］．沈阳师范大学学报（社会科学版），2016，40（2）：56-59.

⑤ 沈费伟．技术能否实现治理：精准扶贫视域下技术治理热的冷思考［J］．中国农业大学学报（社会科学版），2018，35（5）：81-89.

挥了重要作用，同时也带来了一些新挑战、新问题。类似这样的技术治理案例很多，为什么有的成功而有的失败？成功的原因何在？失败的原因是什么？在当前中国的基层治理实践中都使用了哪些治理技术？这些技术在基层治理实践中是如何发挥作用的？如何充分用好各类技术助推基层治理现代化？等等。大量问题需要深入研究。

综上，当前我国政府与社会治理数字化转型取得了积极进展，但也遇到了很多新问题需要深入研究。大量的基层治理数字化转型实践探索中蕴含着中国特色的政治逻辑以及对应的技术治理进路。一方面，数字化的技术治理在当前中国的基层治理实践中发挥着重要作用，为基层治理体系的优化和治理能力的提升提供了动力支撑；另一方面，在基层治理实践中，技术治理进路要适应中国特色的政治制度安排，基层治理数字化转型过程中技术与制度的融合和发展遇到了许多新问题、新挑战。质言之，当前中国的基层治理数字化实践出现了技术治理悖论：一方面，数字化的技术治理解决了传统治理的很多弊端，比如通过“技术赋权”“技术增能”提高了治理的能力和水平；另一方面，当下的技术治理实践也催生了不少新问题，比如技术治理催生了新的“碎片化”、加剧了“内卷”，技术治理不适应制度变革等。因此，如何破解技术治理悖论，探索出基层治理数字化转型高质量发展的路子，需要展开深入研究。本研究将基层治理数字化转型作为研究对象，主要立足政治学学科视角，拟以国家能力、政府治理、基层治理三者的有机互动为底层逻辑，试图通过理论与实践相结合的系统分析，回答两方面问题：一是当下中国基层治理数字化转型的本质是什么？为什么要转型？数字化转型到底要解决什么问题？基层治理数字化转型蕴含着什么样的政治逻辑？二是如何破解数字化的技术治理实践中出现的悖论，找准与转型逻辑相对应的技术进路，提高技术治理的有效性，实现高质量的基层治理数字化转型？在既有研究基础上努力实现新突破。

（二）研究意义

本研究具有较为突出的现实意义和理论意义。

第一，本研究的现实意义在于回应国家发展战略需要。当今世界，以“绿色”“智能”“泛在”为特征的新科技革命方兴未艾，现代科技正在为“中国之治”引入新范式、提供新工具、构建新模式。①“我国经济社会发展比过去任何时候都更加需要科学技术解决方案，更加需要增强创新这个第一动力。”② 如何把握大势、抢占先机，加快推进国家治理、基层治理的理念认知、体系架构、运行机制、方式方法等朝着数字化方向转型，不断提高政府决策科学化、社会治理精准化、公共服务高效化的能力和水平，是摆在我们面前的重要课题。当前，我们正在以中国式现代化全面推进中华民族伟大复兴。中国式现代化是中国建设社会主义和实现现代化前所未有的实践创新，是中国作为最大的发展中国家，通过独具特色的发展实践，自觉主动融入世界并深刻影响和改变世界体系以及人类文明形态的现代化探索之路。研究基层治理数字化转型，目的就是通过数字化的改革创新提升基层治理效能，从而服务推动中国经济社会高质量发展。高质量发展关系中国社会主义现代化建设全局，不仅是一个经济要求，更是涉及经济社会发展各个领域的总体思路，需要精准把握、严格落实、长期坚持。③ 因此，本研究旨在服务推动基层治理数字化转型，符合国家战略部署要求，切合经济社会发展需要。

第二，本研究的理论意义在于从学理层面剖析基层治理的数字化转型问题，回应了学术界探讨与争论的重要问题。一是研究基层治理数字化转型问题，实质上是在研究如何推进中国特色的基层治理转型问题，通过对实践的分析和理论探究，挖掘基层治理数字化转型的政治逻辑及其技术进路不仅具有现实意义也具有突出的理论意义。近年来学界关于技术治理和数字治理的研究日渐火热，但用这些理论来专门研究基层治理数字化转型问题的成果还不多见，相关研究还需深入。二是面对学界争论不休的

① 李涛．现代化视域中的政府数据开放：文献述评与研究展望［J］．社会科学动态，2022（12）：59-69.

② 姚毓春，李冰．新发展阶段我国经济增长动能转换：逻辑、方向与路径［J］．华东师范大学学报（哲学社会科学版），2022（3）：161-171+188.

③ 习近平．坚定不移走高质量发展之路 坚定不移增进民生福祉［N］．人民日报，2021-3-8（1）.

技术治理悖论问题，需要在前人研究的基础上系统回答技术治理的科学内涵、技术治理在国家治理中的功能定位、如何规避技术治理的罅隙实现高质量的技术治理、从技术治理视角切入如何实现高质量高效能的基层治理等问题。进一步讲，需要科学理性地认识“当代政治的技术治理趋势”，立足中国国情实际，研究提出高质量高效能的基层治理数字化转型的实践进路，以期在理论层面有所创新，同时为实践探索提供理论参考。

二、文献综述与现状评析

与本研究的主题内容相关度较高的文献主要包括基层治理数字化转型研究、技术治理研究、数字治理研究和技术政治研究等。

（一）基层治理数字化转型研究

基层治理数字化转型，仅从字面理解，即“基层治理”与“数字化转型”的结合。因此，下文先对“基层治理”和“数字化转型”这两个基础问题研究的情况进行梳理，而后重点梳理分析基层治理数字化转型问题现有代表性研究成果。

1. 基层治理相关研究

基层治理是国家治理的基石。基层联结了国家与社会，从基层看国家，可以审视国家整体治理的效能；从国家看基层，可以了解顶层设计的具体实践。中国场景中的基层治理具有其鲜明的特征，构建以场景为导向的治理模式，探索以问题为导向的治理方法，是坚持中国特色社会主义的基本选择，也是在建构一种不同于西方国家而适合于中国国情的政治发展道路①。当下中国社会所经历的大变局是顶层设计推动与基层社会发展的结果，现已经深刻影响到基层治理的各个方面。② 基层治理，顾名思义，即“基层”与“治理”的融合。因此，要理解“基层治理”，首先需要理解“基层”和“治理”这两个概念。

---

① 陈家刚．基层治理：转型发展的逻辑与路径［J］．学习与探索，2015（2）：47-55.
② 吕德文．基层中国：国家治理的基石［M］．北京：东方出版社，2021.

（1）关于“基层”。“基层”是中国日常政治和社会生活中反复使用的一个词，但对于什么是基层，为什么使用基层概念，基层之于国家有什么意义，尚缺乏深入的学理探讨。① 学科视角不同，对“基层”的界定有所差异。比如，从建筑学视角看，基层是指面层下的构造层。从政治学视角看，在政治与行政体系中，通常把基层视为权力机构的末梢，如果按照中国的行政层级划分，基层主要指的是（区）县级政府及以下层级，在城市基层主要指街道和社区，在农村基层主要指乡镇和村。当然这里面也有广义和狭义之分：广义上把基层看作县、区及以下的组织和空间单元；狭义上指的是城市里的街道、社区和农村的乡镇、村②，或是特指社区。③ 由此可见，学界对于基层的理解更多地集中在地理空间上，以社区为基础。④ 这种定义存在一定的合理性，但主要适用于静态社会。随着人口流动性增强，有学者认为，对“基层”的定义如果只局限于地理空间将有失偏颇，更需要从人的聚集与互动意义上增进对“基层”的认识，采取地理性脱域，重视具有社会整合功能的网络，以流动性联结取代地理空间。⑤ 对此，社会学对“基层”的理解就更偏向于基层社会的概念，认为基层是一个将各种综合要素涵盖在内的场域，是一个由多个社会要素构成的复杂的社会系统。因此，如果我们要尝试对“基层”这一概念进行界定，至少要把握好两方面要义：一是从广义上定义，将（区）县级政府也视为基层，但主体是城市里的街道、社区和农村的乡镇、村；二是融合政治学、社会学等学科视角，着重从权力末梢、组织末端和社会的细胞单元等角度来把握基层的内涵。事实上，“基层”是中国日常政治生活中使用频率非常高的词，是一种国家话语，并且这一国家话语来自中国的国家结构形

① 徐勇．将基层带入国家：单一制、基层社会与国家建设［J］．国家现代化建设研究，2022，1（2）：83-94.

② 钱玉英．城镇化背景下的基层治理：中国的问题与出路［J］．苏州大学学报（哲学社会科学版），2008（5）：1-4.

③ 李慧凤，郁建兴．基层政府治理改革与发展逻辑［J］．马克思主义与现实，2014（1）：174-179.

④ 马卫红，喻君瑶．何谓基层?：对当前城市基层治理基本概念的拓展［J］．治理研究，2020（6）：66-72.

⑤ 黄少华．风险社会视域中的网络社会问题［J］．科学与社会，2013（4）：14-22.

式；基层位于国家组织结构中的最低层级，直接面对人民群众，从而生成了基层社会，并有了基层社会的治理。①

（2）关于"治理"。英文中的"治理"（governance）源于拉丁文和古希腊语，长期以来与"统治"交叉使用，主要用于与国家的公共事务相关的管理活动和政治活动。②中文中的"治理"与"统治"密切关联，在中国最早出现在春秋战国时期，之后历朝历代将其用于治国理政。学界通常认为治理理论发端于20世纪70年代，全球性石油危机爆发，传统凯恩斯主义理论变得失灵，政府无力对国家和社会进行管理。由此，以布坎南等学者为代表的新自由主义理论成为英美国家政策和实践的指导思想。新自由主义理论强调减少政府的干预，增强公众的参与，为治理理论的出现奠定了基础。20世纪90年代，西方政治学界与经济学界面对社会资源配置中政府失灵和市场失效的问题③，在后现代国家经济、政治和社会基础上，提出与"统治"相对的"治理"的概念。④詹姆斯·罗西瑙（James N. Rosenau）作为全球治理理论主要创始人之一曾提出，政府的"治理"与其"统治"并不是同义词，两者所指涉的主体范围也不尽相同。也即治理的主体未必是政府，还可能是非政府组织等。⑤由此，治理理论强调政府不再是唯一的权力中心，应当由多方主体参与治理过程，以实现权力向度的多元化。⑥治理的主体不仅涉及政府、组织、单位等公共机构，还包含社会公众等个体和群体，蕴藏着政府和社会互动与合作的内涵。治理理论被广泛运用到国家政权建设、经济和社会发展等诸多领域，并为学界和政策实践部门的相关研究提供了理论支持。

---

① 徐勇．将基层带入国家：单一制、基层社会与国家建设［J］．国家现代化建设研究，2022，1（2）：83-94.

② 莫纪宏．论"国家治理体系和治理能力现代化"的"法治精神"［J］．新疆师范大学学报（哲学社会科学版），2014（3）：16.

③ 俞可平．治理与善治［M］．北京：社会科学文献出版社，2000.

④ 吴晓林，郝丽娜．"社区复兴运动"以来国外社区治理研究的理论考察［J］．政治学研究，2015（1）：47-58.

⑤ ROSENAU J N，CZEMPIEL E-O. Governance without government：Order and change in world politics［M］. Cambridge University Press，1992：5.

⑥ 许晓龙．从"统治"到"治理"：中国行政思维的历史性嬗变［J］．观察与思考，2014（6）：56-60.

中国关于“治理”的研究起始于20世纪90年代，俞可平较早引入治理和善治理论，并概括出涉及治理的主体、边界、价值取向等要素的5个重要论点：一是包括政府又不限于政府的多元主体；二是公共问题中治理界限和责任模糊；三是治理实践中的协调行动与相互依赖；四是行动者的自主自治；五是政府只是引导，而不是纯粹的命令。① 随着中国现代化实践与研究深入，学界涌现了一大批有关治理的文献，对治理的概念从不同维度进行诠释。例如，有研究从主体构成、实践范畴、治理机制、互动方式以及最终愿景5个方面对治理进行了一般性概括。一是主体构成多元性：公共部门、第三部门、个人等都是参与治理的主体；二是治理机制复合性：主体之间的联系和互动是治理机制的特点；② 三是从实践范畴多层次性：治理不仅包括国家，也涵盖国际事务；四是从互动方式多角度性：自上而下、自下而上、平行互动均是多元主体的互动方式；五是最终愿景公益性：多元主体的治理实践以实现公共利益最大化为目标。③ 具体就基层治理研究而言以下几点是近年来学界研究重点。

（1）基层治理理念变迁。国内学界关于基层治理的研究绝大多数是在国家与社会关系互动框架下进行的探讨。中华人民共和国成立以来，中国的基层治理经历了由总体性支配向社会化整合的转变。总体性支配阶段是指中华人民共和国成立至改革开放时期，国家在经济上采取计划经济体制，对社会实施高度管控。该阶段国家的基层治理模式：在城市通过“国家—单位—个人”和“国家—街居—个人”两条线对城市居民进行管理；在农村则通过“国家—人民公社—个人”对农村村民进行管理，将国家政权渗透到基层，对基层社会实行全方位的管理。④ 总体性支配模式带有鲜明的时代特征。在中华人民共和国成立之初，这种治理模式最大限度地统筹社会资源，推进中国工业的发展和社会主义建设。但同时政社合一、治理主体一元制的治理方式也带来了负面影响，形成了一种总体性社会管理

① 俞可平．治理与善治［M］．北京：社会科学文献出版社，2000.

② 青木昌彦．比较制度分析［M］．周黎安，译．上海：上海远东出版社，2001.

③ 陈亮．走向网络化治理：社会治理的发展进路及困境破解［D］．吉林大学，2016.

④ 李春根，罗家为．从总体性支配到社会化整合：新中国70年基层治理现代化的演进逻辑：国家与社会关系的分析视角［J］．华中师范大学学报（人文社会科学版），2020（3）：40-51.

模式，造就了单位人的依赖性人格，单位依附于国家，个人依附于单位，社会自主性完全丧失。① 1978 年，改革开放政策的实行，促使中国的治理模式向社会化整合转变，国家权力逐步退出基层，基层治理采用“一核多元”的治理模式，在政党领导和政府主导下对中国社会治理体制进行调适、优化和回应，从而实现政党、政府对社会的吸纳和激活。② 进入新时代，随着经济与社会体制持续优化，基层治理开始走向协同治理阶段，强调要坚持以人民为中心，动员群众广泛参与。总体来看，中国的基层治理理念经历了由“混沌无序”向“秩序协同”、“线性逻辑”向“复合治理”、“个体化思维”向“共同体理念”的转变③。

（2）基层治理的功能定位。叶本乾根据在成都市龙泉驿区基层治理的调研发现，基层党组织和政府通过推动基层治理体制机制创新、推进基层治理体系理性化规范化、以基层群众需求为导向加大公共服务供给、提升人力财力和机制保障能力等措施，使民主和服务运转起来并真正落实落地，提升了基层治理能力水平。④ 吴新叶认为，基层治理是一个多元的结构性存在，包括国家政权的基层组织、企事业单位、群众自治组织和社会组织；自上而下的科层制治理范式突出了国家政权建设的特征，但并没有涵盖基层治理的全部，因此不能以科层制来统领基层社会，而是科层制必须适应基层治理规律。⑤

（3）基层治理的主体关系与优化路径。改革开放以来，西方治理理论倡导的“政社互动”“政社合作”等理念备受中国学者青睐。近年来随着中国特色社会主义理论发展和基层治理实践深化，引自西方的治理理论正

① 何海兵．我国城市基层社会管理体制的变迁：从单位制、街居制到社区制［J］．管理世界，2003（6）：52-62.

② 姚远，任羽中．“激活”与“吸纳”的互动：走向协商民主的中国社会治理模式［J］．北京大学学报（哲学社会科学版），2013，50（2）：141-146.

③ 张伟坤．协同共生：基层社会治理理念的传承逻辑与时代趋向［J］．华南师范大学学报（社会科学版），2022（4）：123-134.

④ 叶本乾．治理民主使民主和服务运转起来：基于成都市龙泉驿区基层治理的调查与思考［J］．党政研究，2015（1）：102-107.

⑤ 吴新叶．基层治理需要跨越科层制范式的藩篱：与王龙飞博士商榷［J］．学术争鸣，2016（1）：55-58.

在快速完成“中国化”转向。从核心要义看，中国的国家治理、基层治理都强调由国家、市场、公共机构、私人机构以及其他单位或者部门内的多个主体共同建构起网络化、多中心的合作关系。① 加之治理作为一个制度变迁问题，其制度适应性根植于身后的历史文化资源之中，需要在明确现代化的制度环境和发展方向的基础上建立起与之相适应的行动准则。② 因此，很多研究表明，有效的基层治理无法再单纯靠政府的行政权力驱动来实现，它实际上更多的是治理主体多元化、治理方式智能化、治理体系整体化、治理规则法治化等方面的相互结合和整体互构。③ 例如，有学者认为，城市社会治理需要建立起自治、法治与德治相结合的社会治理格局，其中自治是法治与德治的基础，法治是自治与德治的边界和保障，德治是较高追求，对自治与法治形成有力补充。④ 政府需要转变行政方式，打破原有的“垄断”模式⑤，并适应外部环境的变化探索合作共治⑥，建立科层（政府）治理、市场（公司）治理与社群（社会）治理三种比较稳定的治理模式⑦，建立社会治理的协同创新机制和制度安排，展开协同治理。⑧ 要积极适应信息社会发展趋势，找准社会治理创新的关键路径，从科层制管理走向网络型治理。⑨ 实现从精细化管理走向精准化治理、从网格化管理走向网络化治理、从单向度管理走向协同化治理的路径转向。⑩

---

① 崔翔．中国共产党在社会治理体制创新中的功能研究［M］．北京：中国经济出版社，2018：43.

② 周庆智．基层治理：一个现代性的讨论：基层政府治理现代化的历时性分析［J］．华中师范大学学报（人文社会科学版），2014（5）：19-28.

③ 刘伟，王柏秀．国内学界的网格化管理研究：回顾、反思与展望［J］．公共管理与政策评论，2022，11（1）：157-168.

④ 郁建兴，任杰．中国基层社会治理中的自治、法治与德治［J］．学术月刊，2018（12）：64-74；高艳芳，黄永林．论村规民约的德治功能及其当代价值：以建立“三治结合”的乡村治理体系为视角［J］．社会主义研究，2019（2）：102-109.

⑤ 张康之．论主体多元化条件下的社会治理［J］．中国人民大学学报，2014（2）：2-13.

⑥ 王佃利．城市治理体系及其分析维度［J］．中国行政管理，2008（12）：73-77.

⑦ 周庆智．基层社会自治与社会治理现代转型［J］．政治学研究，2016（4）：70-80+127.

⑧ 范如国．复杂网络结构范型下的社会治理协同创新［J］．中国社会科学，2014（4）：98-120+206.

⑨ 童星．从科层制管理走向网络型治理：社会治理创新的关键路径［J］．学术月刊，2015（10）：109-116.

⑩ 陈潭．大数据驱动社会治理的创新转向［J］．行政论坛，2016（6）：1-5.

努力将社会服务、社会组织等柔性治理元素纳入网格化系统。① 改善城市基层治理的主要路径是改革现行的街道-居委会体制，尤其是要对街道和居委会的职能和任务作出明确的制度安排。② 在国家治理视域下社会治理体制的价值目标中存在“维稳”诉求大于“维权”诉求、党政包揽替代多元协同、风险控制重于社会建设、“即兴式”举措多于制度规范等误区，推进社会治理体系和治理能力现代化需要积极推进多元化的实施策略。③

2. 数字化转型研究

“数字化转型集技术创新、商业应用、监管改革和国际合作等关系到人类命运与共的重大问题于一体，引起了多学科理论工作者和实践者的兴趣，并得到了相关人士的关注”。④ 梳理学界现有研究成果，主要包括如下几个方面。

（1）数字化转型的基本内涵。从国际上看，“数字化转型”一词最早来自 2000 年 Coile 基于数字技术的互联网医院商业模式研究成果，随后国内外学者围绕数字化转型进行了深入探索。⑤ Agarwal⑥ 和 Majchrzak⑦ 认为数字化转型在宏观层面主要强调数字技术使社会和行业发生深刻的变化；Patel⑧ 和 Demark⑨ 则认为数字化转型在微观层面主要强调促进组织实施创

---

① 田毅鹏．网格化管理的形态转换与基层治理升级［J］．学术月刊，2021（3）：125-132.

② 李友梅．基层社区组织的实际生活方式：对上海康健社区实地调查的初步认识［J］．社会学研究，2002（4）：15-23.

③ 姜晓萍．国家治理现代化进程中的社会治理体制创新［J］．中国行政管理，2014（2）：24-28.

④ 张晓．数字化转型与数字治理［M］．北京：电子工业出版社，2021.

⑤ 严子淳，李欣，王伟楠．数字化转型研究：演化和未来展望［J］．科研管理，2021，42（4）：21-34.

⑥ AGARWAL R，GUODONG G，DESROCHES C，et al. The digital transformation of healthcare：Current status and the road ahead［J］. Information Systems Research，2010，21（4）：796-809.

⑦ MAJCHRZAK A，MARKUS M L，WAREHAM J. Designing for digital transformation：Lessons for information systems research from the study of ICT and societalchallenges［J］. MIS Quarterly，2016，40（2）：267-277.

⑧ PATEL K，MC CARTHY M P. Digital transformation：The essentials of e-business leadership［M］. New York：Mcgraw-Hill，2000.

⑨ DEMARK E F，HARCOURT R R. Companies must adapt to the internet to survive［J］. CPA Journal，2004，74（4）：9.

新与变革活动。① 国内学界对数字化转型研究始于 2018 年，研究成果数量较少，内容以引介国外转型战略内容提出对中国的启示为主。比如，有学者分析了英国的数字转型战略，其不只局限于工具层面的信息化、数字化，而是更多地体现为理念层面、行为层面、制度层面的转型与发展；数字化转型战略需要所有部门的相互支持，需要跨越组织边界以实现更好协作。② 有学者介绍美国数字政府治理通过改善公民与政府的数字互动体验，提高了公众对政府整体形象的满意度；联邦政府、地方政府和州政府正在通过数字政府建设来改善公民生活。③ 有专家认为，数字化转型的入口是连接与在线。其中，连接是前提和基础。连接，古已有之，有了“编码”体系即可形成连接。比如，过去人们通过声音、书信、电报、电话、广播、电视等进行连接，现在主要基于计算机、互联网、各种智能设备等进行连接。④

（2）数字化转型的核心议题。协同是数字化转型的核心议题，现有对数字化转型协同关系的研究主要集中在政务数据的协同与区域公共数据协同两个方面。其中，在政务数据协同方面，有学者提出，数字化转型的重点是要处理好政府数据之间的协同治理与政府部门间的协同关系⑤，将数字主体、数字价值的多元性及数字行动目标的一致性作为基础性治理。⑥在此过程中需要在结构-功能-机制的行动逻辑下，⑦ 通过原则参与、共同

---

① 翟云，蒋敏娟，王伟玲．中国数字化转型的理论阐释与运行机制［J］．电子政务，2021（6）：67-84.

② 张晓，鲍静．数字政府即平台：英国政府数字化转型战略研究及其启示［J］．中国行政管理，2018（3）：27-32.

③ 姚水琼，齐胤植．美国数字政府建设的实践研究与经验借鉴［J］．中共浙江省委党校学报，2019（6）：60-65.

④ 张晓．数字化转型与数字治理［M］．北京：电子工业出版社，2021：24-25.

⑤ 管志利．政府数据开放重在协同治理［N］．学习时报，2021-07-16（3）.

⑥ 梁宇，郑易平．我国政府数据协同治理的困境及应对研究［J］．情报杂志，2021（9）：108-114；容志，吴磊，李婕．公共价值驱动的基层治理数字化转型：基于“两张网”运行的观察［J］．广西师范大学学报（哲学社会科学版），2022（1）：49-62.

⑦ 叶战备．政务数据治理的现实推进及其协同逻辑：以 N 市为例［J］．中国行政管理，2021（6）：44-49.

动机与联合行动间的协作推进,① 在协同治理主体、技术、数据、业务与服务方面作出改革，促进各要素间的扩展与优化。② 其中，数据协作问题是决定数据治理转型成效的核心议题。③ 在与区域的公共数据协同关系方面，有学者认为数字化转型是依赖于数据治理的，而数据治理的关系是需要理顺的，需要带动各部门之间的协作，打破不同行政区域内业务数据的壁垒。④ 如有学者对长三角城市数据治理问题进行研究后指出，要通过打造现代化中坚产业带动区域一体化，促进区域数据一体化。⑤ 也有学者研究了韩国的环境数据协同后提出，通过环境数据协同可以改进公共行政模式，对于河域治理具有积极作用。⑥ 在数据要素、技术应用及多主体协同的实践过程中，形成了以顶层设计机制、政企合作机制以及数据驱动机制为支撑的数字治理体系。⑦

（3）数字化转型的实践样态。国家与社会治理数字化转型的前因是数字经济时代的到来，整个社会的生产力结构和经济形态发生了变化，引起了生产关系的变化，客观要求国家的上层建筑要同步作出变革以形成新的平衡与秩序。因此，信息基础设施可谓数字化转型的先决条件，“新基建”开启了中国全面的数字化转型进程，数字经济发展成为中国数字化转型的根本驱动力，数字政府建设成为中国数字化转型的主导牵引力，网络文化

---

① GEON L. Exploring Good Governance with an Integrative Frame- work for Collaborative Governance：A Case Study［J］. Korean Review of Organizational Studies，2020（1）：123-147.

② 王丽丽，安小米．在线政务服务数据的协同治理：对8个发达国家的比较研究［J］．图书情报知识，2021（3）：130-143.

③ SUSHA I，GIL-GARCIA J R. A Collaborative Governance Approach to Partnerships Addressing Public Problems with Private Data［C］// Prooceedings of the 52nd Annual Hawaii International Conference on System Sciences，2019：2892-2901.

④ 周林兴，谢林蓉．城市数字化转型视域下公共数据资源协同治理研究：以10个城市统计数据为分析对象［J］．现代情报，2022（8）：114-126.

⑤ 胡重明，喻超．技术与组织双向赋能：应急管理的整体智治：以杭州城市防汛防台体系数字化转型为例［J］．浙江社会科学，2022（7）：59-67.

⑥ BAE K H，KANG Y J. A Study on Critical Factors of Successful Collaborative Governance for Resolving Environmental Problems Focusing Upon the Taehwa River［J］. Korean Policy Sciences Review，2018（2）：155-187.

⑦ 廖福崇．数字治理体系建设：要素、特征与生成机制［J］．行政管理改革，2022（7）：84-92.

成为中国数字化转型的主要传播力，网络生态治理成为中国数字化转型的保障力。当前“中国数字化转型具有极强的兼容并济的特点：各种数字创新应用百花齐放、相互渗透，形成了多样化的生态，不同生态也在逐步走向融合，彼此互相影响和制约”。①

（4）政府数字化转型。在市场化、信息化、全球化演进过程中，随着网络社会的发展，在新兴信息技术驱动下，世界很多国家都在探索推进政府数字化转型。2015 年英国启动“政府即平台”（Government as a Platform）计划，积极推动政府数字化转型战略。② 中国学者开始对国际先进经验及理论内核进行研究。③ 在从嵌入式的“政府上网”向整合型的“数字政府”、从“部门平台”向“政府即平台”的转变进程中，数字政府平台与社会治理平台的融合问题显得尤为重要，只有坚持以公众需求为导向，建立、完善数字政府建设绩效评价机制，注重数据的分析应用以及数字人才的培养，才能更好地实现平台的对接、嵌入与融合。④ 有学者从联动机制、要素结构和职能体系等维度超越中西方协同治理的传统经验和“政府即平台”⑤ 的既有理论，提出集参与、分享、协作、自助和创新五大基因于一体的平台型治理模式与用户思维、资本链接、内容为王三大理念。⑥ 还有学者通过案例研究，对中国城市“互联网+基层治理”⑦、跨界

① 张晓．数字化转型与数字治理［M］．北京：电子工业出版社，2021：102.

② 张晓，鲍静．数字政府即平台：英国政府数字化转型战略研究及其启示［J］．中国行政管理，2018（3）：27-32.

③ 鲍静，贾开．数字治理体系和治理能力现代化研究：原则、框架与要素［J］．政治学研究，2019（3）：23-32+ 125-126.

④ 杜超，赵雪娇．基于“政府即平台”发展趋势的政府大数据平台建设［J］．中国行政管理，2018（12）：146-148.

⑤ 胡重明．“政府即平台”是可能的吗?：一个协同治理数字化实践的案例研究［J］．治理研究，2020，36（3）：16-25.

⑥ 闵学勤．从无限到有限：社区平台型治理的可能路径［J］．江苏社会科学，2020（6）：25-32+241-242.

⑦ 门理想，王丛虎．“互联网+基层治理”：基层整体性治理的数字化实现路径［J］．电子政务，2019（4）：36-45.

整合治理①、整体智治治理②、数据协同治理③的组织方式与实践形态进行阐释。

3. 基层治理数字化转型研究

梳理文献发现，既有研究主要集中在讨论基层治理数字化转型的重要意义、发生逻辑、典型实践、问题与挑战等方面。

（1）基层治理数字化转型的重要意义。基层治理数字化转型对于推进基层治理现代化具有重要意义，它不仅能够优化基层政府的管理、服务和决策模式，还可以提升基层政府市场调控能力，促进数字经济发展，同时还能够以公众需求为导向提升基层“获得感”。④ 在疫情防控中，数字化创新完成了基层智慧治理的社会启蒙，数字政府改革发展充分激发了多元化需求，基层治理参与主体不断增多，参与积极性也得到了提升。⑤ 迫切性、价值性和可行性为数字化赋能基层治理标定了意义所在并创造了理论和现实条件，从而推动基层治理数字化转型的发生。

（2）基层治理数字化转型的发生逻辑。基层治理数字化转型有其现实逻辑。⑥ 目前中国基层治理实践中的痛点，主要体现在政民联通碎片化、权责观念碎片化、服务供给碎片化和事务管理碎片化等方面，而数字化转型为基层治理解决碎片化等痛点提供了新的思路。⑦ 基层治理过程中政民联通、权责观念、服务供给和事务管理的碎片化需要依靠数字技术提升畅通度，强化权责观念和法治意识，提升基层治理的精准度和协同度。⑧ 制度供给赋予了基层治理数字化转型规范和标准，推动基层治理数字化转型

---

① 韩万渠．跨界公共治理与平台型政府构建［J］．科学社会主义，2020（1）：104-110.

② 邓念国．整体智治：城市基层数字治理的理论逻辑与运行机制：基于杭州市 S 镇的考察［J］．理论与改革，2021（4）：58-69+155-156.

③ 胡玉桃．数字化转型视野下的地方政府数据协同治理［J］．学习与实践，2021（6）：69-77.

④ 文宏．基层政府数字化转型的趋势和挑战［J］．国家治理，2020（2）：11-14.

⑤ 冯奎．以数字赋能提升基层智慧治理水平［J］．中国党政干部论坛，2021（8）：37-40.

⑥ 黄新华，陈宝玲．治理困境、数字赋能与制度供给：基层治理数字化转型的现实逻辑［J］．理论学刊，2022（1）：144-151.

⑦ 段尧清．以数字化转型应对基层治理碎片化［J］．国家治理，2020（2）：15-18.

⑧ 韩沙．基层治理数字化转型的迫切性、挑战性与突破点［J］．领导科学，2021（6 下）：28-31.

向纵深发展，并有效规避了基层治理数字化转型的附带风险。①

（3）基层治理数字化转型的典型实践。随着中国城市化、网络化、信息化进程加快，在智慧城市和乡村振兴战略实施过程中，以网格化管理为代表的城市基层数字治理模式和以数字乡村建设为代表的乡村数字治理实践备受学界关注。唐皇凤等认为，网格化管理是无缝隙政府的流程再造，通过组织空间的社区化集聚、组织资源的多元化整合和组织信息的技术化连接，达到治理重心的下沉和治理资源的整合，实现对网格内人、物、事、情的全天候、实时化、动态化、智能化管理和服务，形成一个全方位、多维度、高韧性的现代基层治理体系。② 冯献等通过辨析乡村治理数字化的概念内涵，利用全国1611个村的调查数据，从实践层面揭示乡村治理数字化的建设现状，分析乡村治理数字化的现实瓶颈，总结了乡村治理数字化的需求，最后提出应从财政支持、资源整合、分步实施、多元主体等方面优化乡村治理数字化过程。③ 沈费伟等从论证“数字乡村”与“公共池塘”契合度的角度出发，运用奥斯特罗姆的自主治理理论，从行为动机、制度支持、资源供给、公共参与和监督机制等维度解释了数字乡村治理的实践逻辑；提出未来需要实现治理理念从传统乡村管理转向数字乡村治理，治理结构从政府权威管控到社会网络构建，治理动力从外生资源驱动到内生需求发展以及从封闭分割应用到数字参与赋能，才可以更好地释放信息技术的治理效能，激发乡村发展活力，最终提升乡村振兴战略实施绩效。④ 宗成峰等认为农村社会以农村基层党组织为领导核心，以“互联网+党建”为基础创新乡村治理机制，可以破解乡村治理困境，对构建现

---

① 黄新华，陈宝玲．治理困境、数字赋能与制度供给：基层治理数字化转型的现实逻辑［J］．理论学刊，2022（1）：144-151.

② 唐皇凤，王豪．可控的韧性治理：新时代基层治理现代化的模式选择［J］．探索与争鸣，2019（12）：53-62.

③ 冯献，李瑾，崔凯．乡村治理数字化：现状，需求与对策研究［J］．电子政务，2020（6）：13.

④ 沈费伟，袁欢．大数据时代的数字乡村治理：实践逻辑与优化策略［J］．农业经济问题，2020（10）：9.

代化的乡村治理体系及乡村振兴具有重要意义。①

(4) 基层治理数字化转型面临的问题与挑战。基层治理数字化转型是一项系统工程，随着改革进程向前推进，处于国家治理末梢的基层治理出现了一些亟待解决的问题，基层政府政务数据管理严峻复杂，痕迹主义和形式主义等异化现象抬头，数字化转型的进度与基层治理的资源配置不相匹配②，从而使基层治理的数字化赋能效果大打折扣。在基层治理数字化转型过程中，涉及数据资源的使用、数字思维的构建和数字管理模式的架构等一系列问题，这些问题挑战着基层治理的基础能力。③ 在基层治理数字化转型过程中，对其“质”和“量”的关注是不容忽视的，基层治理数字化转型难就难在认知、行为和素养方面，这三个方面为基层治理数字化转型制造了瓶颈。大数据具有复杂性，决定了保“质”的困难度，基层政府在数据观念上的瓶颈制约着大数据使用效能。基层治理数字化建设受到基础条件和保障体系制约。④ 除问题和挑战之外，数字化赋能基层治理的成效还受制于基层治理数字化转型的自身特性，因此解决问题和挑战的关键在于正确理解基层治理数字化转型的特性，避开有关误区。

(二) 技术治理研究⑤

近年来学界对于技术治理的研究热度越来越高。为系统梳理分析技术治理领域的代表性研究成果，笔者以中国知网（CNKI）为检索平台，选择高级检索方式，将检索条件设定为主题=“技术治理”，期刊来源类别=“CSSCI”（中文社会科学引文索引），中英文扩展后进行检索，共获得1132篇文献，检索时间为2022年10月11日。为确保研究的精确性，笔

① 宗成峰，朱启臻．互联网+党建引领乡村治理机制创新：基于新时代枫桥经验的探讨[J]．西北农林科技大学学报（社会科学版），2020，20（5）：8.

② 文宏．基层政府数字化转型的趋势和挑战［J］．国家治理，2020（2）：11-14.

③ 韩沙．基层治理数字化转型的迫切性、挑战性与突破点［J］．领导科学，2021（6下）：28-31.

④ 张锐昕．基层治理数字化转型亟待破解的三个瓶颈［J］．国家治理，2020（10）：19-22.

⑤ 该部分内容已公开发表，具体参见：何立军，袁小平．技术治理的研究谱系与理论反思：基于CiteSpace的文献计量分析［J］．华东理工大学学报（社会科学版），2023，38（5）：101-124.

者进一步进行数据清洗，人工比对和阅读每一篇文章的摘要、关键词等基本信息，剔除会议论文、书评、报纸上刊发的文章、无作者的文章以及重复刊发的文章等，综合筛选后得到有效文献 1059 篇，而后将它们全部选择后导出为 Refworks 格式作为研究样本，采用文献计量法挖掘了文献之间的内在关系，以 CiteSpace 知识图谱可视化软件展示研究样本的相互关系，并结合 Excel 等统计或图表软件进行辅助分析①，得到了如下分析结果。

1. 研究趋势分析

国内技术治理研究肇始于 20 世纪 90 年代末，本研究对上文提到的 1059 篇有效文献的发文时间进行了统计，结果如图 0-1 所示。根据发文趋势，大致可以分为两个阶段。

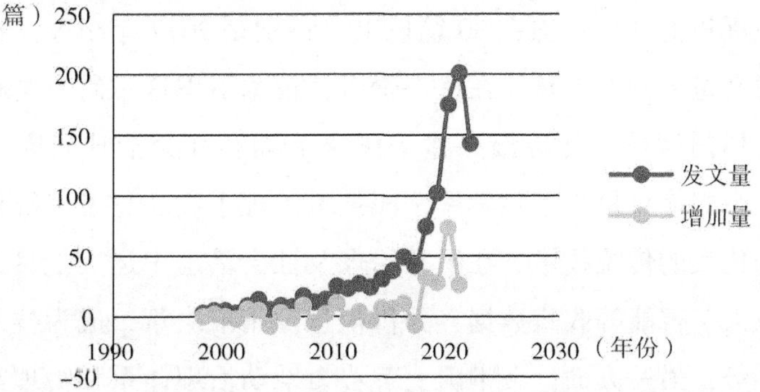

图 0-1 1998—2022 年技术治理研究 CSSCI 期刊发文数量

第一阶段为 1998—2013 年，即技术治理研究的初始阶段。这一时间段年均文献发表数相对较少，每年相关成果产出低于 30 篇，整体上处于基础知识不断积累期，但也可以划分为两个不同时段：第一时段以研究现代科学技术解决具体的生产生活问题为主，其大致时段为 1998—2003 年。如沈

① 一是文献基本信息统计。对文献发表基本趋势、学科分布、研究机构及学者和高被引文献进行分析，直观、多维呈现该领域研究概况，梳理研究力量的结构分布，挖掘技术治理演进的知识基础。二是热点主题与前沿趋势分析。通过对关键词的挖掘和分析，形成关键词共现图、关键词聚类图、关键词时线图以及关键词突变图，多元、分时、动态探寻技术治理领域研究的内在联系、知识勾连、演进历程和前沿方向。

伯雄、朱坦对生活垃圾治理技术的研究①；苏富民等对美术颜料废水治理的研究②；吴文庆等对水葫芦治理技术的研究③等。第二时段为2004—2013年，此时段技术治理被引入社会科学领域，研究重点是公共治理、企业治理问题的技术化解决范式。尤其是2004年苏竣、董新宇引入了科技全球治理理念，为研究国内技术政策发展以及治理手段创新提供了新的视角和理论工具。④ 这一时段的代表性研究主要围绕公司治理展开，如冯勤、纪松涛从工业革命的视角研究企业治理与技术的内在联系⑤；邢源源用实证研究方法验证了技术与企业治理结构匹配度是企业竞争力的关键因素⑥；于骥基于治理结构与技术创新关系的理论分析，提出治理结构的改进方案，推动企业技术创新⑦。

第二阶段为2014年至今，即技术治理研究的爆发阶段。这一阶段文献发表篇数逐年上升，年均在30篇以上。特别是2017年至今，相关主题文献的年发文量大幅度增长。在这一阶段，技术治理这一研究主题逐渐成为研究者的热门课题，并逐渐兴盛于国家治理和社会治理研究领域。一方面，这是由于信息科技迅猛发展，使技术治理手段超越了以统计、度量及普查等为代表的传统技术，在国家治理及社会治理中运用信息科技，通过大数据及人工智能等收集数据、分析信息及精准决策，成为技术治理研究的最新趋势；另一方面，在举国上下着力推动治理体系和治理能力现代化的背景下，国家和社会治理模式日益趋向技术化、数字化。2020年，以技

① 沈伯雄，朱坦．城市生活垃圾治理过程的能源化技术［J］．城市环境与城市生态，2003，16（12）：166-168.

② 苏富民，姜华，李海芳．美术颜料废水治理技术［J］．城市环境与城市生态，2003，16（3）：34-35.

③ 吴文庆，洪渊扬，秦双亭．水葫芦治理技术的初步研究［J］．上海环境科学，2003（12）：146-149+99.

④ 苏竣，董新宇．科学技术的全球治理初探［J］．科学学与科学技术管理，2004，（12）：21-26.

⑤ 冯勤，纪松涛．企业治理与技术的共同演进：工业革命的视角［J］．科技管理研究，2005（12）：126-128.

⑥ 邢源源．技术与企业治理结构：K模型修正及实证检验［J］．中国软科学，2006（5）：73-79.

⑦ 于骥．治理结构与企业技术创新的耦合性研究［J］．求是学刊，2008（3）：62-66.

术治理为主题的CSSCI文献约为201篇，为史上最高。究其原因，新一轮科技革命与产业变革带来的人工智能技术和区块链技术与国家治理的融合，开拓了技术治理的研究方向，逐渐催生了治理范式的变革。比如，作为社会治理体系建设重要支撑的信息技术逐渐从“互联网+”转向“区块链+”。① 但从技术治理的文献量及其发展趋势可知，目前技术治理相关研究处于急速发展阶段，距离趋于稳定、走向成熟仍有较大的发展和研究空间。

2. 学科分布分析

如前所述，技术治理这一主题最早研究如何运用现代科学技术解决生产生活具体问题，因此对技术治理的研究首先是隶属于自然科学领域的，其在环境学研究领域尤为突出。但随着技术治理被引入国家治理和社会治理领域，社会科学对其研究日益深入，各类基金资助项目也日渐增多。如图0-2所示，样本文献中有50%以上得到基金支持，其中有437篇得到国家社会科学基金支持，147篇得到国家自然科学基金支持，另有69篇得到教育部人文社会科学研究项目支持等。

从学科分布情况来看，我国技术治理研究从萌芽时期的环境学或管理学等某几个特定学科领域，逐步发展到涵盖教育、计算机科学、社会学、新闻学等多学科领域。如图0-3所示，在1059篇文献中占比最多的9个学科分别为：公共管理379篇、自然科学180篇、经济学179篇、工商管理178篇、计算机及自动化153篇、政治学112篇、教育学58篇、新闻与传媒41篇、社会学与统计学33篇。

3. 核心研究机构分析

笔者利用CiteSpace软件对研究机构进行共现分析，将TopN阈值设为50、Threshold值设为4（共现分析结果图中显示文献数大于及等于4的研究机构），绘制出技术治理研究机构分布的可视化图谱如图0-4所示。从研究机构的特征上看，主要以公共管理学院为主，这一点与国内技术治理

① 韩志明．从“互联网+”到“区块链+”：技术驱动社会治理的信息逻辑［J］．行政论坛，2020，27（4）：68-75.

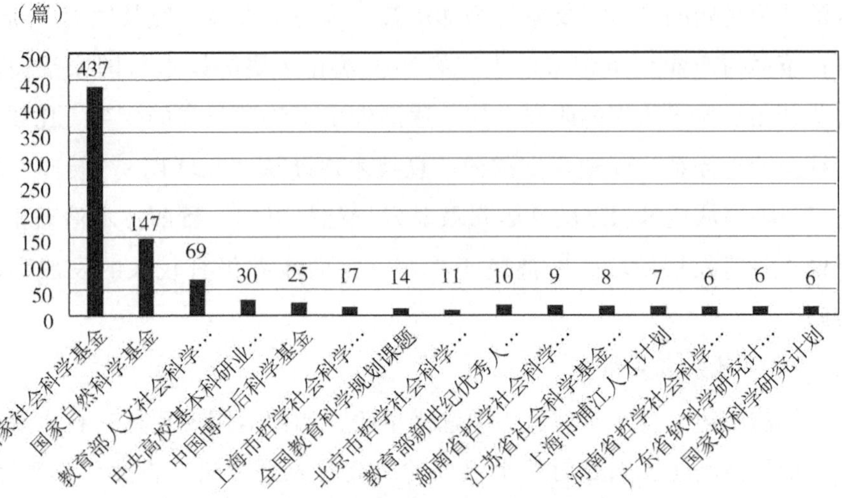

图 0-2　技术治理研究项目基金资助项目

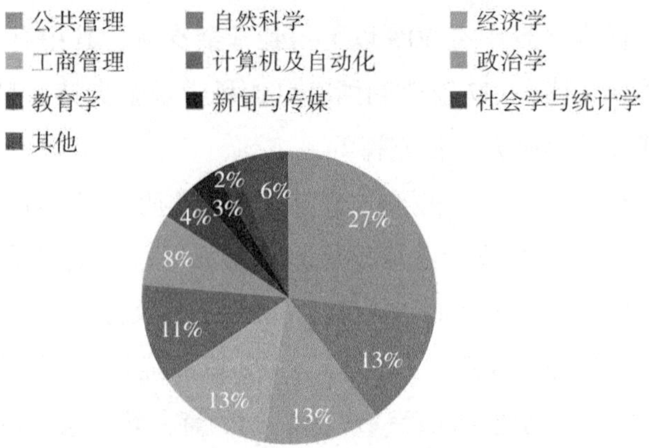

图 0-3　技术治理研究学科分布图①

研究学科分布趋同。从合作网络来看，目前国内技术治理研究机构之间的合作关联性十分松散，未形成明显成形的技术治理研究合作网络或合作中心。初步形成合作网络的是以上海交通大学国际与公共事务学院为主体的研究集群，该学院在上海交通大学的中国城市治理研究院和公共政策与治理创新研究中心两大研究机构基础上与地方政府部门密切合作、建言献

① 因研究文献存在学科交叉，故图示文献数量略大于检索数量。

策，并与清华大学社会科学学院、哈佛肯尼迪政府学院等高校开展广泛合作，努力探索大数据应用实践及其规律，寻求学术发展和社会服务的融合。

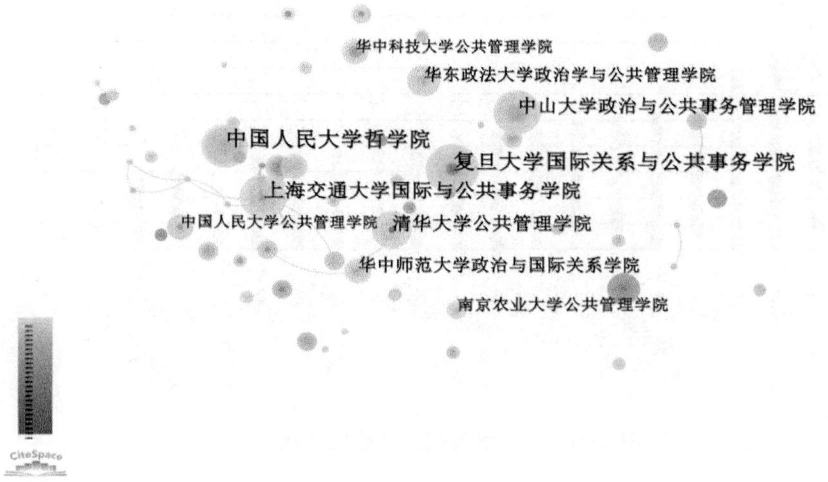

图 0-4 技术治理核心研究机构关系

高校发文数据总量反映了各高校对技术治理研究的关注度及其在技术治理研究领域的影响力。1998—2022 年存在 25 年的时间跨度，按平均每两年发表一篇文章的频率计算，发文量大于 12 篇的高校可被视为技术治理领域重点高校。将隶属于同一高校的不同学院或研究机构的文献进行合并计算并进行整理后可以得出各高校技术治理研究的文献数量，统计出技术治理领域重点高校如图 0-5 所示。从研究机构力量来看，关注度最高和影响力最大的是清华大学，研究成果共计 44 篇；中国人民大学（41 篇）和上海交通大学（35 篇）位居其次；中山大学（28 篇）、武汉大学（27 篇）、复旦大学（26 篇）、华东政法大学（25 篇）、北京大学（23 篇）、华中科技大学（23 篇）、南京大学（23 篇）、华中师范大学（22 篇）、重庆大学（22 篇）和浙江大学（20 篇）则处于第三梯队，发文量均在 20 篇及以上；山东大学（19 篇）、西安交通大学（18 篇）、吉林大学（17 篇）、湖南大学（16 篇）、华东师范大学（16 篇）、厦门大学（16 篇）、中国科学技术大学（13 篇）也进入了技术治理领域重点高校行列。综合性大学在技术治理相关领域的核心阵地，这些高校文理工兼收并蓄，更容易进行学科交叉研究，把握技术治理研究的技术要求。

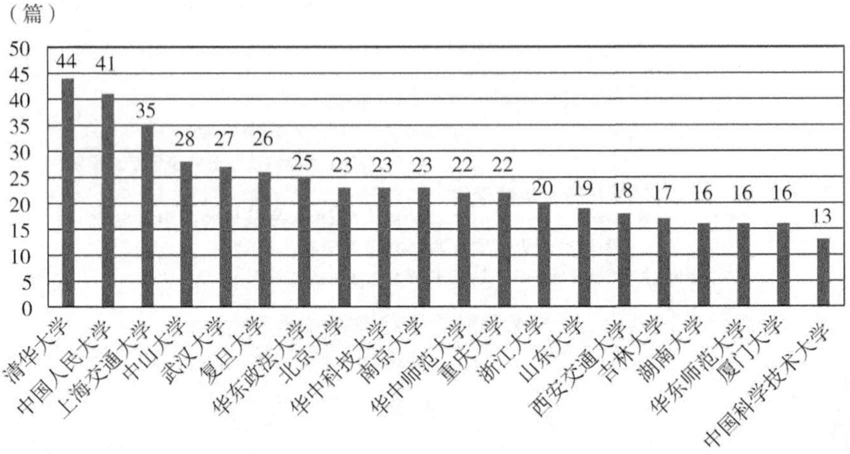

图 0–5　技术治理研究高校发文数

4. 核心作者分析

将节点类型设置为作者，TopN 阈值设为 50、Threshold 值设为 4（显示文献数大于及等于 4 的作者），得到核心作者群（见图 0–6）。图中连线的粗细程度与作者间的合作强度呈正相关，同时作者名字的大小代表了被分析文献中包含作者文章的多少，名字显示越大代表作者文章越多。

从表 0–1 中可以看出，相关成果产出最多的学者刘永谋（17 篇）主要在自然科学理论与方法领域研究技术治理，重点探讨技术治理的思想述评和逻辑以及大数据、人工智能与技术治理等问题。其最高被引文章为《技术治理的逻辑》（被引量 140 次），主要观点是阐释技治主义的两大原则——科学管理和专家政治。该文章从哲学角度全面梳理技术治理的产生和演化逻辑，认为技术治理的证成逻辑由逻辑前提、科学管理的逻辑和专家政治的逻辑组成，这一观点被学界广泛认可，因而引用量最高。本研究还追溯了该文的引证文献（期刊论文）学科流向（见图 0–7）发现，《技术治理的逻辑》一文被行政学及国家行政管理也即公共管理领域的学者引用最多，远远超过了政治学、计算机技术、信息化等其他领域。其他发文量较多的几位作者有韩志明（7 篇）、陈瑜（7 篇）、单勇（6 篇）、党兴华

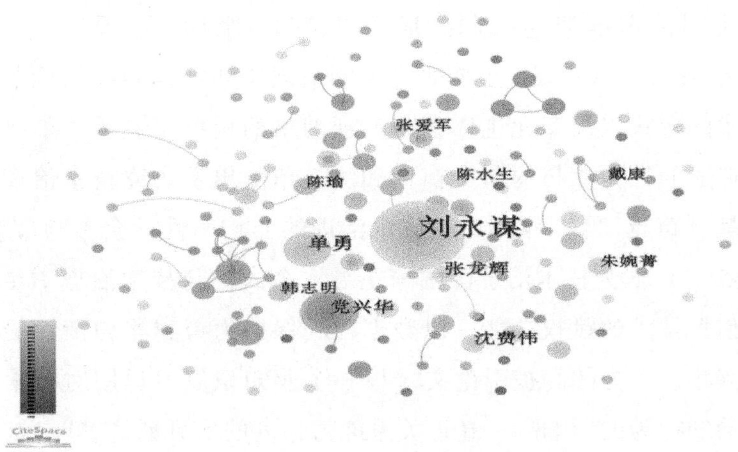

图 0-6 技术治理作者共现关系

(5 篇) 等。

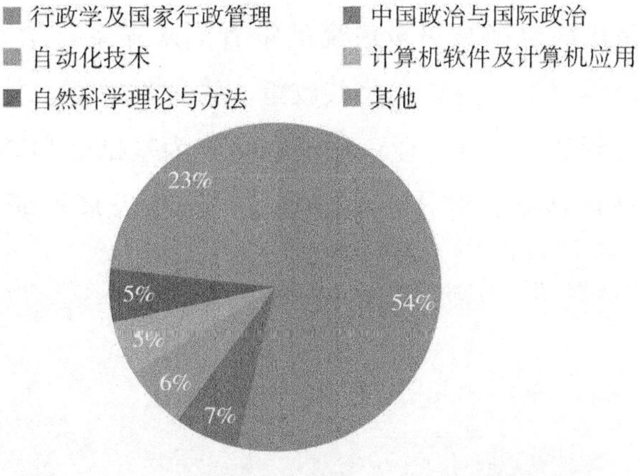

图 0-7 《技术治理的逻辑》引证文献学科分布

韩志明从社会风险角度研究社会治理，其最高被引文章为《技术治理的四重幻象——城市治理中的信息技术及其反思》（被引量 97 次），该文认为应审慎对待技术治理产生的误解和幻象，并解释了信息技术治理的应用带来的四种幻象，给出了应对方法，提出应更加注重基础性治理问题。① 陈瑜的研究重点在于系统治理框架、新兴技术治理等方面，其高被引文章

① 韩志明．技术治理的四重幻象——城市治理中的信息技术及其反思［J］．探索与争鸣，2019（6）：48-58+157+61.

为《技术协同治理框架与机制：基于“价值—结构—过程—关系”视角》①（被引量22次），该文主要研究协同治理主体结构间如何调节、塑造治理技术的形式以及多元主体参与治理网络的角色与关系。单勇从技术治理所造成的社会参与的非均衡性和法学角度出发研究技术治理，其高被引文献《跨越“数字鸿沟”：技术治理的非均衡性社会参与应对》②（被引量55次）认为技术治理由国家主导，个人参与技术治理不足，因此应回归信息技术的赋权功能、以数据权利保护为跨越非均衡性的法律阶梯。党兴华、王方的高被引论文《核心企业知识权力运用对技术创新网络关系治理行为的影响——基于关系能力角度的实证研究》③（被引量45次）在企业技术治理领域运用定量分析方法分析技术创新网络关系治理行为的影响因素。

综上，关于技术治理研究的核心作者团队分散于不同的研究学科领域，其中发文量最高也即被引量最高的学者刘永谋系哲学专业博士毕业，其研究领域为科学哲学、科技与公共政策、管理哲学等，其他学者分别毕业于政治学、管理学、法学专业；哲学学科作为基础性学科，其关于技术治理世界观的理论体系，对技术治理领域的其他发展性研究产生了深远影响。

① 西宝，陈瑜，姜照华．技术协同治理框架与机制：基于“价值—结构—过程—关系”视角［J］．科学学研究，2016，34（11）：1615-1624+735.

② 单勇．跨越“数字鸿沟”：技术治理的非均衡性社会参与应对［J］．中国特色社会主义研究，2019（5）：68-75+82+2.

③ 党兴华，王方．核心企业知识权力运用对技术创新网络关系治理行为的影响：基于关系能力角度的实证研究［J］．科学学与科学技术管理，2012，33（12）：77-86.

表 0-1　技术治理领域高发文量作者及其高被引论文情况

作者	发文量（篇）	博士学科	研究方向	机构	最早发文时间（年份）	代表性论文（最高被引）	代表性论文引用量（次）	主要观点	主要内容
刘永谋	17	哲学	科学哲学、科技与公共政策、管理哲学等	中国人民大学	2016	《技术治理的逻辑》（2016）	140	技治主义即科学管理和专家政治	从哲学角度梳理技术治理的产生和演化逻辑
韩志明	7	政治学	行政学及国家行政管理、中国政治与国际政治、政治学等	上海交通大学	2016	《技术治理的四重幻象——城市治理中的信息技术及其反思》（2019）	97	应审慎对待技术治理产生的误解和幻象	解释了信息技术治理的应用带来的四种幻象，并给出了应对方法，提出应更加注重基础性治理问题
陈　瑜	7	管理学	新兴技术治理与政策、科技政策等	大连海洋大学	2016	《技术协同治理框架与机制——基于“价值—结构—过程—关系”视角》（2016）	22	技术协同治理具有“价值—结构—过程—关系”框架与机制	协同治理主体结构间如何调节、塑造治理技术的形式以及多元主体参与治理网络的角色与关系

续表

作者	发文量（篇）	博士学科	研究方向	机构	最早发文时间（年份）	代表性论文（最高被引）	代表性论文引用量（次）	主要观点	主要内容
单　勇	6	法学	公安、刑法、行政学及国家行政管理	南京大学	2018	《跨越“数字鸿沟”：技术治理的非均衡性社会参与应对》（2019）	55	在国家主导的技术治理框架中，相对于科技企业，个人参与技术治理更加薄弱	面对信息技术的不均衡应回归信息技术的赋权功能，以数据权利保护为跨越非均衡性的法律阶梯
党兴华	5	管理学	技术创新及管理、风险投资及管理、产业与区域经济发展战略	西安理工大学	2008	《核心企业知识权力运用对技术创新网络关系治理行为的影响——基于关系能力角度的实证研究》（2012）	45	核心企业知识权力对其技术创新网络关系治理行为具有重要影响	应用定量方法实证研究技术创新网络关系治理行为的影响因素

5. 高被引文献分析

对 CNKI 数据库中主题为技术治理的高被引 CSSCI 文献进行梳理排列，得出技术治理研究被引量位于前 10 的文献如表 0-2 所示。某一特定研究领域的高被引文献能在一定程度上反映出该领域的知识源流。尤其是技术治理这一研究领域，由于其学科范围广且交叉性不强，该研究领域的高被引文献还可以反映出其研究主题分类。这 10 篇高被引文献分别来自工商管理学（4 篇）、社会学（3 篇）、公共管理学（2 篇）、自然科学（1 篇）领域。技术治理高被引文献体现出的知识源流和其研究学科占比有一定的近似性。

表 0-2　技术治理研究领域 10 篇高被引文献

学科	被引排序	被引量（次）	文献名	作者	发表期刊	发表时间（年份）
社会学	1	1561	从总体支配到技术治理——基于中国 30 年改革经验的社会学分析	渠敬东 周飞舟 应　星	《中国社会科学》	2009
	5	460	数字下乡：农村精准扶贫中的技术治理	王雨磊	《社会学研究》	2016
	6	422	分利秩序与基层治理内卷化：资源输入背景下的乡村治理逻辑	陈　锋	《社会》	2015
工商管理	2	1526	中国上市公司治理与企业技术创新关系的实证分析	冯根福 温　军	《中国工业经济》	2008
	3	1474	公司治理与技术创新：分行业比较	鲁　桐 党　印	《经济研究》	2014
	4	466	关于高新技术企业公司治理与 R&D 投资行为的实证研究	张宗益 张　湄	《科学学与科学技术管理》	2007
	9	270	公司治理对企业技术创新投资影响的实证研究	杨　勇 达庆利 周　勤	《科学学与科学技术管理》	2007

续表

学科	被引排序	被引量（次）	文献名	作者	发表期刊	发表时间（年份）
自然科学	7	376	河道曝气技术在河流污染治理中的应用	孙从军 张明旭	《环境保护》	2001
公共管理	8	321	共享单车：互联网技术与公共服务中的协同治理	郭　鹏 林祥枝 黄　艺	《公共管理学报》	2017
	10	258	政府治理变革的技术基础——大数据与智能化时代的政府改革述评	陈振明	《行政论坛》	2015

在工商管理研究领域，冯根福、温军通过分析 2005—2007 年中国 343 家上市公司的相关数据，对公司内部治理与技术创新的关系进行了实证分析。① 鲁桐、党印以 2006—2010 年 134 家沪深 A、B 股公司为样本，对比考察不同行业中公司治理对技术创新的影响关系。② 张宗益、张湄以高新技术企业为实证研究对象，从内部治理结构和外部创新环境全面衡量公司治理对企业 R&D 投资的全面影响。③ 杨勇、达庆利、周勤基于江苏省具有省级以上技术中心的上市公司的数据，建立计量经济模型研究了公司治理对企业创新投资的影响。④ 总结可得，工商管理学科的技术治理权威性研究主要集中在公司治理对企业技术创新的影响，治理为因变量，技术创新为自变量。在此情境下，技术治理研究并不是社科学界普遍认为的技术对治理产生的影响，而是与之相反。

---

① 冯根福，温军．中国上市公司治理与企业技术创新关系的实证分析［J］．中国工业经济，2008（7）：91-101.

② 鲁桐，党印．公司治理与技术创新：分行业比较［J］．经济研究，2014，49（6）：115-128.

③ 张宗益，张湄．关于高新技术企业公司治理与 R&D 投资行为的实证研究［J］．科学学与科学技术管理，2007（5）：23-26+116.

④ 杨勇，达庆利，周勤．公司治理对企业技术创新投资影响的实证研究［J］．科学学与科学技术管理，2007（11）：61-65.

在社会学研究领域，渠敬东、周飞舟、应星认为改革前的总体性支配权力被技术化的治理权力所替代，技术治理虽然将改革成果惠及广大群众，但也带来了政府职能过重、行政成本过高、社会空间发育不足的矛盾。① 王雨磊认为量化的数字必须生长在基层社会当中，方能作为可计算性的治理要件，成为国家与社会的沟通工具；否则，悬浮于基层社会治理过程和村庄社会生活之外的数字最多只会作为治理体制内部的沟通工具、考核凭据。② 陈锋提出伴随着资源的输入，基层组织却无法有效承接，逐渐使农村治理出现内卷化，因此为消除基层治理内卷化困境的根本，应重建国家、基层组织与农民之间的利益关联与制衡机制，在治理有效性与规范性之间形成平衡，走出技术治理困局。③ 可见，在社会学领域，学者们从技术参与社会治理所带来的权力分配变化、治理内卷化等视角阐述技术治理的风险以及解决方案，力求吸纳科技革命带来的技术优势，探寻技术工具与治理效能间的平衡点。

在自然科学研究领域，孙从军、张明旭介绍了国外河道污染治理中广泛采用的治理技术——河道曝气技术。他们综合分析国内外河道曝气实践后认为，在河流水质变化的不同时期应用河道曝气技术，可以分别达到消除黑臭、减少水体污染负荷及促进河流生态系统的恢复等目的。在此基础上，该文提出河道曝气作为一种投资少、见效快的污染治理技术，在我国河流污染的综合治理中具有广阔的应用前景。④ 这篇文章是技术治理在自然科学领域的典型代表，将高新技术运用于环境、灾害等自然领域而不是人文环境的治理，这也是技术治理的另一个面向。

在公共管理研究领域，郭鹏、林祥枝等提出政府需解决新兴技术带来的共享单车市场的规则制定、行业监管、基础设施配套及政策引导等问

① 渠敬东，周飞舟，应星．从总体支配到技术治理：基于中国30年改革经验的社会学分析［J］．中国社会科学，2009（6）：104-127+207.

② 王雨磊．数字下乡：农村精准扶贫中的技术治理［J］．社会学研究，2016，31（6）：119-142+244.

③ 陈锋．分利秩序与基层治理内卷化：资源输入背景下的乡村治理逻辑［J］．社会，2015，35（3）：95-120.

④ 孙从军，张明旭．河道曝气技术在河流污染治理中的应用［J］．环境保护，2001（4）：12-4+20.

题，并最终使市场、政府与社会协同治理“最后一公里”难题。① 陈振明回顾了政府治理变革技术基础的历史，探讨新技术革命对当代政府治理变革的影响，进而评述新一轮政府治理变革。② 可见，公共管理领域高被引文献的研究内容还是处于技术治理研究的初步阶段，只对新兴技术给政府治理带来的影响进行了阐述和说明，还未触及其中的深层机理。结合前文得出技术治理领域的研究论文大多集中在公共管理领域，但是在高被引论文中，公共管理领域却只占两成，说明公共管理、政府治理领域的学者亟须引入技术治理的理论研究为其应用研究作支撑。

6. 关键词共现图谱分析

运用 CiteSpace 软件将 Threshold 阈值设置为 15（显示出现次数大于及等于 15 的关键词），得到网络节点 480 个、连线 711 条、网络密度为 0.0062 的技术治理关键词共现图谱（见图 0-8）。图 0-8 显示了技术治理研究领域的关键词及其相互间关系，图中网络节点的大小代表关键词出现的频次，连线代表关键词共现关系，连线粗细代表关联紧密程度，网络密度代表技术治理研究领域所有关键词的联系紧密度。网络密度 0.0064 代表技术治理研究领域所有关键词的联系程度较低，这是因为技术治理研究涉及多种不同且交叉较少的研究领域。因此为了更准确地表现关键词的地位和关系，进一步对技术治理研究领域的关键词频次及其中心性进行统计后以表格的形式展现（见表 0-3）。关键词中心性代表着该关键词在整个共现网络关系中担任媒介者的能力强度，李杰等认为关键词中心性大于 0.1 的节点在网络结构中就可以被视为关键节点③，在结构演变中扮演着比较重要的角色。从图 0-8 中可以看出，我国技术治理领域的关键词明显反映出技术治理的不同研究面向，即以治理机制、协同治理为核心的治理结构研究；以大数据、信息技术等为核心的治理技术研究；以社会治理、国家

① 郭鹏，林祥枝，黄艺，等. 共享单车：互联网技术与公共服务中的协同治理［J］. 公共管理学报，2017，14（3）：1-10+154.

② 陈振明. 政府治理变革的技术基础：大数据与智能化时代的政府改革述评［J］. 行政论坛，2015，22（6）：1-9.

③ 李杰，陈超美. CiteSpace：科技文本挖掘及可视化：Text Mining and Visualization in Scientific Literature［M］. 北京：首都经济贸易大学出版社，2016.

治理为核心的治理范式研究等。

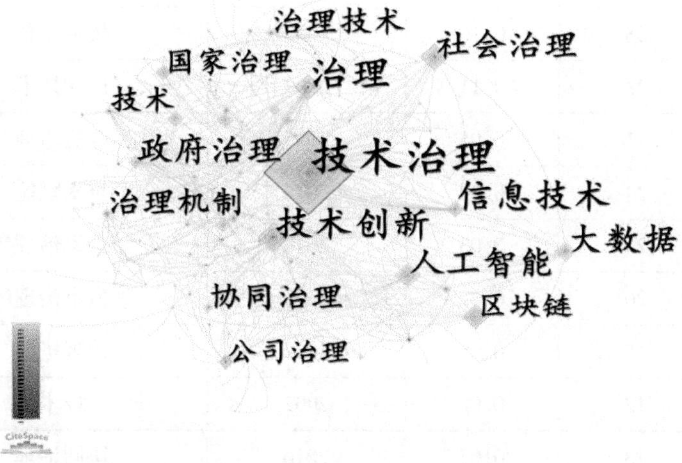

图 0-8 技术治理研究关键词共现图谱

通过对表 0-3 的观察可知，一般来说关键词频次与其中心性呈正向相关关系，这是因为该关键词出现的次数越多，与其他关键词共现的可能性就越大，这也使这些关键词成为当年的热点词汇。结合关键词词频和中心性可以看出，技术治理研究热点既包括人工智能、大数据等技术方面的技术研发创新及其在治理中的运用，也包括治理机制本身的技术化研究以及将技术治理范式运用于国家治理、社会治理等方面的研究，这与关键词共现图谱展现出的几大类研究结果一致。

表 0-3 技术治理研究关键词频次和中心性统计分布

序号	频次	中心性	首次出现年份	关键词
1	223	0.42	2009	技术治理
2	38	0.09	2017	人工智能
3	45	0.08	2015	社会治理
4	38	0.15	1998	治理
5	45	0.07	2016	区块链
6	33	0.04	2014	大数据

续表

序号	频次	中心性	首次出现年份	关键词
7	38	0.16	2002	技术创新
8	23	0.11	2009	信息技术
9	21	0.05	2015	政府治理
10	24	0.03	2020	技术赋能
11	24	0.03	2016	国家治理
12	20	0.02	2019	城市治理
13	15	0.08	2009	治理机制
14	12	0.02	2002	技术
15	18	0.03	2016	协同治理
16	18	0.02	2018	乡村振兴
17	15	0.05	1999	治理技术

7. 关键词聚类图分析

进一步运用 CiteSpace 软件对技术治理研究领域的关键词进行聚类分析，将聚类标签设为关键词，聚类的计算方法选为 LLR，得出共 12 个聚类的图谱（见图 0-9）。技术治理关键词聚类图谱的 Modularity Q 值①为 0.7409，远高于临界值 0.3，表明聚类的网络模块度相关性十分紧密。同时该图谱的 Mean Silhouette 值②为 0.8986，远大于临界值 0.5，说明多个聚类群体之间的同质性很高。另外这 12 个聚类的 Silhouette 轮廓值均大于 0.87，甚至有 4 个聚类的 Silhouette 轮廓值大于 0.95（见表 0-4），说明各个聚类内部同质性也较高。这 12 个聚类与上文关键词共现结果结合分析又可以分为治理机制研究、治理技术研究以及治理技术应用研究 3 个大类。

第一大类是治理研究，从表 0-4 中可以看出治理技术化研究早期集中

① Modularity Q 值指的是模块值（Q 值），主要功能是评判图谱绘制效果。一般而言，Q 值在［0，1］内，Q 值>0.3 就意味着划分出来的社团结构是显著的。后文同。

② Mean Silhouette 指平均轮廓值（S 值），当 S 值>0.7，表明聚类是高效率、令人信服的。后文同。

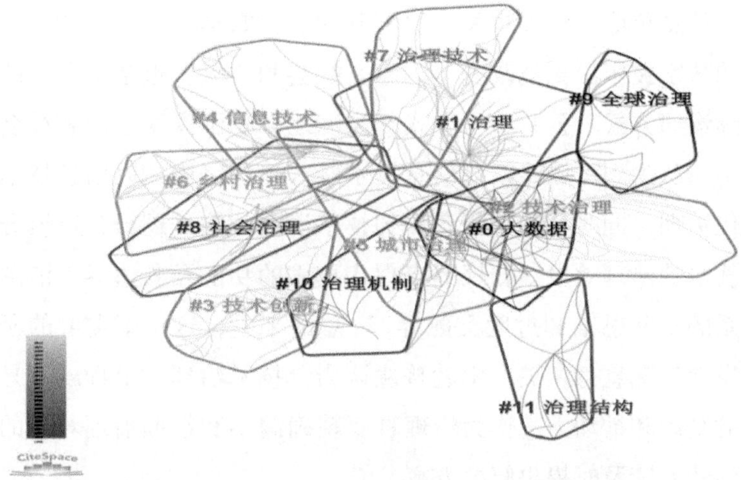

图 0–9 技术治理研究关键词聚类图

于治理结构研究，因此产生了聚类#11 治理结构、聚类#1 治理。研究者的关注点在基层政府与中高层政府之间的治理结构和数据生产的运作，研究基层治理结构的变迁，试图解释政府清晰化社会图景的逻辑，基层治理结构与政府数据治理。技术治理理论由此发展起来，关于聚类#10 治理机制的研究逐渐形成。研究者开始关注现代公共治理的技术化模式，如多元利益的治理主体，各类公共治理路径在治理成本、治理效能、治理创新和责任担当等方面的优劣以及公共治理路径选择的依据等。① 随着科学技术的变革，聚类#2 技术治理也崭露头角，对于人工智能以及数据正义的伦理评价开始走进学者的视野。自治理结构的研究将新兴技术融入公共政策研究中以来，到治理机制、治理结构的不确定性和风险研究，最后到技术治理的正义观讨论，这一历程无不向研究者展示出技术治理研究路径的逐步深入。毋庸讳言，数据异化、信息孤岛等问题会随着技术的发展越来越引起关注，学者普遍认为，只有培育和拥有正确的针对性价值正义观才能实现技术工具的作用最大化。

第二大类是对技术治理中技术的创新发展研究，即聚类#0 大数据、聚

① 李炜光，柳妍，唐权．现代公共治理的路径与选择［J］．学术界，2020（1）：33–44.

类#3 技术创新、聚类#4 信息技术、聚类#7 治理技术。随着对技术治理研究的推进以及信息革命的全面爆发，以互联网、大数据、人工智能、区块链等为代表的数字技术深刻地改变了国家、社会和个人，重塑了人群的关联方式、人际沟通方式、公共参与方式，深刻地影响了国家治理和社会治理。研究者不断认识到可以将新兴信息技术融入治理之中，以信息技术改进和优化现代治理，同时必须清醒意识到技术治理的演进逻辑，审慎分析和理解现代技术的治理效果，合理界定现代技术的功能及其边界，消解技术化治理体系的专断思维和过度支配等。① 总的来看，这一聚类群的研究与信息技术发展近况息息相关，学者普遍认为，技术治理一定程度上是社会治理变革的基础和推动力，作为治理者要精确洞察和掌握治理对象的实况，根据得到的反馈及时提出解决方案。

第三大类是应用研究，随着全球化进程日益加快，技术治理开始成为一个全球性问题，聚类#9 全球科技治理形成。全球技术治理是科学技术发展在国际层面的制度和规则体系，反映了全球化时代科技创新的新特点和新环境。全球科技治理的内容可分为两方面：科技全球化的国际规则和基于全球问题的科技治理。② 同时伴随着我国综合国力和科技研发能力不断发展，现代智慧科技开始被运用于国家和社会治理之中，聚类#5 城市治理、聚类#6 乡村治理、聚类#8 社会治理形成。研究者开始重视大数据技术在城乡社会公共服务、信息安全、社区治理和政府管理等方面的具体应用并在此基础上创新公共治理等方面的技术治理研究。③ 总体而言，在全面推进中国式现代化实践中，借助高新技术深化国家与社会治理，增强国家制度执行力，推动基层治理体系和治理能力现代化已是大势所趋和应然路径选择。

---

① 韩志明．技术治理的四重幻象：城市治理中的信息技术及其反思［J］．探索与争鸣，2019（6）：48-58+157+61.

② 邢怀滨，苏竣．全球科技治理的权力结构、困境及政策含义［J］．科学学研究，2006（3）：368-373.

③ 马亮．大数据技术何以创新公共治理?：新加坡智慧国案例研究［J］．电子政务，2015（5）：2-9.

表 0-4 技术治理研究关键词聚类分类表

聚类群	聚类号	聚类名称	文献数量/篇	Silhouette（轮廓值）	Mean year（平均年份）	主要关键词
治理机制研究	1	治理	39	0.875	2012	治理（61.62，1.0E-4） 不确定性（24.17，1.0E-4） 技术（14.48，0.001）
	2	技术治理	35	0.985	2016	技术治理（81.46，1.0E-4） 数据正义（11.82，0.001） 人工智能（9.42，0.005）
	10	治理机制	14	0.901	2012	治理机制（17.7，1.0E-4） 治理绩效（14.7，0.001） 技术支撑（14.7，0.001）
	11	治理结构	10	0.962	2006	治理结构（20.53，1.0E-4） 技术合作效应（10.12，0.005） 政策支持（10.12，0.005）
治理技术研究	0	大数据	42	0.875	2016	大数据（36.34，1.0E-4） 协同治理（30.73，1.0E-4） 区块链（24.81，1.0E-4）
	3	技术创新	29	0.943	2014	技术创新（47.39，1.0E-4） 公司治理（45.67，1.0E-4） 企业绩效（22.85，1.0E-4）
	4	信息技术	28	0.948	2013	信息技术（47.7，1.0E-4） 数字治理（18.53，1.0E-4） 关系治理（17.18，1.0E-4）
	7	治理技术	25	0.893	2012	治理技术（41.85，1.0E-4） 国家治理（19.45，1.0E-4） 城市社区（18.82，1.0E-4）

续表

聚类群	聚类号	聚类名称	文献数量/篇	Silhouette（轮廓值）	Mean year（平均年份）	主要关键词
治理技术应用研究	5	城市治理	26	0.816	2018	城市治理（26.37，1.0E-4） 人工智能（23.11，1.0E-4） 智能技术（18.3，1.0E-4）
	6	乡村治理	26	0.832	2018	乡村治理（42.29，1.0E-4） 乡村振兴（37.95，1.0E-4） 精准扶贫（21.87，1.0E-4）
	8	社会治理	23	0.801	2016	社会治理（23.4，1.0E-4） 社区治理（11.55，0.001） 韧性治理（11.55，0.001）
	9	全球治理	20	0.959	2016	全球治理（20.42，1.0E-4） 技治主义（16.44，1.0E-4） 技术伦理（13.86，0.001）

8. 关键词时线图分析

将 Threshold 阈值设置为 5（显示出现次数大于及等于 5 的关键词），得出技术治理关键词聚类时线图（见图 0-10）。该图表现了 12 个聚类中关键词随时间的变化情况，同一坐标上为同一聚类中内的关键词，连线表现了关键词之间在时间维度上共现情况。根据上文技术治理聚类群的三大分类，从时间线图中分别选取治理研究、技术研究及应用研究代表，按照上文对技术治理领域发展阶段的划分，陈述其在时间线图上的发展情况。

在技术治理研究初始阶段，即 1998—2013 年，无论是治理机制研究、治理技术研究还是治理技术应用研究都处在起步阶段，技术治理的含义还未被解释清楚，核心关键词零星地分布在时间线上。而在爆发期 2014 年至今，时间线上的关键词也随之跳跃式增多，热点关键词集中分布。

在聚类群“治理机制研究”中，第一阶段的研究主要聚焦在治理机制和治理结构的研究上，研究重理论轻应用，以价值为基础，重在解释技术、治理的概念及其机制和结构构成的渊源，以高被引文献《技术治理的运作机制研究：以上海市 L 街道一门式电子政务中心为案例》（2010 年，被引量 180 次）为例，学者黄晓春就从信息技术与组织结构之间互动机制的角度出发，对信息技术促进基层公共部门革新的方式和路径作出分析，发展了 S. 巴利以及简·芳汀关于新技术与组织互动机制的模式化分析框架，建立了技术-结构的时间序列互动分析模型。可见，在此阶段，聚类群“治理机制研究”还是在传统研究基础上追求理论的拓展和创新。而在爆发期，聚类群“治理机制研究”开始关注技术和治理的融合带来的社会风险，技术治理中技术的不确定性开始凸显，新兴技术研究兴起后，研究开始重应用轻理论，治理的预期效果、新技术创新的责任以及技术赋权问题开始得到重视。

在聚类群“治理技术研究”中，第一阶段（1998—2013 年）的研究热点较少，时间线上的关键词寥寥无几，研究还只是停留在互联网技术治理初级阶段，这一阶段互联网技术开始被引入治理当中，成为治理的第一工具。学者张卓《中国网络监管到网络治理的转变——从“网络暴力”谈起》（2010 年，被引量 70 次）一文就探讨了网络监管与网络暴民之关系、公众对网络监管之态度，厘清了网络技术治理与公民主体之间的关系。在爆发期（2014—2022 年），“治理技术研究”在时间线上的热点关键词呈急剧增加，人工智能、大数据、物联网技术等智慧科技不断发展并运用于现代治理之中，这种技术治理节约了人力成本，提高了治理效能，体现出技术创新的作用。大数据治理起源于网络技术的发展，网络技术改变了过去单一的治理结构，使区域之间可以进行协调治理。对各种治理技术的研究最终引发了治理理性和治理价值的讨论，研究最终又回到了价值观层面上，但是对技术治理理论的讨论依然停滞不前，没有将新兴技术在治理当中的应用融入理论拓展层面。

在聚类群“治理技术应用研究”中，第一阶段（1998—2013 年）的研究较为基础，主要集中在技术治理各主体之间的关系治理上，学者张首魁在《耦合关系下的技术创新网络》（2009 年，被引量 36 次）中提出组织应该采用松散的耦合结构治理、关系治理和契约治理来实现治理目标。学者苏竣的《科学技术的全球治理初探》（2004 年，被引量 21 次）引入了科技全球治理理念，对科技全球治理的对象、治理的手段以及治理目标问题进行了探讨，为国内技术政策以及治理手段研究提供了一个新的视角和理论工具，是国内技术治理应用研究的首次理论探索。在爆发期（2014—2022 年），技术治理应用研究的热点关键词演化趋势与我国社会政策的轨迹重叠，“精准扶贫”政策提出以来，技术治理在城市、乡村社会治理中的应用研究达到了一个高峰，以公共政策研究为基础，辅以技术治理手段，研究技术治理在政策发挥作用中的治理效能和治理机制。同一时间段，以学者刘永谋为首，“技治主义”这一关键词开始在技术治理研究领域显现，学界对于技术治理的研究开始向理论回归。

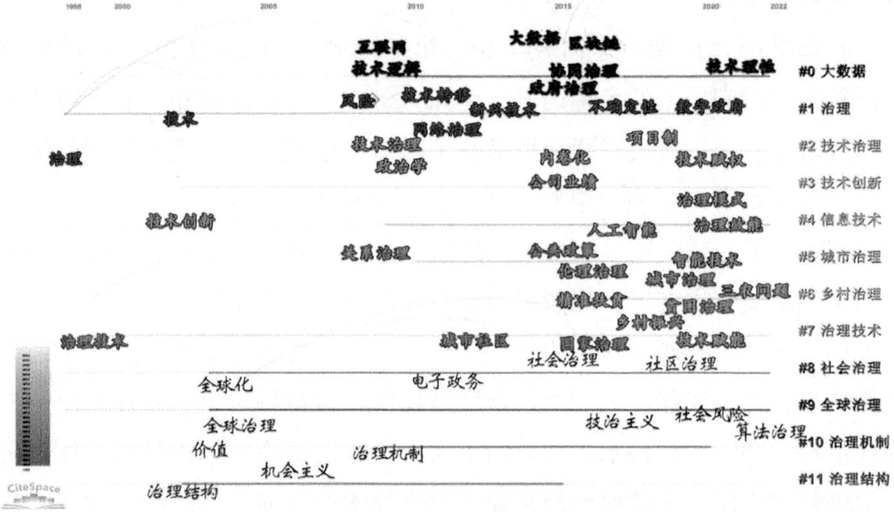

图 0-10　技术治理关键词时线图

9. 突变词分析

运用 CiteSpace 软件对技术治理研究领域的关键词进行突变探测（Burst Detection），提取出频次增长率较高的词并显示出其增长的起止时间，能够看出技术治理领域不同时间段的研究热点并得出不同时间段的突变词，突变强度越大，说明围绕该关键词展开的相关主题研究的影响力越大。① 经分析共得出15个突变词及其起止时间（见图0-11）。“公司治理”一词以5.44的突变强度居于最高位，说明公司治理这一主题在2012—2018年时具有很强的研究价值。“区块链”一词以5.38的突变强度位居第二，且该词突变时间最晚，说明区块链技术是现在技术治理领域的研究前沿，而且没有其他关键词同时作为前沿，说明技术治理的研究方向已从机制和结构研究转向了如何运用高新技术进行社会治理，顺应了新时代科技爆发的突出特点。

技术治理领域突变强度在3以上的关键词还有治理结构（突变强度3.03）、治理机制（突变强度3.54）、精准扶贫（突变强度3.52）以及协同治理（突变强度3.08）以及人工智能（突变强度3.01）。在治理机制领域，无论是私人的还是公共的，正式的还是非正式的，技术治理都是作为制度安排的复合体在主体之间发挥着联系和互动作用。② 在精准扶贫领域，甘肃省2015年9月被国家扶贫办列为全国大数据平台建设试点地区，此后，贵州、四川、广西等地也相继开始应用大数据技术进行贫困治理。精准扶贫实践中技术治理的价值不断被强调，对其在精准扶贫的治理实践中产生的影响应加以考察。尽管技术治理挖掘了扶贫信息资源并为精准扶贫带来了生产力，但将技术治理运用于精准扶贫依然面临着许多难题与挑战。为了更好地将技术治理运用于精准扶贫领域，需要完善政策层面的制度建设和资金供给、技术层面的数据平台和人才培养以及社会层面的人本主义和多元参与。③

在协同治理领域，“互联网+”“物联网+”“大数据+”“区块链”等技术在跨区域治理中凸显出越发重要的功能。如在全国推行的水环境协同治理的河长制中，S市提供了一个水环境协同治理场域下技术与制度互动的典型个案。“S河长管理信息系统”“S河长App”“S治水投诉”等技术

① 李杰，陈超美．CiteSpace：科技文本挖掘及可视化：Text Mining and Visualization in Scientific Literature［M］．北京：首都经济贸易大学出版社，2016.

② 青木昌彦．比较制度分析［M］，周黎安，译．上海：上海远东出版社，2001.

③ 沈费伟．技术能否实现治理：精准扶贫视域下技术治理热的冷思考［J］．中国农业大学学报（社会科学版），2018，35（5）：81-89.

在S市河长制中的应用，使信息流转和业务联动可以纵向横向联通，由此也为打破“九龙治水”格局提供了可能性。① 同时，协同治理不是一个简单的技术问题，必须准备把握技术治理逻辑与制度治理逻辑之间的内在关系，优化技术治理的顶层设计和制度环境，使得技术与制度融合协同进行治理。

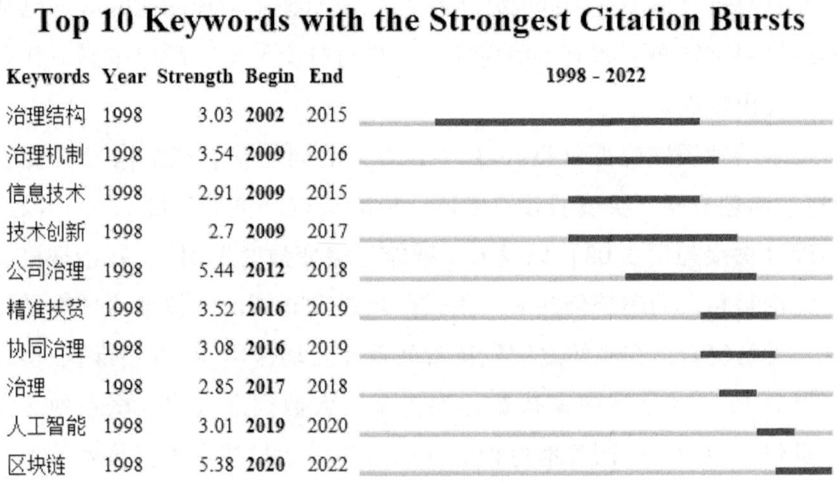

图 0-11　技术治理研究突变词图

注：Keywords 意为突变词，Year 意为首次出现时间，Strength 意为突变强度，Begin 与 End 分别代表成为热点时间与不再成为热点的时间，黑色高亮线段是热点持续时长。

10. 研究现状综评

综上所述，基于文献计量分析，本研究横向勾勒了技术治理领域学科多元弥散、学者孤军奋战、机构各自为政的研究图景，纵向梳理了技术治理研究主题的演进脉络和前沿探索，并辅之以微观层面的文献精读，呈现特定视域下的研究内容。总体而言，技术治理自20世纪90年代末步入国内研究者视野已20载有余，该领域从最初鲜有问津，发展到科技革命后热烈讨论，目前仍处于文献产出上升期。在初始阶段（1998—2013年），技

① 颜海娜．技术嵌入协同治理的执行边界：以S市“互联网+治水”为例［J］．探索，2019（4）：144-155.

术治理还只应用于自然科学领域，与社会治理的融合才崭露头角；到了爆发阶段（2014—2022年），技术治理已奔走在城市治理①、社区治理②、乡村治理③等具体的治理实践中，让技术治理研究呈现井喷增长态势。在该领域发展过程中，大致呈现出三个特征。

第一，学科探索多元，但分布不均衡，且学科间的交叉未能打开技术治理领域的研究纵深，拓宽该主题下辖的子域研究。技术治理是一项高度复杂的社会性工程，关于技术治理的研究可以存在多个切入视点。从文献计量结果来看，技术治理最早归属环境治理或技术伦理的范畴，带有明显的公共管理学科倾向。随着对技术治理理解的不断深化及前沿技术实践的日渐深入，包括经济学、教育学、传播学等在内的社会科学开始探索技术治理的应用前景，同时自然科学、计算机科学等传统技术型学科重视发掘可以作为治理手段的技术资源，让技术治理成为一片可供多学科共同拓荒的智识“田野”。虽然众多学科齐头并进参与了相关研究，但分布却很不均衡，重视把技术引入不同现实场景的应用性研究上，忽视了探索技术应用于治理中的伦理性、适配性等基础性研究。更为重要的是，技术治理研究的跨学科交流互动流于浅层，只能作为一项对技术或治理研究的添补型工作。无论是理论探讨还是实证分析，往往都是基于公共管理或特定技术学科的大范畴，提炼出特定要素，重新贴近于既有研究典范的讨论。因此，原本应当探讨技术与治理相互纠缠的现实实践的技术治理研究失去了生命力，还是回归到了它之于技术或治理研究的附庸地位。④

第二，价值取向偏移，在技术治理目标上剥离了自然学科的“技术”与公共管理学的“治理”相结合的应有之义，形成较为显著的“技术主义”倾向，与“治理”尤其是“善治”的目标相去甚远。技术治理缘起

① 高恩新，刘璐．平台的“祛魅”：城市治理数字化转型中的组织-技术互嵌逻辑［J］．东南学术，2023（2）：125-134.

② 金筱霖，王晨曦，张璐，等．数字赋能与韧性治理双视角下中国智慧社区治理研究［J］．科学管理研究，2023，41（1）：90-99.

③ 王雨磊．数字下乡：农村精准扶贫中的技术治理［J］．社会学研究，2016，31（6）：119-142+244.

④ 彭亚平．照看社会：技术治理的思想素描［J］．社会学研究，2020，35（6）：212-236+246.

自技治主义，技治主义依托科学技术对现实世界的解释力与改造力，成为一种倡导科技统治与“专家治国”的社会治理模式，是一种回应社会发展过程中科技带来的复杂性、风险性与不确定性危机的治理。从词组要素来看，作为一个庞杂话语体系的技术治理是由“技术”和“治理”两个价值取向截然不同的词语构成，其中技术侧面强调工具理性，追求实现效率原则，而治理侧面则以公共性、社会性为最高诉求，要求实现“善治”。① 然而从文献梳理中可知，在现有研究论域中，多位学者在擘画技术治理知识图谱时都不自觉地带有一种“技术主义”的倾向，把技术治理看作一种系统科学地使用现代技术以提高运行效率的治理活动，或至少是技术专家应用工具理性技术对国家和社会的治理②。总之，这些对技术治理概念的认知呈现出的是技术至上的偏好③，遵循化约主义的逻辑用数据化的形式对复杂社会进行了处理，这不可避免地导致社会的复杂信息在转译为技术治理对象过程中被剪除、遗漏和失真。一方面，技术缺少表达情感价值等非理性因素的功能，无法保障技术治理运作时的“人性在场”，因此容易沦为“键入-步出”计算器式的简单治理；另一方面，技术对信息的选取受到社会结构性认知的局限，会“如实”地归纳出这些偏见或理解，却最终强化了既有观念并进一步加剧了群体间的不平等④。

第三，将“技术治理”的“技术”化约为“数字技术”，聚焦于数字技术的现实场景应用，缺少技术对治理的改变机制研究，没有形成稳定的研究范式。技术发展是推动技术治理在当代大流行的深层动因⑤，因应科技革命冲击和政治理性化的发展趋势，以区块链、大数据、人工智能等为

---

① 徐雅倩．技术、国家与社会：技术治理的现代面向及其反思［J］．自然辩证法研究，2021，37（6）：39-44.

② CENTENO M A. The new leviathan：The dynamics and limits of technocracy［J］．Theory & Society，1993（22）：307-335.

③ 许志中，刘祖云，王太文．“技术治理”知识图谱的延展：基于共识、辩识与智识的视角［J］．天津行政学院学报，2022，24（4）：34-43.

④ BANNERMAN S.，ORASCH A. Privacy and smart cities：A canadian survey［J］．Canadian Journal of Urban Research，2020，1（29）：17-38.

⑤ MCDONNELL D，VALBRUZZI M. Defining and classifying technocrat-led and technocratic governments［J］．European Journal of Political Research，2014（53）：654-671.

代表的智能科技不断融入技术治理的应用当中，如在新冠疫情流行病学调查中发挥巨大作用的“行程码”“健康码”等大数据平台，就是有效例证。① 然而传统的治理工具如科层体制、市场机制和社会规范等却在技术治理中被遮蔽，“技术”一词简单地等同于大数据、人工智能、互联网等数字技术。从研究主题聚类来看，技术治理主要集中在数字技术对于不同现实场景的应用上，而未回应技术治理在面对技术带来的复杂性、不确定性风险时的理论搭砌，未对技术治理的传统理论进行适应现代发展的修补。现有的文献大多聚焦在其思想源流、主要论调、实践效能、优化路径等方面，缺乏与技术应用发展相对应的治理理论基础、发展规律、内在机制等基本问题的研究成果，缺少具有实践导向的、建构性的理论创新，因此很难为技术治理研究发展提供前瞻性、引领性的指引。以哲学领域学者刘永谋为代表的理论研究文献一经发表，就得到了广泛引用，社会科学界对技术治理理论研究越发渴求。究其原因，科技革命带来的信息技术的迅猛发展，使技术治理的应用研究步伐远快于理论研究，传统研究的理论基础无法提供适应性的参考价值。于是，学界对于技术治理的理论研究滞后，只能选择从技术应用上寻求研究热点。这就造成了技术治理理论研究不能有效指导实践的后果。

11. 研究现状反思

“国家-技术-社会”是无法分割、相互纠缠且不断变化的装置，技术横亘于国家与社会之间，它既是区分国家和社会的中介，同时又通过转译来联结彼此②，构成一个高度复杂的公共治理空间。尽管瓦伊克曼（J. Wajcman）反驳了对人工智能技术无所不能的幻想③，但技术治理大行其道已成不争的事实。布利尔（J. Burrell）和富尔卡德（M. Fourcade）指出，社会学者“既可以拒绝保持对机器智能的神秘幻想，又可以承认科技

---

① 吴冠军．健康码、数字人与余数生命：技术政治学与生命政治学的反思［J］．探索与争鸣，2020，371（9）：115-122+159.

② 郭荣茂．转译社会学视角下的技术治理研究［J］．科学学研究，2016，34（11）：1608-1614.

③ WAJCMAN J. Automation：Is It Really Different this Time？［J］．British Journal of Sociology，2017（68）：119-127.

产业在经济、政治和文化方面所拥有的巨大影响力，能够改变我们生活的世界”。① 当下的技术治理日渐形成一个新的话语体系，这个体系将整个社会世界的运作都统摄其中，并最终侵入每一块尚未被控制或开发的飞地。对技术治理这种无所不包的流动性，我们必须反思技术治理研究的元问题，即何谓技术治理。斯托克顿较早提出了找回技术治理中的制度维度超越技术治理概念的基本构想②，罗伯格（J. Roberge）等也提出需要建立起一套“端到端的社会学”（end-to-end sociology）以厘清技术和社会关系运作背后的机制。③ 具体而言，对技术治理概念的重构可能从两个路径来加以想象：一个是从技术社会学的视角找回迈向技术与国家社会良性互构的治理空间，进而实现良好的治理；另一个是依据不断调整的治理新术论方案，在实践层面完善技术治理。

以前述讨论为基础，本研究认为要将技术治理塑造成一个更加具有生命力的研究议题，研究范式需要沿着两个方面进行深层转型。

其一，反思技术治理中的技术。自渠敬东等学者判断“国家-社会”关系从总体支配迈向技术治理以来，以标准化、技术化和程式化为特征的管理技术和治理手段的“微观政治”成为新的概念变量进入技术治理研究范畴，“技术”一词在技术治理中的理解，也从相对精确和有限转变为相对模糊和广泛。两个不同路径就此而言保持着高度一致性，承认技术概念的开放性和包容性，认可技术是由“装置”和“技法”所构成的理性方法的综合。然而，治理新术论强调技术的现代性侧面，把对“效率高于一切”的工具理性推向了极致。这一取向的弊病在于，它为技术治理成为

---

① BURRELL J, FOURCADE M. The Society of Algorithms [J]. Annual Review of Sociology, 2021, 1 (47): 213-237.

② STOCKTON P. Beyond Micromanagement: Congressional Budgeting for a Post-Cold War Military [J]. Political Science Quarterly, 1995, 2 (10): 233-259.

③ ROBERGE J, CASTELLE M. Toward an End-to-end Sociology of 21st-Century Machine Learning [J] //ROBERGEJ, CASTELLE M (Eds.). The cultural life of machine learning: An incursion into critical AI studies, Springer International Publishing, 2021, 3.

“伞状的概念集合”① 打开了缺口，可以如法炮制出算法治理、人工智能治理、数字治理、类ChatGPT治理等概念，这极大地损害了技术治理作为一个学术概念的生命力。技术社会学跳出了技术自主独立发展的逻辑框架，更侧重于在治理场景中对包括社会测量、科学管理等综合治理手段的运用，让治理内容决定治理技术手段。

其二，找回技术治理中的治理。伯格芬（A. Feenberg）认为现时代是技术治理主义的时代。② 科技革命突飞猛进，带来了技术的华丽转型，给技术治理的蓬勃发展带去了动力与生命，也暴露出技术治理的隐患和危机。技术社会学和治理新术争论之核心，就在于技术治理是技术的还是治理的实践内容。作为复杂的实践场域，技术的发展变迁推动了治理理念和治理主体的嬗变，基于不同预设的两种路径因而产生了分歧。

在治理理念方面，如前所述，持治理新术论者持有一种社会工程师的心态，最大的抱负便是把周遭的世界变成一台巨大的机器，过度追求形式、程序、过程，忽略了技术治理中的治理功能，更多地关注技术本身——这同治理所要追求的社会公共价值背道而驰③。治理权力最早由国家独享，作为赋权工具的技术特别是数字技术兴起后，政府所掌握的权力可以畅通地向以专家和公众为代表的社会分享，治理主体由一元向多元转化。治理新术与技术社会学在技术治理的“分途”很大程度上就源于技术治理的异化或失序所带来的主体权力结构失衡④，而且治理新术对技术至上主义的推崇还会带来社会监视、社会歧视和社会认同的危机与风险⑤。

---

① CHRISTOPHER A，LEVI-FAUR D，TRONDAL J. An Organizational-Institutional Approach to Governance’［M］//ANSELL C K，TRONDAL J，et al. Governance in Turbulent Times，Oxford：Oxford University Press，2016：2.9.

② FEENBERG A. Questioning Technology［M］. New York：Routledge，1999：4.

③ GINTY R M. Routine peace：technocracy and peacebuilding［J］. Cooperation and Conflict，2012，47（3）：287-308.

④ BALASUBRAMANIAN A. Micromanagement：fixing microfinance in argentina［J］. Harvard International Review，2009，31（3）：9-10.

⑤ ISSAR S，ANEESH A. What is algorithmic governance?［J］. Sociology Compass，e12955.

（三）数字治理研究

自1998年“数字地球”概念诞生以来，伴随着数字政府、智慧城市建设步伐加快，“数字治理”逐步成为新公共管理运动后各国政府管理改革的主旋律，受到实践界和学术界的高度关注。围绕“数字治理”的基本概念、目标内涵、价值导向、实践路径等问题，学界和实务界展开了诸多研究。

1. “数字治理”的基本概念

张晓博士在《数字化转型与数字治理》一书中指出，20世纪90年代由于数字技术在治理领域的应用给整体性理论提供了实践可能，于是这二者作为实践基础和理论支撑催生了“数字治理”的概念。张晓认为，数字治理通常有两层含义：一是“对数字治理”，二是“用数字治理”。① 前者意味着数字化推动了经济生产和社会组织形式的新变化，这种新变化所带来的治理挑战需要公共管理学科积极面对；后者意味着利用数字技术改善治理模式。无论何种解释，都对公共管理提出了新挑战，但也为公共管理的发展带来了新机遇。公共管理应待时而变，顺应数字时代的新要求②。

早期研究数字治理的专家学者大多来自发达国家，比较侧重对信息技术手段的应用分析，已有研究“轻理论、重应用”的现象比较突出，并且关注视角有限，通常和电子政务、电子治理等技术治理手段相关联，具有明显的技术导向性；后期的研究则侧重理论比较，多半是关于数字治理理论与实践的总结反思，以及试图构建数字治理理论体系。比如，美国学者迈克尔·米拉科维奇（Michael E. Milakovich）认为，数字治理的含义可从广义和狭义两个层面理解：广义上，数字治理指的是电子技术支持下整个社会运行和组织的形式，包括对经济社会资源的综合治理；狭义上，数字治理指的是政府与经济社会的互动，③ 以及政府内部运行中运用电子技术，

---

① 张晓．数字化转型与数字治理［M］．北京：电子工业出版社，2021：127.

② 李齐，贾开，曹胜．数字治理时代公共管理学科的回应与发展：第三届数字政府治理学术研讨会会议综述［J］．中国行政管理，2018（11）：35-38.

③ 这里的互动包括以提供政府产品和服务为核心的信息交换、交流、审批和系统整合等，以及所有政府办公过程和整个政府内部行政系统间的互动。

来易化政府行政，提高民主程度。① 英国学者帕特里克·敦利威（Patrick Dunleavy）主张发挥信息技术和信息系统在公共部门改革中的重要作用，实现部门扁平化管理，促进权力运行的共享，逐步实现还权于社会；② 其认为数字治理的核心在于整体的、公共参与的新型决策方式及电子行政运作广泛的数字化。③

国内对于数字治理概念的研究成果最早出现于2004年。徐晓林、周立新在《管理世界》杂志发表的《数字治理在城市政府善治中的体系构建》一文引起学界广泛关注。随后，复旦大学教授竺乾威在《公共行政理论》一书中介绍了帕特里克·敦利威关于数字治理理论的观点。④ 徐晓林和周立新认为，数字治理是在电子商务和电子政务之后产生的概念，也称为电子治理，是数字时代一种新型治理模式；“数字治理是新技术革命推动的结果，不只是几个政府网站或是服务网络化供给途径、信息传播数字化途径，它将改变政府、市民社会和以企业为代表的经济社会治理主体的互动方式，改变传统社会价值链，并对城市治理现代化发展产生深远的影响”⑤。数字治理是将现代数字化技术与治理理论融合的一种新型治理模式，意味着政府权力由机构中心向以企业或者市民为中心转变，增强了政府、市民与企业之间的互动，体现了服务型政府以及善治政府建设的要求。⑥

近年来国内学界对数字治理问题的关注度越来越高。2022年，北京师范大学教授李韬等在综合国内外相关研究基础上对数字治理的概念、内涵、外延等作了全面梳理和界定：第一，数字治理以优化治理体系与治理能力为目标；第二，数字治理遵循了国家治理“一核多元”的模式；第

---

① 张晓．数字化转型与数字治理［M］．北京：电子工业出版社，2021：27.

② 赵友华．技术行政的价值及其实现逻辑［D］．华东政法大学，2021.

③ DUNLEAVY P. New public management is dead? long live digital-era governance［J］．Journal of Public AdministrationResearch & Theory，2005，16（3）.

④ 竺乾威．公共行政理论［M］．上海：复旦大学出版社，2008.

⑤ 徐晓林，周立新．数字治理在城市政府善治中的体系构建［J］．管理世界，2004（11）：140-141.

⑥ 黄建伟，陈玲玲．我国数字治理的历程、特征与成效［J］．国家治理现代化研究，2019（2）：61-75+244.

三，数字治理涵盖面广，包括经济、社会、技术等各个方面。① 从治理的动态过程来看，数字治理作为数字技术、数字经济、数字社会、数字政府在发展中产生的一种新型治理，贯通了“观念”“结构”“机制”等管理要素，包括社会治理理念变革、运行机制重构、治理方式转变、政务流程优化、体制机制调整与资源整合等。②

2. 数字治理的目标内涵

数字治理是由治理目标、治理主体、治理对象、治理活动、治理工具等要素组成的治理体系③。数字治理的目标以数字化平台为基础，是政府内部、政府与外部主体持续互动的过程，是通过信息技术革新参与模式、改变参与行为。在信息技术的应用下，整个治理体系将更加开放、更加多元。④ 有学者基于对网络治理、整体性治理与数字治理概念的辨析，认为三者都追求组织扁平化和公民需求导向，但在集权、分权与权力整合上有所不同，并指出三种理论的差异及各自的理论沿革。⑤ 数字治理理论是对新公共管理理论的超越。⑥ 数字治理涉及行政体制、政治体制的全面革新，不是单纯强调行政效率，而是同时追求政治价值的实现。⑦ 数字治理通过“技术赋能”和“技术赋权”双重机制，旨在协同提升政府的治理能力，以及社会中多元主体的合作共治能力。数字技术的深度嵌入能够打破现有的科层制结构，利用信息简化行政过程，让行政体制趋于“扁平化”。这种改变不仅能够在优化政务流程的角度提升行政效率，也有助于构建新型

① 李韬，冯贺霞．数字治理的多维视角、科学内涵与基本要素［J］．南京大学学报（哲学·人文科学·社会科学），2022，59（1）：70-79+157-158.

② 魏礼群，顾朝曦，倪光南，等．数字治理：人类社会面临的新课题［J］．社会政策研究，2021（2）：3-12.

③ 安小米，白献阳，洪学海．政府大数据治理体系构成要素研究：基于贵州省的案例分析［J］．电子政务，2019（2）：2-16.

④ 吴朝晖．四元社会交互运行，亟须深化数字治理战略布局［J］．浙江大学学报（人文社会科学版），2020（2）：5-9.

⑤ 韩兆柱，单婷婷．网络化治理、整体性治理和数字治理理论的比较研究［J］．学习论坛，2015（7）：44-49.

⑥ 郑磊．数字治理的效度、温度和尺度［J］．治理研究，2021（2）：5-16+2；陈水生．城市治理数字化转型：动因、内涵与路径［J］．理论与改革，2022（1）：33-46+156.

⑦ 赵玉林，任莹，周悦．指尖上的形式主义：压力型体制下的基层数字治理：基于 30 个案例的经验分析［J］．电子政务，2020（3）：100-109.

政府-社会关系、政府-市场关系。①

3. 数字治理的价值导向

数字治理强调“以人为本”的价值理念，以是否符合公众的利益为标准来衡量其行政行为，避免陷入数据官僚主义、数据形式主义。② 数字政府治理的任务必须以现代政治文明的核心价值为基准，不搞数据垄断、不利用数据侵犯他人的权利，锚定在正义的价值上进行算法管理，通过数字技术发展与优化民主程序，以保障人的基本权利。③ 因此，数字治理必然有着严格的伦理要求与深刻的价值取向，数字治理不仅要求“快”，更要求“善”。通过正义、公平、民主三“场”建构“自由人联合体空间”，并规定其方向性、均衡性与动力性；保障“数字方式”服务于人类秩序追求的本质，促进“自由人联合体”的“社会自治型治理”的实现；数字政府治理对“自由人联合体空间”的建构正是“数字方式”下迈向“自由人联合体”历史路径的伦理旨归。④ 从实践看，当下数字治理的价值功能发挥得仍不全面、伦理要求的贯彻还需要进一步深入。现阶段的数字伦理侧重隐私保护、数据安全、减少算法歧视等最低限度的伦理维度，而忽视了推动社会发展的更高伦理诉求，导致区域和群体间技术、资源和机会分配不均。⑤ 同时，大数据系统中数据生成、采集、分析、应用等各个环节叠加所引发的认知不足和利益关系失调问题，加剧了社会系统的歧视与不公平。⑥

① 孟天广．数字治理全方位赋能数字化转型［J］．政策瞭望，2021（3）：33-35.

② 许阳，胡月．政府数据治理的概念、应用场域及多重困境：研究综述与展望［J］．情报理论与实践，2022（1）：196-204.

③ 郑磊．数字治理的效度、温度和尺度［J］．治理研究，2021（2）：5-16+2.

④ 孟庆国，崔萌．数字政府治理的伦理探寻：基于马克思政治哲学的视角［J］．中国行政管理，2020（6）：51-56.

⑤ 闫瑞峰．数字资本的伦理逻辑及其规范［J］．海南大学学报（人文社会科学版），2021（4）：118-126.

⑥ 刘丽，郭苏建．大数据技术带来的社会公平困境及变革［J］．探索与争鸣，2020（12）：114-122+199.

4. 数字治理的实践路径与原则

当前数字治理从理论到实践主要围绕数字政府①展开，具体的研究视角可以分为三个方面：行政过程、治理模式和政府形态。② 第一，行政过程视角强调数字技术对行政过程的优化，主要侧重技术在促进政府与外部环境多元互动中的工具性嵌入，从而使政府行政过程更加透明、负责和有效。③ 第二，治理模式视角强调数字技术对治理转型的驱动作用。数字政府是一次深刻的政府治理模式变革，而非政府治理的技术化替代④，数字技术能够推动理念、职能、体系等方面的全面变革。⑤ 第三，政府形态视角强调一种“数字空间”的政府形态。⑥ 公共空间被分割为无数个具有自身运行逻辑的公共治理和服务空间，从而推动传统“物理空间”的政府供给形式在器物、制度与观念等不同层面发生革命性变革。⑦ 此外，鲍静、贾开研究提出“发展与安全并重”“国际与国内同构”的治理原则，试图从技术、行为、组织三个层面，进行中国数字治理体系构建。⑧ 何哲提出数字治理宏观框架应包括统一、流通、安全三个原则，管理层、数据层、活动层三层基本架构，以立法支持、高度整合的数据机构和垂直统筹的管理体系为代表的配套支持体系等。⑨

① 戴长征，鲍静．数字政府治理：基于社会形态演变进程的考察［J］．中国行政管理，2017（9）：21-27.

② 郑跃平，杨学敏，甘泉，等．我国数字政府建设的主要模式：基于公私合作视角的对比研究［J］．治理研究，2021，37（4）：38-50+2.

③ GIL-GARCIA J R，DAWES S S，PARDO T A. Digital government and public management research：finding the crossroads［J］. Public Management Review，2018，20（5）：633-646.

④ 黄璜．对“数据流动”的治理：论政府数据治理的理论嬗变与框架［J］．南京社会科学，2018（2）：53-62.

⑤ 孟天广．数字治理全方位赋能数字化转型［J］．政策瞭望，2021（3）：33-35.

⑥ 郑跃平，杨学敏，甘泉，等．我国数字政府建设的主要模式：基于公私合作视角的对比研究［J］．治理研究，2021（4）：38-50+2.

⑦ 米加宁，章昌平，李大宇，等．“数字空间”政府及其研究纲领：第四次工业革命引致的政府形态变革［J］．公共管理学报，2020（1）：1-17+168.

⑧ 鲍静，贾开．数字治理体系和治理能力现代化研究：原则、框架与要素［J］．政治学研究，2019（3）：23-32+125-126.

⑨ 何哲．国家数字治理的宏观架构［J］．电子政务，2019（1）：32-38.

（四）技术政治研究

基层治理数字化转型问题与技术政治学的研究议题密切关联。"技术政治学"（Technopolitics）是近两年在学界新兴起的研究论域，学界对这一概念的讨论逐渐增多，"技术"越来越成为政治学研究的关键词。① 根据中国目前研究技术政治学的代表性学者吴冠军关于"科学"与"技术"的辨析发现，"技术政治学"与"科技政治学"是一对相似的概念，但是其具体内涵又有所不同。科技政治学是20世纪80年代末兴起于发达国家的一个跨学科、综合性的研究领域②，强调了多学科的有机交叉。③ 技术政治学的学说或论调兴起，与当今时代"技术"快速发展引发人们对"技术"的重新审视密切关联。有学者认为，当代社会似乎进入了"技术当道"的时代、一个由"技术"而非人类文明史上的其他事物（如自然资源）来"卡脖子"的时代。④"技术"已逐渐成为"政治"的内核，"政治"正在围绕"技术"来构建和变革。"从历史长期发展的趋势看，一国的技术水平不仅能够决定国家治理的整体水平，对于技术层面的认知与运用，也决定了一个共同体的基本竞争力与未来前景"。⑤

1. 技术政治与国家信息能力

自人类社会进入信息社会以来，随着大数据、人工智能、区块链等为代表的数字技术的迅猛发展和这些技术在生产生活与政府和社会治理中的深度应用，新增了大量的政治现象和政治问题，亟待新的概念、理论和方法来诠释与解决。比如，国家信息能力问题就是"技术政治学"研究范畴的一个重要问题。国家信息能力是信息时代国家能力最显性、至关重要的能力。国家信息能力是国家渗透能力、国家强制能力、资源汲取能力、国家行政能力的基础。国家信息能力包括信息的汲取和学习能力、信息管理

---

① 吴冠军．当代中国技术政治学的两个关键时刻［J］．政治学研究，2021（6）：116-127.
② 赖燕茹．科技政治学视角下的互联网研究［D］．国防科学技术大学，2016.
③ 胡春艳．科学技术政治学的"研究纲领"［D］．厦门大学，2006.
④ 吴冠军．当代中国技术政治学的两个关键时刻［J］．政治学研究，2021（6）：116-127.
⑤ 罗梁波．国家治理的技术场景：理论反思和话语重构［J］．学海，2020（1）：38-46.

与协调能力①，以及在此基础上与社会合作共治的能力。国家信息能力建设与技术治理密切关联。随着5G、云计算、物联网、区块链、人工智能等新技术的出现，高新科技特别是数字技术革命时代如期而至。在国家治理现代化和数字科技迅猛发展的双重背景下，国家信息能力建设与技术治理问题迅速成为政治学、公共管理、社会学等多学科的研究热点，也催生了火热的技术治理实践。在中国改革开放以前，重要的社会资源基本由国家掌握，人们赖以生存与发展的物质财富、信息资源与就业机会几乎都由国家机器统筹分配；② 时至今日，中国社会治理发生了重大变化，从意识形态主导型治理走向技术型治理，即走向以工具主义为基本性质的治理形态③。

2. 技术权力与治理权威

技术进入治理场景后，构筑了技术权力。但技术权力并不意味着技术本身成为一种权力，而是技术进入治理场景后，在潜移默化中成为重要的资源，拥有了权力的特征。④“谁拥有技术，谁就拥有权力”成为当代社会重要特征，在技术全面嵌入不同领域、不同类型的组织体系后，“技术治理权威”应运而生。例如，在城市治理中，知识精英、技术精英的话语权显著提升，尤其是面对一些专业化的治理问题，政府必然要寻求同他们的合作。而这种合作本身也是在一定程度上消解政府权威的过程。故而在这个意义上，“专家”越来越成为公共治理中的重要主体。不过，技术权力在城市治理中的分布并不均衡，其受到行政区域、知识储备、技术发展、

---

① 章伟，曾峻．大数据时代的国家治理形态创新及其趋向分析［J］．上海行政学院学报，2015（2）：28-35.

② 刘伟，翁俊芳．撕裂与重塑：社会治理共同体中技术治理的双重效应［J］．探索与争鸣，2020（12）：123-131+199-200.

③ 肖唐镖．中国技术型治理的形成及其风险［J］．学海，2020（2）：76-82.

④ 这里的资源包括武力、财力、人力、象征以及组织等内容。而关于权力，美国学者詹姆斯·麦格雷弋·伯恩斯在《领袖论》一书中提出，权力的来源主要取决于两个因素：一个是动机，一个是能力。只有动机和能力相结合，才可以拥有权力。伯恩斯对于权力的分析融合了个性论与资源论两个学派的观点，其中资源论撇开了人的个性所具有的特殊性，因而具有较强的诠释性和说服力。资源论认为，权力与资源的占有成正比。参见：詹姆斯·麦格雷弋·伯恩斯．领袖论［M］．刘李胜，等，译．北京：中国社会科学出版社，1996.

治理问题复杂性等多重要素的影响。① 可能某一个知识精英仅仅在某一个领域拥有权力，在另一个领域中则没有权力；可能某一个治理问题过于复杂，现有知识难以应对，等等。目前，在一些地方治理实践中，由于政府对技术治理的理解不够深刻，并且与“乱指挥”“瞎折腾”联系在一起，技术就为形式主义提供了新的外衣。② 因此，政府与市场要进行双向互动与选择，规避技术权力的结构性失衡，以有效的体制机制变革守护公共利益。

3. 技术赋权与技术赋能

国家治理能力提升离不开技术对政府和社会进行“赋权”“赋能”。所谓赋权，可以理解为各类行动主体依托技术平台，通过获得信息、参与表达和采取行动等行为方式实现自我增权。比如，在社会治理领域，技术治理在具有特定政治属性的“场域”发挥作用，从宏观层面的“共同体”不断渗透到中观层面的“社会治理共同体”，给人类生活中的各种治理活动带来极为深刻的影响。③ 所谓赋能，可以理解为大量的技术应用为参与治理过程的各类行动主体赋予了远超出其自身的治理能力。以数字政府建设为例，作为数字时代国家治理的新形态，政府数字化转型旨在运用数字技术，协同多个行动主体，通过重塑治理结构、优化治理流程、革新治理理念、完善治理体系等提升治理的能力和水平。近年来各地基层治理创新都在努力使用各种技术方法来提升基层治理能力。例如，北京通过“街乡吹哨、部门报到”方式，深化街道体制改革，极大地提升了基层协同条线职能部门的能力；上海推行“五权下放”等下沉式改革，对街道、社区工作实行“加减乘除”，也在努力为基层“赋权增能”等。④ 类似的案例日益增多，依托各类技术对基层治理主体进行赋权、赋能，逐步成为基层治理常态。

① 贾秀飞，王芳．复合场景与多维变革：技术嵌入城市治理的逻辑分析［J］．求实，2021（1）：32-45.

② 同①.

③ 刘伟，翁俊芳．撕裂与重塑：社会治理共同体中技术治理的双重效应［J］．探索与争鸣，2020（12）：123- 131+199-200.

④ 彭勃．智能技术赋能基层治理：新问题与新机遇［J］．国家治理，2020（26）：25-29.

（五）研究现状总体评价

本研究通过回顾既有主要研究成果，大体得出如下结论。

第一，目前学术界在技术治理、数字治理以及技术政治等方面的研究热度日益高涨。现有研究主要围绕大数据、云计算、人工智能、区块链、物联网等数字技术以及项目制、专班制、清单制、目标责任管理、网格化治理等社会技术，在数字政府、城市治理、社区治理等领域的应用进行了有益探讨，取得了不少有价值的成果。

第二，在基层治理数字化转型方面，实践探索走在理论研究和政策创制前面。总体上看，有关基层治理数字化转型的学术研究还需全面深化，现有研究大多是对个别地方实践探索经验性的提炼分析或者结合数字政府建设、智慧城市建设、基层智慧治理等有一定相关性的议题展开。

第三，学者们逐步意识到以数字技术为主要代表的治理技术应用对于提升治理效能、增强国家能力的革命性意义。以大数据、区块链、人工智能为主要代表的数字技术不仅重塑了政府、市场与社会的治理环境，也促进了以政府为主要治理主体的组织结构变革，深刻影响着政府与社会治理、城市治理以及基层治理的模式。

第四，学术界对数字技术为政府与社会治理赋能的基本工作原理、初步机制设计和重大实践价值已基本达成共识。一是技术嵌入组织体系并实现组织附着是引发组织价值理念、层级结构和行为逻辑变化的前提；二是技术融入政府与社会治理本质上是组织平衡技术的价值理性和工具理性的过程；三是提出技术有效赋能的关键在于技术工具和政府与社会治理结构的融合程度等观点。

同时，在如下几个方面，还需要加强研究。

第一，加强基础性研究。从基层治理的技术转化层面看，当前关于社会治理科技支撑的政策意义研究较多，但对于基层治理数字化转型的基本内涵、实践规律、内在逻辑及对应的技术进路问题研究还需要深入。如何让技术与治理有机融合、同频共振，实现高质量的基层治理数字化转型，目前还缺乏系统深入的理论研究和体系化、可操作、可持续的解决方案。

第二，加强理论阐释。从技术对基层治理体制机制变革的作用机制层面看，当前对各类技术的分析研究较多，而从由技术引入对基层治理体制机制、政府科层结构、国家与社会关系等方面所产生的革命性影响看，还需要更加深入系统的理论分析和更切合实际的理论阐释，需要找到更具解释力的分析框架。

第三，加强系统性研究。目前关于基层治理数字化转型的理论与实践研究均存在不足，很多问题还没有研究透彻。比如，中国特色的基层治理数字化转型实践中蕴含着什么样的政治逻辑，其对应的技术进路是什么？如何摆脱目前技术治理实践中出现的窘境或悖论，趋利避害，找到科学有效的解决方案？如何提高技术治理的有效性，从而实现高质量的基层治理数字化转型？等等。

三、研究方法与案例选择

（一）研究方法

本研究坚持理论研究和经验研究相结合，主要采用文献研究、案例研究、访谈分析等方法。

1. 文献研究法

文献研究法是一种既传统又富有生命力的研究方法①，也是科学研究中多数情况下不可或缺的研究方法。文献研究法通常包括文献的搜寻、鉴别、整理、分析、评述等。文献研究法首先是一种对“历史”的回溯研究，基本不受时空限制。文献研究法可以帮助研究者全面掌握所要研究问题的现状，最大限度地利用已有的知识经验和科研成果，选定研究的方向和问题，避免重复性研究。文献研究法通常包括两个层面：一是对资料进行收集整理，二是对资料进行深入分析。文献研究法的最大特点并不是直接从研究对象那里获取资料，而是去“收集和分析现存的、以文字形式为

① 田玉麒．协同治理的运作逻辑与实践路径研究［D］．吉林大学，2017.

主的文献资料”。①

在本研究中文献研究法贯穿始终。一方面，通过梳理、检视中外文献资料中关于基层治理、技术治理、数字治理、数字化转型等相关研究成果，了解研究现状，寻找核心问题与创新空间；另一方面，通过对国家有关战略部署以及地方改革实践中出台的政策文本、实践案例等资料进行深入分析，梳理形成回答问题的系统逻辑与思路策略。通过线上线下相结合的方式，系统收集分析涉及本研究主题的各方面文献资料，主要包括涉及基层治理、技术治理、数字化转型等方面的众多图书、报纸杂志刊发的文章、研究报告、政策文件等。

在文献研究中，本研究也采用了文本分析法（Text Analysis）。文本分析法是社会科学研究领域常用的定性研究方法之一，通过对深度访谈、政策、文献等文本进行编码来建立理论和分析的连接，在此基础上进行描述和解释。② 文本通常指的是由文字、图像、数据等符号构成的信息体。文本涉及各个学科、各个领域，政策文件、报刊文章、文学作品、用户评论、网络文章等都可以构成文本。由于文本通常由个人、机构、政府等名义发布，其语义不可避免地会反映发布者的立场、观点、偏好、价值取向，因此，学术界常用文本分析的方法对各个领域的问题和现象进行研究。③ 特别是信息时代的到来，随着计算社会科学的发展，各类文本分析工具不断升级，让研究者可以从大量语料中提取意义，作出分析和预测。除学术研究外，文本分析法也被广泛应用于舆情分析、用户分析以及内容创作领域，特别是数据类内容创作等方面。文本分析法通常有三种类型：一是描述型文本分析，即在研读文本的基础上对文本进行描述、比较、阐释和评价的研究方法；二是统计型文本分析，即对文本进行分类统计，在此基础上，进行描述、比较和评价性分析；三是计算型文本分析，即通过文本分析软件、机器学习和自然语言处理算法，对大规模的文本进行分析处理。随着科学技术不断发展，文本分析法也从最初的描述型研究，逐步

---

① 袁方．社会研究方法教程［M］．北京：北京大学出版社，1997：392.

② 巴比．社会研究方法［M］．邱泽奇，译．北京：华夏出版社，2005.

③ 白净．文本分析如何应用到数据类内容创作中［J］．新闻与写作，2022（2）：105-109.

发展到综合使用描述、统计、计算等方法开展研究。

在本研究中，文本分析法贯穿整个过程，主要采用了描述性文本分析法，重点是以描述和举例说明的形式，对与本研究主题有关的各类政策文本、工作报告、经验材料、案例文本等进行分析。笔者先后收集了大量文本：一是在中国共产党领导下中央和国家机关出台的与基层治理、政府治理、社会治理有关的各类纲领性文献、法律法规、政策文件、领导人讲话等权威资料；二是浙江省21世纪以来特别是2012年以来出台的与本研究主题密切相关的各类政策文件，以及近几年浙江省委、省政府主要负责人的系列讲话等资料；三是笔者实地调研收集到的各类文本。具体到本研究的内容分布来看，在绪论中研究缘起与研究意义、案例选择与内容呈现和全书从结构调整、过程优化、功能改善三个层面进行理论与实践相结合的分析中体现较多。

2. 案例研究法

案例研究法（Case Study Method）是社会科学领域的一种主流研究方法，也是一种典型的实证研究方法。特别是在研究的现象与其所处环境之间界限不太清晰的情景下，要通过多种渠道收集资料，围绕研究对象进行深入分析，从而揭示事物间的关系模式，采用案例研究法比较有效。① 根据研究的目的不同，通常有描述性、解释性、评价性和探索性等几种案例研究类型。② 其中，描述性案例研究主要是对人、事件或情景进行准确描述，主要是讲清楚“是什么”的问题；解释性案例研究的目的在于对案例呈现出的现象或研究发现进行归纳总结提炼并形成结论，主要适用于对相关性或因果性问题进行考察；评价性案例研究主要是指研究者对研究的案例提出自己的意见和看法；探索性案例研究则是研究者尝试寻找对事物的新洞察或试图用新的观点或理论去评价现象。③与实验法相比，案例研究法对所研究对象的背景不进行控制，也不干预研究对象的变化，而是通过一个或多个案例来说明问题，通过收集到的信息分析所研究的现象或事件背

① 张旭．中国社会组织创新的类型与特征：基于108个社会组织创新案例的多案例研究［J］．经济与社会发展，2018，16（3）：52-57.

②③ 孙海法，刘运国，方琳．案例研究的方法论［J］．科研管理，2004（2）：107-112.

后的逻辑关系等。因此，在社会科学研究中，学者们通常借助代表性案例，基于对案例的深入分析，总结提炼其中的逻辑关系，探究事物的发展规律或趋势，进而寻找一般性、普遍性的特征和规律。案例研究法的目标在于“形成一个宝贵而深刻的理解，即对案例有独特见地，希望理解现实世界的行为及其含义”。① 案例研究法的主要优势在于能探索难以从所处情景中分离出来的现象。② 这一优势，使案例研究法成为本研究中最主要的研究方法之一——通过一个典型案例，对其中蕴含着的内在规律和发展趋势等进行深入分析。对本研究而言，根本目的就是深入分析基层治理数字化转型的政治逻辑及其对应的技术进路。

虽然当前很多地方都在积极探索推进基层治理数字化转型，但总体而言还处在起步阶段，因此要深入研究其内在逻辑及技术路径，需要选取实践走在前列的典型案例展开由点到面的探讨。因此，本研究首先着眼于整个国家数字化发展的大背景，选取新时代全面展示中国特色社会主义制度优越性重要窗口、数字化改革发展走在全国前列的浙江省作为典型代表，然后以浙江省数字化改革中大力推进未来社区和未来乡村建设为重点，选取浙江省杭州市X区G镇的数字化治理实践作为典型案例展开系统性经验分析和实证研究。同时，为了做好浙江G镇的个案研究，笔者主要采取了如下做法：首先，通过多种渠道了解掌握到目前中国一些大城市基层治理数字化转型的实践探索情况③，深化对面上情况的了解认识。其次，多次赶赴浙江省杭州市X区G镇等地开展实地调研，全面收集整理分析调研收集到的各类信息。最后，依托笔者工作单位策划组织召开了多场与本研究主题密切相关的全国性交流研讨活动，听取相关领域专家学者对此问题的深刻见解，并与有关方面的政府官员、社区工作者、

① 罗伯特·K. 殷. 案例研究方法的应用［M］. 周海涛，夏欢欢，译. 重庆：重庆大学出版社，2014：4.

② YIN R K. Case study research: Design and methods［M］. 5th ed. Thousand Oaks: SAGE Publication, Inc., 2014.

③ 例如，北京的“接诉即办”数字平台建设；上海的“一网通办、一网统管”数字化转型实践；浙江的数字化改革及杭州的“城市大脑”建设；广州的“数字政府”建设；深圳的“智慧城市”建设等创新探索。

居民群众等进行了多次线上线下相结合的交流访谈，掌握了大量一手信息和数据资料。

3. 访谈分析法

访谈分析法是一种非常典型的定性研究方法。访谈分析法指研究者在分析某一问题或现象时，通过与研究主题相关的个人或集体遵循一定的程序、方法进行深入沟通交流，根据访谈结果来获取信息并进行深入分析的研究方法。访谈分析法适用于科学研究中的质性分析，常见于人文科学领域的研究。访谈的方式方法有多种，按照时空是否一致划分，可分为面对面访谈、电话、语音或视频访谈等，通常面对面访谈得到的信息往往会更加接近于访谈对象的真实想法；按照参与人数划分，可分为一对一访谈、一对多访谈、多对一访谈、多对多访谈或者分为单人访谈、小组或团体访谈；按照访谈内容划分，可分为结构化访谈、半结构化访谈和非结构化访谈，其中结构化访谈一般指采用问卷或调查表进行访谈，非结构化访谈指口头自然交流的访谈，半结构化访谈也称为混合访谈，它是二者相结合的访谈方法。实践中，不同的访谈方法可以自由组合，具体采用哪种方法要根据访谈的实际需要来考虑。

访谈分析法一般分为三个步骤实施：第一，准备实施阶段，这一阶段需要研究者根据研究目的设计访谈内容或提纲、明确访谈对象及样本、确定访谈方式，这些工作决定了获取的数据能否适用研究所需；第二，信息收集阶段，这一阶段需要研究者根据前期的准备和被访者展开交流，获取所需要的信息；第三，信息分析和得出结论阶段，这一阶段要对收集的信息进行简要的分类和整理，如文本、视频、音频等信息，尽可能将其转化为访谈备忘录，在访谈备忘录基础上进行开放性编码，通过逐级抽象代码概括出主要范畴和类属进行分析，根据分析的结果得出结论。

本研究在对浙江 G 镇这一个案调研过程中大量采用了深度访谈分析的研究方法。在充分准备的基础上，带着理论思考和访谈提纲，多次与来自浙江省杭州市 X 区 G 镇的领导班子成员、数字化改革工作的负责人及相关科室人员、G 镇下辖的多个村（社区）的“两委”成员、驻村干部、村

（社区）居民代表、G镇数字平台建设技术支持人员，还有国内研究基层治理数字化转型有关问题的知名学者、专家，展开了线上与线下相结合的一对一或一对多的深入访谈（具体受访人员情况详见本研究的附录1：访谈对象基本信息和口述编码），整理形成了许多原汁原味的访谈资料，同时对访谈信息进行整理加工并核实受访者所言信息的真实性，以最大限度地提高访谈分析结论的客观性和科学性。

（二）案例选择

本研究着眼于全国基层治理数字化转型的宏观背景，首先对近年来各地围绕基层治理数字化改革展开的实践进行整体回顾，然后选取数字化改革发展走在全国前列的浙江省为抽样库，考虑到城乡兼顾、要素齐全、水平中等偏上等最具代表性因素，最后选取了杭州市X区G镇作为典型个案进行全景呈现、系统分析，试图点面结合、以点带面对当前中国的基层治理数字化转型实践进行理论分析。之所以选取浙江G镇作为典型案例，主要基于如下考虑。

1. 浙江数字化转型走在全国前列

近年来，引领改革风气之先的浙江省深入贯彻落实习近平总书记在浙江工作时作出的建设“数字浙江”的重大决策部署，在全国率先部署了关系全局、影响深远、制胜未来的重大集成改革——数字化改革，努力在过去数字化建设基础上从整体上推动省域经济社会发展和治理能力的质量变革、效率变革、动力变革，尝试走出一条数字文明建设的新路子①，引起广泛关注。自2019年中共浙江省委出台实施《关于认真学习贯彻党的十九届四中全会精神 高水平推进省域治理现代化的决定》以来，浙江省域治理方式、手段、工具、机制正在系统性重塑，一系列数字化改革举措推动了浙江省域治理从事后应对处置向事前有效防范、从碎片化管理向全周期

① 袁家军在2021年世界互联网大会开幕式上致辞。来源：http：//www. zj. gov. cn/art/2021/12/13/art_ 1229603977_ 59175676. html. 另可参见：迈向数字文明新时代：2021年世界互联网大会乌镇峰会在浙江乌镇举办［J］. 信息化建设，2021（10）：16-17.

管理、从模糊治理向精准治理的深刻转变。①

基层治理数字化改革作为数字化改革的重要组成部分，近年来在浙江各地百舸争流，探索形成了一批典型案例。在“最多跑一次”② 改革的基础上，浙江研究推出了“基层治理四平台”③ 改革新举措，并在此基础上不断迭代升级，推动了政府职能整合、条块关系理顺与基层治理的数字化转型，很好贯彻落实了中央关于基层社会治理“条块结合、以块为主”“重心下移、属地管理”等决策部署要求，有效提升了基层政府治理效能，增强了群众的获得感、幸福感和安全感。④

小社区连着大社会。城乡社区建设是基层治理的重要内容。随着智慧城市建设的持续深化和“乡村振兴”国家战略的落地实施，“未来社区建设”和“未来乡村建设”成为浙江省加强基层治理、建设数字社会的重要抓手。浙江省委省政府高度重视，主要领导亲自研究、部署推动。2022 年 5 月 5 日，浙江省召开全省城乡社区工作会议，浙江省委书记袁家军在会上强调：“推进城乡社区现代化建设，是一张蓝图绘到底、一体推进城乡社区迈向现代化的重大举措；是把‘党建统领、整体智治’落到最后一公

① 张建锋，肖利化，许诗军．数智化：数字政府、数字经济与数字社会大融合［M］．北京：电子工业出版社，2022.

② “最多跑一次”是指群众和企业到政府办理一件事情，在申请材料齐全、符合法定受理条件时，从受理申请到形成办理结果全过程只需一次上门或零上门。参见：车俊．坚持以人民为中心的发展思想 将“最多跑一次”改革进行到底，2017 年 10 月 15 日（源自求是网，网址：http：//www. qstheory. cn/dukan/qs/2017-10/15/c_ 1121801033. htm，2020 年 12 月 20 日）。

③ “基层治理四平台”是指通过整合资源力量，在乡镇（街道）搭建综治工作、市场监管、综合执法、便民服务等功能性平台，是功能集成、县乡协同、运行高效的新型基层治理载体。参见：浙江省绍兴市政府门户网站政务公开栏目政府工作名词解释，http：//www. sx. gov. cn/art/2021/2/7/art_ 1229470543_ 59245885. html.

④ 王剑侯．浙江：以“基层治理四平台”改革 推动基层治理体系现代化［J］．社会治理，2019（12）：13-15.

里、推动数字化改革‘1612’体系特别是基层治理‘141’体系①贯通到社区的重要抓手。”②

一方面，在城市着力打造“未来社区”。主要是将城乡社区纳入未来发展的视域之下，引入技术、生态、社会、生活等变量，运用整体、综合性的观念和行动来超前性地解决城乡社区面临的各种各样的问题，致力于使社区经济、社会、文化、生活环境等各个方面发生具有积极意义的变化，使城乡社区生活获得长远而持续的改善和提高③。经过深入调研，浙江省出台了专门的政策文件，确立了未来社区建设的顶层设计，即“139”主体架构④。建设未来社区的直接目的是为浙江人居高质量发展提供具有原创性、系统性和可操作性的未来社区样板。另一方面，在农村着力打造“未来乡村”。为持续深化“千村示范、万村整治”工程，深化美丽乡村建设，促进农民农村共同富裕，2022 年 2 月浙江省人民政府办公厅印发了

---

① 参见：袁家军．纵深推进数字化改革为高质量发展建设共同富裕示范区提供强劲动力［N］．杭州日报，2022-03-01；2022 年 5 月 5 日袁家军在浙江省召开全省城乡社区工作会议上的讲话。其中，“1612”体系是浙江省数字化改革的总体框架，第一个“1”是指一体化智能化公共数据平台（平台+大脑），“6”是指党建统领整体智治、数字政府、数字经济、数字社会、数字文化、数字法治六大系统，第二个“1”是指基层治理系统，“2”即理论体系和制度规范体系——形成一体融合的改革工作大格局；“141”体系是浙江省基层治理的重要依托，即以县级社会治理中心（县级矛调中心）、乡镇（街道）“基层治理四平台”和村社全科网格为主干的县域社会治理体系，第一个“1”是指县级社会治理中心（县级矛调中心），“4”是指乡镇（街道）“基层治理四个平台”，具体通过大口子综合管理，形成以监管执法、应急管理、综治工作、公共服务为主要内容的乡镇（街道）治理主体框架，并增设综合业务模块、生态经济等（也可以理解为“4+N”），第二个“1”是指村社网格，具体在村级以下划分社会治理单元，配备网格长、网格指导员、专兼职网格员等，协助开展政策宣传、基础信息采集、安全隐患排查、矛盾纠纷排查化解、提供便民服务等相关事项。

② 刘乐平，余勤，黄珍珍．推进城乡社区现代化建设 打造人民幸福美好家园［N］．浙江日报，2022-05-06.

③ 田毅鹏．“未来社区”建设的几个理论问题［J］．社会科学研究，2020（2）：8-15；田毅鹏．基层技术治理的结构与行动：以衢州智治经验为中心［M］．北京：中国社会科学出版社，2022.

④ “1”是指紧紧围绕促进人的全面发展和社会进步，突出高品质生活主轴，把满足人民美好生活向往作为一个中心，打造群众生活满意的人民社区；“3”是指把人本化、生态化、数字化作为三个维度的价值坐标，彰显以人为本、生态低碳、智慧运营社区本原价值；“9”是指未来邻里、未来教育、未来健康、未来创业、未来建筑、未来交通、未来低碳、未来服务和未来治理九大场景创新重点。参见：李玉梅．未来社区是“让老百姓幸福”的新平台［N］．学习时报，2019-11-25（1）.

《关于开展未来乡村建设的指导意见》①，对浙江省未来乡村建设进行系统部署，提出明确要求，与城市未来社区建设形成姊妹篇创新战略。

2. G 镇探索是浙江数字化改革的样板

浙江省数字化改革大幕拉开后，杭州市提出要奋力打造“数智杭州”，X 区作为省市发展的排头兵、数字化改革的先行地，明确了“一年出成果、两年大变样、五年新飞跃”和“全省标杆”的目标要求。G 镇②是杭州市 X 区第一大镇、“城市大脑 · X 平台”先行试点镇街，也是一座千年历史古镇，是《人民日报》公布的全国综合实力百强镇，是国家级杭州临空经济示范区的主要组成部分，属于长三角杭州都市圈周边崛起的新城镇典型代表。G 镇总面积 126.9 平方千米，下辖 63 个村、12 个社区（合计“75 个村社”），总人口 33 万，本地居民和外来人口比例 1 : 1。位于杭州主城区 30 分钟交通圈、上海 1.5 小时交通圈。辖区内既有“一港三轨”③，又有“一河三路”④，是杭州市组团中心镇，承载着 2022 年杭州亚运会赛事筹办有关任务。近年来，在全国小城市试点带动下，G 镇先后荣获全国文明镇、全国重点镇、全国发展改革试点镇、国家级卫生镇等称号，也是“两美浙江”特色体验地、“浙江省森林城镇”、浙江省首批“未来社区”和“未来乡村”建设试点地区。

综上，我们看到了一个经济社会蓬勃发展的 G 镇，而事实上在快速城镇化和经济社会转型发展过程中，G 镇的治理也面临着诸多挑战和难题。正如 G 镇领导所言：

我们是 X 区最大的镇，人口占全区总人口的 1/10，面积占全区总面积

---

① 该文件明确提出：“以党建为统领，以人本化、生态化、数字化为建设方向，以原乡人、归乡人、新乡人为建设主体，以造场景、造邻里、造产业为建设途径，以有人来、有活干、有钱赚为建设定位，以乡土味、乡亲味、乡愁味为建设特色，打造未来产业、风貌、文化、邻里、健康、低碳、交通、智慧、治理等场景，集成美丽乡村+数字乡村+共富乡村+人文乡村+善治乡村建设，着力构建引领数字生活体验、呈现未来元素、彰显江南韵味的乡村新社区。”“自 2022 年开始，全省每年建设 200 个以上未来乡村。到 2025 年，全省建设 1000 个以上未来乡村。”参见：《浙江省人民政府办公厅关于开展未来乡村建设的指导意见》。

② G 镇经历过多次行政区划调整，2013 年 9 月，原 GL、KS、DS 三镇合并成 G 镇。

③ 即一个国际机场空港和地铁 7 号线、机场快线、杭绍台高铁三条轨道交通线。

④ 即杭甬运河以及机场高速、杭甬高速、104 国道。

的1/10，而且外来人口比例很高，在一些村社外来人口和本地人口是倒挂的，这样的人口结构，加上我们的产业结构偏重传统的劳动密集型结构，在快速城镇化转型发展过程中，面临的基层治理压力很大。我们曾做过一个统计，全镇有7000多间出租房、3000多间商铺，这么大的体量，管理起来压力很大，而且存在安全隐患，如果依靠传统的人工管理模式，根本无能为力。还有我们这个地方地理位置特殊，城市管理运行的压力很大，我们必须想办法解决问题。正好浙江全省自上而下推进数字化改革，我们觉得机会来了，必须抓住，所以就积极响应，探索运用数字化手段来努力提高基层治理能力，为高质量发展提供强有力的保障。（访谈记录：ZHXG20211030GHJ①）

因此，自浙江省数字化改革大会召开以来，G镇对照浙江省数字化改革总体框架，由党政“一把手”负总责，在杭州“城市大脑”和X区平台赋能下，围绕杭州城市大脑“五级机长制”② 整体架构，遵循市区数字平台一体化建设理念，深挖数字赋能基层治理土壤，通过搭建管理体系、聚焦管理重点、推动场景落地等方式，建立了X区首个“镇、村、户”三级管理架构的“L家园·数字驾驶舱”，开发线上集政务服务、市民服务、宣传推介于一体的“沥小二”微信小程序，打通了基层社会治理的全新“脉络”，探索积累了数字赋能社会治理、提高精细化管理水平的创新经验。“L家园”是以互联网为基础设施，利用“区块链+网格化”手段，通过“数字身份”“数字互动”“数字公益”“数字信用”“数字福利”“数字服务”六大功能区块，通过“小程序、积分制、任务单、实体店”等途径，实现基层治理各个环节在互联网的实时映射。截至2021年5月底，G镇75个村社全部实现“L家园”线上数字驾驶舱、掌上服务端和线下“LI

① ZHXG20211030GHJ系本研究采用的访谈编码，由访谈地点、访谈时间、访谈人姓名三部分信息组成，其中中间部分是访谈发生的时间（年月日），时间前面的字母指的是访谈地点（ZHXG代表的是浙江杭州X区G镇），时间后面的字母指的是被访谈人姓名的汉语拼音首字母。本研究后续访谈编码均遵循这一规则。

② 按照“五级机长制”顶层设计，城市决策者按照权限分级对全市性重大突发事件进行指挥处置；区、县（市）驾驶舱负责辖区绝大多数事件的常态化处置；乡镇（街道）驾驶舱重在抓处置、强实战，重点处置具体问题；村（社区）要强化利用移动终端进行现场处置的能力。

MALL”村社驿站全覆盖。全镇5.4万户村社居民全部完成实名注册，所有家庭都入驻数字孪生平台，实现了全域数字化生活。其中，线下“LI MALL”村社驿站集成了“LI MALL”线下实体店、平安村社“数字工作室”、党群服务驿站等复合功能，面向居民群众提供休闲驿站、便民中心、志愿之家、阅览空间等多元化线下服务，建立了基层治理的线下平台和纽带。

未来社区和未来乡村建设是浙江省基层治理数字化改革的核心场景和重要内容。调研了解到，G镇未来社区和未来乡村建设试点是整个浙江省基层治理数字化转型发展的典型缩影。特别是G镇下辖的QC社区和ML村，如今已经成为整个浙江省未来社区和未来乡村建设的示范案例。

（1）G镇QC社区概况。2019年9月，G镇QC社区入选浙江省首批24个未来社区试点名单，是最早运用新加坡社区规划理念先行先试推动有关场景落地，也是目前唯一具有7个场景雏形的创建试点。据调研了解，QC社区总面积为1.14平方千米，现有12个小区，共有158幢楼宇、207个单元、总户数2285户，常住人口4605人，户籍人口为362人；在册党员21人，在职党员227人，流动党员1人，合计249人。QC社区规划单元79.21万平方米，其中实施单元40.34万平方米，总建筑面积99.8万平方米，主要分为ABCD四个区块：A区是QC社区中心，用地3.47万平方米，建筑面积10.5万平方米，在全省首创TOD立体公交楼，目前基本实现公共服务、智慧治理、交通出行、创新创业、邻里共享、文化教育、运动健康七大落地场景；建设中的B区为新加坡数字创新产业园，用地4.67万平方米，建筑面积15.5万平方米，为创新型产业用地，以“产学研居融合”为发展理念，打造以5G、人工智能、工业互联网等新兴产业为主导的产业集群；C区为创新人才居住区，用地7.87万平方米，计划建筑面积32.9万平方米，重点打造融入G镇传统市井文化的未来产业人才居住区块；D区为安置回迁与次新小区提升区，用地24万平方米，建筑面积40.9万平方米，实现立体联廊体系、数字治理、智慧康养、适老化措施“四个全覆盖”，增强居民的幸福感和获得感。①

① 于秋颖．关于高质量建设未来社区的几点思考［J］．浙江经济，2021（12）：48-49.

（2）G镇ML村概况。ML村位于G镇东部，是一个典型的东片沙地平原村庄，距杭州X国际机场10千米，现有17个村民小组，农户629户，人口2386人，耕地面积11.84万平方米，全村总面积1.88平方千米。按照规划设计，ML村未来乡村建设，瞄准“共同富裕、数字乡村、低碳发展”三大目标，以“城市大脑+未来乡村”为载体，重点落地“五化十场景”，着力在共同富裕现代化基本单元建设上实现新突破。① 与其他村相比，ML村有5个明显特征：一是党建引领示范地。一直以来，ML村党委坚持党建引领，因村制宜地带领村民建设美好家园，受到各级领导的高度关注，习近平等党和国家领导人先后莅临ML村指导，ML村具有独特的红色文化印记。二是“千万工程”② 重要源起地。2002年12月15日，时任浙江省委书记的习近平同志来ML村考察，2003年6月浙江省全面启动“千万工程”。2018年12月27日，中央电视台《新闻联播》播出了《浙江千村示范万村整治工程启示录——“千万工程”振兴万千乡村》。三是围垦精神传承地。ML村的党员干部群众普遍保持着吃苦耐劳、勤俭持家、勇立潮头的优良作风，几代新老ML村人，用长期的艰苦奋斗诠释了“四千、四抢、四敢”的围垦精神。该村先后获得浙江省全面小康建设示范村、浙江省农业农村现代化建设示范村、浙江省党建工作省级示范村、浙江省文明村等荣誉称号。四是“共同富裕”先行地。ML村曾经以浙江爱迪尔包装集团为“龙头”，一二三产联动发展，使住宅进楼区，农业进园区，工业进厂区，其共同发展村级经济新格局，富裕了一方百姓。该村成为X区率先实现别墅化新农村的行政村之一。五是数字乡村的实践地。ML村基于“大集成、可复制、一体化”建设指导思想，以生活、生产、生态“三生融合”为主线，以数字基建、数字生活、数字治理、数字产业、公共服务五

---

① 黄祖辉，傅琳琳．浙江高质量发展建设共同富裕示范区的实践探索与模式解析［J］．改革，2022（5）：21-33.

② “千村示范、万村整治”工程，简称“千万工程”。2003年6月，在时任浙江省委书记习近平同志的倡导主持下，以农村生产、生活、生态的“三生”环境改善为重点，浙江在全省启动“千万工程”，开启了以改善农村生态环境、提高农民生活质量为核心的村庄整治建设大行动。习近平同志亲自部署，目标是花5年时间，从全省4万个村庄中选择1万个左右的行政村进行全面整治，把其中1000个左右的中心村建成全面小康示范村。参见：绘就新时代美丽乡村新画卷［N］．人民日报，2018-4-24.

大集成为抓手，推动50项数字小切口应用落地，植入ML数字驾驶舱。

综上，G镇数字化改革可谓是浙江省数字化改革的一个缩影和样板。自从笔者关注浙江省数字化改革后，先后多次到浙江省杭州等地开展实地调研，在杭州市策划组织举办了多场与此有关的全国性政策、理论与实务相结合的交流研讨、考察活动，并借助全国性社会治理创新案例征集评选活动的契机，收集掌握了大量有关浙江省数字化改革方面的实践探索情况。为了深入了解G镇数字化转型的进程和内容，笔者于2019年至今多次通过实地调研和网络渠道等方式对G镇的数字化建设相关工作进行关注和研究，并通过多种方式访谈了G镇领导班子成员、科室负责人、下辖村（社区）党组织和群众自治组织负责人、居民群众代表，以及熟悉浙江省数字化改革情况的有关领导干部、专家学者、行业代表等，访谈的问题包括：G镇数字化改革的背景、动因、目标任务；G镇数字化改革的推进过程、开展的创新探索、遇到的困难与解决办法；G镇数字化改革取得的成效、探索出来的经验及启示；参与G镇数字化改革的核心成员和受众的体验与认知状况等。

四、主要内容和创新与不足

（一）主要内容

本研究基于对全国各地基层治理数字化转型实践探索的调研了解，选取了走在数字化改革前列的浙江省G镇作为典型个案予以系统剖析，试图以点带面、点面结合，通过深入的调研分析，努力回答以数字技术为主的现代信息技术驱动基层治理数字化转型的政治逻辑及其技术进路问题。具体以结构-过程-功能为分析框架①，主要围绕基层治理数字化转型的逻辑进路问题，通过系统深入分析，试图系统阐明中国基层治理数字化转型实践中基层治理的结构变化、过程演进、功能重塑等内在逻辑及其对应的技术进路，发掘其中的权责关系逻辑及其变化、组织行为逻辑及其变化、技

① 张贤明，张力伟．国家纵向治理体系现代化：结构、过程与功能［J］．政治学研究，2021（6）：63-74+176.

术治理逻辑及其变化、制度选择逻辑及其变化、治理效能逻辑及其变化等内容，从而为理解中国基层治理现代化转型提供新路径、新方法、新视角，拓展数字治理、技术治理、整体性治理等理论在中国基层治理转型问题研究中的适用空间。

首先是绪论部分。开篇阐明选题缘由和研究意义，对与本研究密切相关的主题进行研究现状评述，明确研究的对象与核心内容，科学选取研究方法，对个案做了详细说明，然后概略呈现了每一章节的主要内容以及本研究的创新及不足之处。

第一章主要围绕基层治理数字化转型等核心概念、本研究涉及的主要理论基础、贯穿始终的分析框架等展开，明确了基层治理数字化转型这一核心概念的基本内涵，阐明了为本研究提供理论支持的技术治理理论、数字治理理论、整体性治理理论的历史脉络、核心观点和适用于本研究的契合性，在社会科学领域经典的“结构-功能”主义以及系统论基础上构建了“结构-过程-功能”分析框架，为后续研究奠定基础。

第二章主要围绕基层治理数字化转型面临的结构调整问题展开。首先，从政府内部条块关系和治理资源下沉基层两个方面分析了当前基层治理数字化转型面临的结构性问题，阐明了当前中国政府自上而下的科层逻辑与自下而上的社会治理逻辑的内在张力，提出需要通过基层治理结构性重塑实现对国家意志、政府治理与基层社会的良性互动。接着，分析提出了基层治理数字化转型的结构性逻辑：一是调和国家意志与政府治理的结构性张力；二是优化基层治理能力衔接社会发展的需要；三是实现国家信息能力与多元主体数字化参与的统一。然后，结合G镇的实践探索，分析得出基层治理数字化转型的结构调整进路主要表现为：通过省级谋划统一思想认识启动了相应改革，高位设计为基层治理的条抓块统的布局提供了制度保障，技术支撑所实现的系统集成为结构变革奠定了整体智治基础。

第三章主要围绕基层治理数字化转型面临的过程优化问题展开。由于中国的基层治理过程是在中国共产党的领导下主要以政府治理为牵引推动社会治理转型的治理实践，因此本章将政府治理过程的数字化转型作为核心研究对象。具体从政府治理过程分析提出，基层治理的权责传递过程出现由任务加码到工作避责的问题，资源传递过程中出现由碎片下沉、干预控制到职能补漏的问题，信息传递过程中出现由信息内卷到共谋分锅的问题。这些问题暴露出政府治理过程数字化转型的关键在于通过权责明晰激发基层治理的活力性，推动资源下沉增强基层治理的协同性，凭借化繁为简应对基层治理的复杂性。最后，结合G镇的实践探索，提出基层治理数字化转型的过程优化进路，主要是通过数字化平台集成和模块管理提升权责精确度，在场景打造和任务牵引下强化部门之间的协同性，在流程再造中实现数据决策、科学应对基层纷繁复杂的治理问题。

第四章主要围绕基层治理数字化转型面临的治理功能改善问题展开。首先，对基层治理的功能实现与数字化转型的逻辑关系进行了深入讨论，指出当前基层治理数字化转型面临着系统性不足、精细化不够、共生性不强等突出问题，主要表现在政府整合统筹能力有限、高质量的有效治理缺乏、共建共治共享的治理格局不牢等方面。这些问题的本质在于，通过技术赋权增能努力释放基层治理功能，通过服务增效努力实现精细化治理，通过价值创设、场景营造、多元参与、技术支撑等积极构筑共建共治共享的基层治理共同体。

最后是研究结论和展望。该部分集中阐明了中国基层治理数字化转型的逻辑进路以及本研究取得的一些新发现，而后提出了需要进一步深入研究的相关问题并从技术政治视角就这些问题做了简要展望。

（二）创新与不足

1. 主要创新

本研究的创新主要体现在以下三个方面。

一是研究的问题比较新。基层治理数字化转型问题是当前中国基层治理研究中的前沿课题。学界目前关于基层治理的研究很多，但是关于基层治理数字化转型的研究尚处于起步阶段，实践走在了理论前面，这一方面为本研究奠定了基础，也为本研究预留了空间；另一方面也对本研究提出了挑战。本研究主要立足于政治学的学科视角，着重考察数字治理转型背后的逻辑进路，相较于已有研究普遍偏重于“技术治理”问题，理论层次和选题视角具有一定的创新性。比如，对数字化转型所体现的技术、信息与政治和社会治理之间的实践关联和张力形态的分析，有助于我们在新的技术信息时空场域重构基层治理的目标和路径，特别是对“基层治理数字化转型过程的技术与制度的张力”进行的理论探究，对于当前基层数字治理改革面临的体制机制优化和制度创新具有借鉴意义和资政价值。总的来看，本研究回应了现实实践探索困境破解的客观需要，这也在一定意义上拓展了中国特色的治理理论研究。

二是分析框架有创新。“结构-功能”分析是社会科学研究中常用的分析框架，本研究结合中国目前基层治理数字化转型的实际情况，在对相关研究领域进行较为充分的文献和政策梳理的基础上，提出以“结构-过程-功能”为分析框架，以数字化改革走在全国前列的浙江省 G 镇的数字化治理转型实践探索作为个案，通过“分段解剖”基层治理数字化转型的逻辑进路，为理解中国基层治理范式转型提供了新路径、新方法、新视角，拓展了数字治理、技术治理、整体性治理等理论的研究对象和应用场域。

三是观念认识有突破。本研究聚焦基层治理数字化转型中存在的实际问题，主要立足政治学学科视角，以国家能力、政府治理、基层社会治理三者的有机互动为底层逻辑，以“结构-过程-功能”为分析框架，通过点面结合的系统分析，阐释了中国基层治理数字化转型的结构、过程和功能逻辑，提出了推进基层治理数字化转型的技术进路，并且在前人研究基础上形成了一些新认识。比如，本研究发现，基层治理数字化转型的技术进路与政治逻辑之间有着密切关联，基层治理功能改善并不一定需要结构和过程的完全变革才能实现，结构调整并不意味着整个治理体系的实质变革，基层治理过程才是决定性因素，过程和功能则相辅相成，技术支撑是基层治理数字化转型不可或缺的因素等。

2. 不足之处

本研究的不足主要体现在以下三个方面。

一是理论深度及问题覆盖面还不够。本研究在数字治理、技术治理、整体性治理等有关理论支撑下，采用“结构-过程-功能”分析框架对基层治理数字化转型的逻辑进路问题进行了系统研究，提出了一些新的理论观点和对策建议，但是中国地域广阔、区域和城乡差异大，各方面情况纷繁复杂，很难用一套理论或分析框架来对基层治理数字化转型涉及的各种问题进行全覆盖式的分析，现有分析只是选取了与研究主题相对关系密切的理论作为理论基础，事实上还可以选取更多的理论视角以及分析框架展开研究。

二是实证研究有进一步深入的空间。本研究选取基层治理数字化改革走在全国前列的浙江省 G 镇作为个案展开系统深入分析，虽然笔者多次赶往当地进行实地调研，通过实地察看现实场景、与相关人员进行座谈交流、与关键代表性人物进行深度访谈、查阅大量文献资料（包括政策文件、领导讲话、档案资料等），尽可能多地了解掌握信息，并在此基础上进行系统梳理分析提炼，但田野调查的时间投入还可以更多、调研还需要更加深入。同时，本研究以质性研究方法为主，如果能实现定性研究与现代计算社会科学研究方法相结合，可能会形成更加科学的研究成果。

三是研究内容还有延展空间。本研究的主题牵涉的要素很多，可以从不同维度、不同层面、不同视角去分析研究基层治理数字化转型问题，本研究只是基于“结构-过程-功能”的分析框架着重对基层治理数字化转型的逻辑进路问题进行了较为系统的分析，还可以通过其他的维度或分析框架就此问题展开分析，并且使用不同分析框架分析得出的结论观点可能存在一定差异，因此还可以继续深化拓展研究。

第一章　概念、理论与分析框架

社会科学研究的第一要求是弄清事实，但社会事实和现象纷繁复杂，大千世界无奇不有，这就需要从大量社会事实、现象中抽象出概念。概念是理论研究的基础，也是搭建理论体系的砖瓦，通过概念对一类事实或现象加以概括、提炼、总结，并建构其内在的逻辑关系，从而形成能够传播、学习、运用的知识体系、理论体系并用来解释、指导、推动实践①。因此，本研究首先对其中涉及的核心概念予以梳理界定，而后剖析与这些概念密切相关的理论基础，再根据这些理论基础结合实践构建分析框架，最后展开系统深入的研究。

一、核心概念

根据需要，本研究主要是对基层治理、数字化转型等核心概念的内涵与外延作如下梳理、界定与阐释。

（一）基层治理

基层治理是多年来学界研究的热点，近年来直接冠名“基层治理”的研究成果数量飙升，涉及政治学、社会学、公共管理等多个学科，但仍未有统一界定。

就基层治理概念本身而言，现有研究更多地强调基层治理的地理空间性，将基层治理看作对区、县以下的组织及空间的治理，不少学者认为基

① 徐勇．用中国事实定义中国政治：基于“横向竞争与纵向整合”的分析框架［J］．河南社会科学，2018（3）：21-27.

层治理主要是对农村的乡镇及城市里社区的治理①，或特指对社区②的治理，将基层治理等同于社区治理③。也有学者针对这种空间性研究的学说提出不同观点，认为基层治理不是一个封闭的空间治理问题，要以人的聚合为中心，在开放性社会中研究多元主体一体化问题④。这种对基层治理内涵的多元讨论反映出基层治理的复杂性。正如贺雪峰所言，基层治理最主要的特征在于多重逻辑和多种机制的交织运作⑤。于永达也认为基层治理具有系统性与整体性，涉及顶层设计、政策执行、社会动员及总结反思等方面⑥。周庆智认为社会自治权利的法律保障、重构主体社会、政府-社会-市场等领域的多中心公共治理主体互动是当下中国基层治理的基础条件⑦。可见，基层治理的特性一方面需要考虑到空间范围、政策安排、相关主体等一系列显性内容；另一方面也需要重视差异化的治理结构、运行机制、自治与共治等隐性内容。唐皇凤、王豪曾指出，中国的基层治理经历了由简约化到复杂化的过程，而处于信息社会的当下，可控的韧性治理可以处理好条块分离、治理负荷高、成本高、协调难度大的问题⑧，这其实是肯定了信息技术在处理传统基层治理问题中的积极性。正如陈晓运认为，信息化的技术治理可以克服外部协同与内部整合的局限性⑨，这恰好是当下基层治理需要解决的重点问题。此外，从基层治理的主体和目标看，有学者认为，基层治理是由党委领导、政府负责、社会协同、群众参

① 钱玉英．城镇化背景下的基层治理：中国的问题与出路［J］．苏州大学学报（哲学社会科学版），2008（5）：1-4.

② 李慧凤，郁建兴．基层政府治理改革与发展逻辑［J］．马克思主义与现实，2014（1）：174-179.

③ 郎友兴，葛俊良．让基层治理有效地运行起来：基于社区的治理［J］．浙江社会科学，2014（7）：63-69.

④ 马卫红，喻君瑶．何谓基层?：对当前城市基层治理基本概念的拓展［J］．治理研究，2020（6）：66-72.

⑤ 贺雪峰．基层治理的逻辑与机制［J］．云南行政学院学报，2017，19（6）：4.

⑥ 于永达．基层治理要唯真、唯实［J］．人民论坛，2021（3）：53-55.

⑦ 周庆智．改革与转型：中国基层治理四十年［J］．政治学研究，2019（1）：43-52.

⑧ 唐皇凤，王豪．可控的韧性治理：新时代基层治理现代化的模式选择［J］．探索与争鸣，2019（12）：53-62.

⑨ 陈晓运．技术治理：中国城市基层社会治理的新路向［J］．国家行政学院学报，2018（6）：123-127+191.

与公共事务，以实现公民利益最大化、促进社会公平正义、推动社会健康有序发展的过程。① 可见，基层治理是一个内涵和外延都很丰富的概念。如果按照政府、市场、社会“三分法”视角，我们或许可以从基层政府治理、基层社会治理、基层市场治理等维度来全面理解基层治理这一概念。

首先是基层政府治理。基层政府治理是基层治理的核心内容，主要是指在城市街道党工委领导下的街道办事处治理和农村乡镇党委领导下的乡镇政府治理。基层政府治理遵循着科层化、公共化、服务化的逻辑，不断适应社会转型，努力实现政府治理现代化。为夯实国家治理根基，2021年《中共中央 国务院关于加强基层治理体系和治理能力现代化建设的意见》特别强调党和政府在推进基层治理现代化中的重要作用②，明确提出要把完善党全面领导基层治理制度，加强基层政权治理能力建设，健全基层群众自治制度，推进基层法治和德治建设，加强基层智慧治理能力建设作为重点任务；明确强调推进基层治理体系和治理能力现代化建设是一项系统工程，中央组织部、民政部要会同有关部门推动地方各级党委和政府加强对基层治理的组织领导，完善议事协调机制、压实政治责任、明确职责分工，确保各项任务落细落实③。

其次是基层社会治理。基层社会治理是基层治理的重要构成，主要指在党的领导下，街道（乡镇）和城乡社区运用包括政府在内的多种力量向基层辖区居民提供民生保障、公共服务、利益协调、矛盾纠纷化解、创造平安和谐舒适生活环境的活动④。基层社会治理的主要内容包括市场监管、综合执法、公共安全防控、民生服务和矛盾调解等⑤。基层政府治理与基

---

① 张国磊，张新文．基层社会治理的政社互动取向：共建、共治与共享［J］．内蒙古社会科学（汉文版），2018（3）：131-137.

② 中共中央 国务院关于加强基层治理体系和治理能力现代化建设的意见［N］．人民日报，2021-07-12（1-2）.

③ 推进新时代基层治理现代化建设的纲领性文件：中央组织部、民政部负责人就印发《中共中央 国务院关于加强基层治理体系和治理能力现代化建设的意见》答记者问［N］．人民日报，2021-07-13. 参见：http：//www. gov. cn/zhengce/2021-07/13/content_ 5624491. htm.

④ 严红英．农村基层社会综合治理的困惑及改革思路：由基层民警“减负”引发的思考［J］．湖北警官学院学报，2021（6）：106-113.

⑤ 段尧清．以数字化转型应对基层治理碎片化［J］．国家治理周刊，2020（2）：15-18.

层社会治理相互交织但也有所差异。基层社会治理是在政府推动引导下，更多主张发动社会力量参与，而不是政府过多干预、包办代替。基层社会治理主要是针对社会领域的事务，与政府职能范围内的事项有交叉但侧重点不同。中国的基层社会治理具有很强的政治性、社会性和自治性，需要在党组织领导下、基层政府主导下实现自治、法治、德治的有机融合①。

最后是基层市场治理。学界对基层市场治理的研究相对较少，多数从不同角度围绕基层的营商环境展开。比如，有学者从制度"嵌入性"视角审视，认为营商环境是由政府服务环境、市场监管环境和社会基础环境构成的制度环境，政府是优化营商环境的责任主体，优化营商环境有助于降低企业外部环境的"不确定性"和制度性交易成本。② 从公共治理视角看，有学者将营商环境作为一种具有制度特征的公共产品，认为营商环境建设过程也是一个公共治理过程。③ 营商环境涉及政治、经济、法治等方面，其本质是政府的管制环境。营商环境的优劣直接影响着市场主体的兴衰、投融资活动的流向、要素市场的集聚，成为影响经济发展的重要因素。④ 党的十九届四中全会明确提出："深入推进简政放权、放管结合、优化服务，深化行政审批制度改革，改善营商环境，激发各类市场主体活力。"⑤ 对营商环境的优化是推进中国基层治理现代化的重要一步⑥。针对目前中国营商环境存在的问题，学界建议创新基层市场监管机制，完善"条抓"的纵向监管模式和"块统"的多元主体横向协作模式⑦；健全法律法规体

---

① 龚维斌．加强和创新基层社会治理［J］．理论导报，2020（9）：7-9.

② 张国勇，娄成武．基于制度嵌入性的营商环境优化研究：以辽宁省为例［J］．东北大学学报（社会科学版），2018（3）：277-283.

③ 娄成武，张国勇．治理视阈下的营商环境：内在逻辑与构建思路［J］．辽宁大学学报（哲学社会科学版），2018（2）：59-65+177.

④ 文丰安．优化营商环境视域下我国基层社会治理的实践历程及提升路径［J］．经济体制改革，2020（6）：22-28.

⑤ 中共中央关于坚持和完善中国特色社会主义制度推进国家治理体系和治理能力现代化若干重大问题的决定［N］．人民日报，2019-11-06（1）.

⑥ 崔云朋，乔瑞金．新时代创新主体实践路径研究［J］．经济问题，2020（2）：10-17+57.

⑦ 胡税根，杨竞楠，结宇龙．我国持续优化市场化营商环境的思路研究［J］．中共天津市委党校学报，2021（1）：64-71.

系，提高营商环境行政执法能力和公正司法力度①。随着近些年全面深化改革，以营商环境改善为主要内容的基层市场治理取得了较为显著的成绩，当然也存在改进和提升空间。

综上，正如中央政策文件所言，“基层治理是国家治理的基石，统筹推进乡镇（街道）和城乡社区治理，是实现国家治理体系和治理能力现代化的基础工程”②。基层治理能力水平是国家治理能力水平的鲜明体现，基层治理成效检验着国家治理成效。基层治理可以笼统理解为：在乡镇（街道）和城乡社区层面，各类社会主体共同开展的服务基层大众、协调基层社会关系、化解基层社会矛盾、维护基层社会稳定的制度及其运作实践的总称。当前中国基层治理的核心要义是为实现中国共产党的长期执政和人民群众公共利益的最大化，在城市的街道、社区和农村的乡镇、村这个行政单元和公共空间中，在中国共产党领导下，政府、市场、社会等各方力量围绕与人民群众利益相关的公共事务共建共治共享，努力实现长治久安、和谐共生、共同富裕的治理目标。基层治理旨在巩固基层政权，改善基层环境，促进社会稳定，改善居民生活，增强基层组织功能，服务经济社会发展。尤其是在城市，当前基层治理的集成性、基础性、包容性、韧性等特质更加突出，须从主体多元化、目标公共化、结构网络化、资源共享化、方式科学/专业/人文化等方面去把握城市基层治理规律，推动基层治理的理念目标、方式方法、路径模式转型。为推进基层治理体系和治理能力现代化建设，当下特别需要强化党建引领，最大化地将中国特色社会主义制度优势转化为基层治理效能。这就需要加强基层党组织的政治引领和组织协调作用，发挥党员在基层治理中的先锋模范作用，加强基层政权治理能力建设，健全党组织领导的自治、法治、德治相结合的基层治理体系。

① 翁列恩，齐胤植，李浩．我国法治化营商环境建设的问题与优化路径［J］．中共天津市委党校学报，2021（1）：72-78.

② 中共中央 国务院关于加强基层治理体系和治理能力现代化建设的意见［N］．人民日报，2021-07-12（1-2）.

（二）数字化转型

数字化转型，顾名思义，即“数字化”和“转型”的融合。因此，要探讨数字化转型，首先需要搞清楚何谓“数字化”，何谓“转型”。

1. 关于数字化

数字化的概念起源于计算机领域，最初是指在信息处理时用 0 和 1 表示的二进制代码转换过程①，其本义即“利用计算机信息处理技术把声、光、电和磁等信号转换成数字信号，或把语音、文字和图像等信息转变为数字编码，用于传输与处理的过程”②。20 世纪 70 年代后，数字化技术演进推动人类社会逐步进入信息时代，特别是1995 年《数字化生存》（*Being Digital*）一书的出版，引起了国际国内对数字化的广泛关注③。而后，随着时代的发展，数字化概念的内涵和外延得到大幅延展，从信息处理领域的数字转换逐步延伸至产业、行业、市场、社会的数字化④，具体是指通过深化新一代信息技术应用，推动数据信息与经济社会全方位、全领域、全过程融合渗透，实现传统生产经营与社会治理变革重构的历史过程⑤。

数字化不同于信息化，它是信息化发展的新阶段，也是人类文明的新形式⑥。数字化具有分散权力、全球化、追求和谐、赋予权力四个特质⑦。“数字化”的概念把近代以来的科学认识及其实践推向了一个新的阶段。⑧

如果从社会生产力与生产关系演进的角度看，数字化可看作是一种社会生产方式变化的过程，与技术进步和应用相联系。在生产实践中，数字

① NEGROPONTE N P. Being digital ［M］. Random House Inc.，1995：13-18.

② 林军. “数字化”、“自动化”、“信息化”与“智能化”的异同及联系［J］. 电气时代，2008（1）：132-137.

③ 汪曙华. 传媒数字化背景下的媒介融合与全媒体传播［J］. 东南传播，2011（4）：73-75.

④ STEIN M，NEWELL S，WAGNER E L，et al. Coping with information technology：Mixed emotions，vacillation，and nonconforming use patterns ［J］. MIS Quarterly，2015（2）：367-392.

⑤ 冯献，李瑾. 信息化促进乡村振兴的国际经验与借鉴［J］. 科技管理研究，2020（3）：174-181.

⑥ 蔡曙山. 论数字化［J］. 中国社会科学，2001（4）：33-42+203-204.

⑦ 尼古拉·尼葛洛庞帝. 数字化生存［M］. 胡泳，范海燕，译. 北京：电子工业出版社，2017.

⑧ 张康之. 数据治理：认识与建构的向度［J］. 电子政务，2018（1）：2-13.

技术从工具转换为生产力要素推动社会发展。数字化既包括利用数字技术对具体业务、场景的数字化改造，也包括数字技术嵌入组织场域后引发组织变革，如组织业务模式、运营方式、组织结构等系统化、整体性的变革。

如果从网络社会发展视角看，数字化也可理解为是由数字符码来标识各种实物，并且人们的思想和行为及其动态变化等都可以经过“数字化转换”，畅行于虚拟网络空间①。其一，数字技术拓展了社会连接边界；其二，数字网络促进了整个社会连接的信息共享；其三，数字信息传递提升了社会连接的时效；② 其四，数字连接的便利带来了社会连接对于数字技术的依赖，人们在工作与生活中原有的连接方式转换成数字网络链接③。

如今数字化已经成为一种与人类生活紧密联系的现实且不可逆的趋势。只要人类的生活继续，渗透于个人衣食住行的数字化进程就不会停止。联系当前经济社会发展实际，人类社会正在快速进入数字社会。“数字社会”概念的提出，是对人类社会生产生活的重新认知和理解。

2. 关于转型

按照汉语词典的解释，转型指的是人们的观念或事物的结构形态、运转模式的根本性转变过程及其结果。在英文中，transform 或 transformation 可以翻译为转型。根据 OPM（Object－Process Methodology）原理，转型（Transform）指的是一系列过程（Process），它们对作为对象（Object）的社会、组织、个人、资源等施加影响，改变大家的状态（Status）和行为模式（Behavior），在消耗（Consuming）或解构（Deconstructing）旧事物的同时，催生（Yielding）或创造（Creating）新事物。④ 因此，转型的本质即变革，我们可以将转型看作是人们主动识变、求变、应变、适变的一

---

① 李一．“数字社会”的发展趋势、时代特征和业态成长［J］．中共杭州市委党校学报，2019（5）：83-90.

② 王天夫．数字时代的社会变迁与社会研究［J］．中国社会科学，2021（12）：73－88+200－201.

③ 王建民．数字社会是“监视社会”吗：数字社会的多维效应及机遇［J］．新视野，2022（1）：108－114.

④ 丁少华．数字化转型范式重塑［M］．北京：机械工业出版社，2020.

系列活动。大到一个国家或地区的治乱兴衰，中到一个家族的继承繁衍或专业机构的基业长青，小到我们每个人的工作与生活，万事万物无一不在变。因此，数字化转型即是数字时代人们识变、求变、应变、适变的生产生活实践。

3. 关于数字化转型

综上，数字化是人类社会技术革命的自然延续，数字化是信息化的升级。“从自动化到信息化，从互联网到人工智能，都是数字化不断演进的体现。”① 在商业领域，微软公司认为数字化转型是将人员、数据、流程和颠覆性技术组合在一起并对组织进行变革，以创造新的客户价值。国际咨询机构埃森哲（Accenture）的研究报告指出：数字化转型并不只是简单的技术升级，它更涉及企业经营理念的革新、组织架构的升级、公司文化的调整，甚至商业模式的重塑。数字化转型的核心驱动力首先是数字技术，以移动互联网、物联网、大数据、云计算、区块链、人工智能、3D 打印、虚拟现实、量子计算等为典型代表。数字化转型是以数字化技术、数字化产品和数字化平台的基础设施为支撑起点，进而引发个人、组织、产业等多个层面变革的过程②。基层治理数字化转型虽与商业领域的数字化转型有很大不同，但本质趋同，基层治理数字化转型最重要的不是数据技术的嵌入与应用，而是治理体系本身的适应性调整和革命性转变③。

当前，在全球范围进行数字技术驱动大变革的时代背景下，世界主要发达国家将数字技术广泛应用于政府治理与社会治理，中国通过数字化手段赋能，提升治理的数字化、智能化水平，这是应对当前治理面临的一系列问题和挑战的迫切需要，也是有效应对国家现代化建设过程中各种风险挑战的战略选择④。就中国而言，数字化转型的核心目标就是实现网络强

---

① 陈雪频．一本书读懂数字化转型［M］．北京：机械工业出版社，2021：XXI.

② VIAL G. Understanding digital transformation：A review and a research agenda［J］. The Journal of Strategic Information Systems，2019（2）：118-144；曾德麟，蔡家玮，欧阳桃花．数字化转型研究：整合框架与未来展望［J］．外国经济与管理，2021（5）：63-76.

③ 张锐昕．基层治理数字化转型亟待破解的三个瓶颈［J］．国家治理，2020（10）：19-22.

④ 魏礼群，顾朝曦，倪光南，等．数字治理：人类社会面临的新课题［J］．社会政策研究，2021（2）：3-12.

国战略目标，其路径策略选择就是加快推进数字中国、智慧社会建设。数字化转型是智慧社会建设的核心驱动力。随着数字化进程的不断发展，各行各业都在通过数字化转型迎来突破性发展与创新。比如，在城市数字化转型方面，由数字技术和数据要素驱动的城市发展模式与实体形态的结构性转变覆盖了经济产业、社会生活、政府治理、社会治理等诸多方面。基层治理数字化转型无疑是城市数字化转型的重要方面。在数字时代，以大数据、人工智能、区块链、物联网等为代表的数字技术深度嵌入基层治理实践场域，在提升治理效能的基础上催生治理模式创新乃至治理范式变革，从而推进数字社会快速发展。

（三）基层治理数字化转型

根据前述内容可见，数字化转型是一个覆盖经济、政治、社会、文化、生态以及军事等有关国家发展治理方方面面的宏大主题，就国家治理数字化转型而言，基层治理数字化转型是其中非常重要的内容。目前学界研究基层治理数字化转型主要是从数字化、信息化的技术维度探讨数字技术如何催生基层治理既有制度结构与要素变迁问题，其理论逻辑涉及政治学、公共管理学、社会学等多个学科。

基层治理数字化转型并不是对数字技术的简单利用，而是以数字技术为支撑的治理范式的根本性变革。基层治理数字化转型的本质在于对传统基层治理模式、基层政府既有运作模式、基层社会治理范式等进行变革和创新。它要求基层治理主体具备数字化思维和数字治理能力，能够熟练运用数字技术开展治理工作；同时，还需要构建适应数字化转型的治理体系和工作机制，为深化数字化转型提供保障和支撑。通过基层治理数字化转型，可以实现几个方面的提升：一是提高治理效率和质量，通过智能化手段减少人工干预和错误，提高治理决策的准确性和科学性；二是增强和促进治理的针对性和个性化，通过数据分析深入了解居民需求和偏好，为居民提供更加精准的服务；三是促进多方主体的协同合作，通过信息共享和协同机制，形成治理合力，共同解决基层治理问题。结合我国国情来看，基层治理数字化转型的内涵要义和特征可能主要体现在如下几个方面。

第一，基层治理数字化转型是一项复杂的系统工程。基层治理数字化转型的起点需要顶层设计和统筹规划的平台调度，也需要纵向到底、横向到边的系统设计，更需要规范性和标准化的事项定义以及资源化与价值化的数据赋能①。就基层治理具体场景而言，其具有较强的复杂性，基层治理能力相对薄弱，但面临的治理对象复杂多样，在此情况下，数字化任务甚至会成为一种负担。在数字化转型背景下，基层治理新问题不断涌现，复杂的社会环境、多元的治理主体、动态的治理过程和不确定的治理结果成为基层治理常态，无论是改革创新中的困难挑战，还是推进中的瓶颈约束，基层治理数字化转型不能任凭碎片化泛滥，整体性是基层治理数字化转型的重要遵循。基层治理数字化转型的整体性将制约治理资源的调动整合，制约基层治理各主体的协同动机和效能，制约基层治理机制的维持和发展。②

第二，基层治理数字化转型既是一场技术变革，也是一场深层次、宽领域的制度创新，是技术理性和制度理性的综合。在此过程中，要注重顶层设计与基层探索的有效互动③；注重动员与参与机制、单元与区隔机制、压力和兜底机制的互动，从而保持基层治理的韧性④；注重公共价值驱动与数字技术驱动的互动⑤。在城市治理过程中要处理好技术与治理的关系，要防止出现主体被系统困件的数字化社会人，从制度、组织与个人层面展开反思，探索解决基层数字化治理的方法⑥。

第三，基层治理数字化转型是基层治理现代化的题中应有之义。没有数字化就没有现代化，换句话讲，数字化就是现代化的一个关键指标。基

---

① 傅荣校．应充分认识基层治理数字化转型的复杂性［J］．国家治理，2020（38）：27-30.

② 邓念国．整体智治：城市基层数字治理的理论逻辑与运行机制：基于杭州市 S 镇的考察［J］．理论与改革，2021（4）：58-69.

③ 姚连营．政府数字化转型中的顶层设计和基层探索有效互动机制［J］．浙江经济，2021（9）：54-55.

④ 彭勃．基层韧性治理的数字化转型策略［J］．国家治理，2021（11）：10-14.

⑤ 容志，吴磊，李捷．公共价值驱动的基层治理数字化转型：基于“两张网”运行的观察［J］．广西师范大学学报（哲学社会科学版），2021（6）.

⑥ 翁士洪．城市治理数字化转型的发展与创新［J］．中州学刊，2022（5）：75-82.

层治理数字化转型无疑是推动基层治理现代化的重要途径和手段。基层治理现代化包括基层治理体系现代化和基层治理能力现代化两个方面，其中前者是前提和基础。过去讲基层治理主要指基层政府治理，即地方政府全面贯彻落实国家在政治、经济、文化、社会、生态文明和党的建设等各领域体制机制、法律法规的安排，实际上是一整套紧密相连、相互协调、行之有效的行政制度；现在讲基层治理，除发挥政府的主体作用外，还要更加注重政府治理同社会调节、居民自治之间的良性互动。① 同理，过去讲基层治理能力主要指运用行政制度管理基层社会各方面事务的能力，包括专注地方公共事务和公共职能、调解基层社会矛盾和冲突、解决人民生产生活问题等方面；现在按照《中共中央 国务院关于加强基层治理体系和治理能力现代化建设的意见》，基层治理能力主要包括基层政权治理能力②和基层智慧治理能力，其中智慧治理能力实际上就涉及治理方式乃至治理范式的改变，牵涉各级政府和全国“一盘棋”的数字治理建设。因此，今天我们探讨基层治理数字化转型问题，实质上是在研究如何通过数字化的治理范式来推进基层治理现代化——核心要义就是通过数字化转型，提高中国共产党的领导能力和政府治理能力，增强自治、法治、德治融合能力，通过数字化的治理范式，打造人人有责、人人尽责、人人享有的基层治理共同体，着力将中国特色社会主义制度优势转化为基层治理效能，从而不断增强人民群众的获得感、幸福感、安全感。

第四，数字化转型并非万能的，要提高警惕、科学认识。信息技术和数字化与基层治理的嵌合过程面临诸多制约，数字化的技术治理实践也遭遇诸多挑战。现阶段基层治理数字化转型中出现了技术至上的理念，认为技术是破解一切问题的灵丹妙药，强调“技术决定论”。在此理念支配下，人本关怀和社会情感将被挤压，造成信任度和合法性降低。毋庸置疑线上治理的运作模式破解了传统线下模式的种种难题，但若唯“线上治理论”，

---

① 刘植靖．基层治理现代化：基本内涵、历史理路、时代背景［J］．中共太原市委党校学报，2022（03）：62-65.

② 这里的基层政权治理能力包括乡镇（街道）的行政执行能力、为民服务能力、议事协商能力、应急管理能力、平安建设能力五方面内容。

忽视线下治理，也将对基层治理展开、经济运行带来风险。①

二、理论基础

根据需要，本研究梳理学界相关研究，主要涉及技术治理、整体性治理以及数字治理等相关理论学说。虽然目前学界对这些理论学说还存在争议，就其中某些方面尚未达成共识，但这些理论学说对现实实践具有较强的解释力，并且不同学科对这些概念及理论展开研究的热度越来越高，因此本研究认为这些理论学说可以用于本研究，具体将在后文详述。

（一）技术治理理论

1. 技术治理理论的缘起与演进

近年来技术治理理论逐渐在治理理论谱系中占据重要地位，受到理论界和实务界的热切关注。而实际上，技术治理是一个“被使用”远胜于“被理解”的术语②，其原本只是个时髦的修辞词语，不存在公认的概念，因而很少有研究者把这一概念的准确界定当回事，不少论文都没有对此作明确界定就用它来分析一些具体问题。在国外，技术治理的概念通常可以追溯到20世纪30年代前后的经济大萧条时期，以美国为代表的西方国家将人类有知识的活动作为政府治理的主要因素③，并将技术视为专业人员有组织有计划参与政府行为的过程④。在中国，技术治理研究文献呈爆发式增长是从2017年开始的。⑤ 从国际上看，技术治理的观念与19世纪下半叶以来现代科学技术表现出的巨大威力有关，它激发了人们把改造自然成效卓著的科学技术应用于社会治理中的思想动力。中国人民大学教授刘

① 张帆．信息技术赋能基层治理的路径与限度［J］．兰州学刊，2021（10）：65-77.

② 颜昌武，杨郑媛．什么是技术治理？［J］．广西师范大学学报（哲学社会科学版），2020（2）：11-22.

③ 约瑟夫·C. 皮特. 技术思考：技术哲学的基础［M］. 马会端，等译. 沈阳：辽宁人民出版社，2012：11.

④ 约翰·齐曼. 技术创新进化论［M］. 孙喜杰，曾国屏，译. 上海：上海科技教育出版社，2002：279.

⑤ 彭亚平．治理和技术如何结合?：技术治理的思想根源与研究进路［J］．社会主义研究，2019（4）：71-78.

永谋是中国目前研究技术治理发表文献数量最多的学者，他认为，技术治理的思想一般可追溯至弗朗西斯·培根（Francis Bacon）和圣西门（Claude-Henri de Rouvroy），之后它传播甚广，代表性理论家诸如凡勃伦（Thorstein Veblen）、纽拉特（Otto Neurath）、费雷德里克·泰勒（Frederick W. Taylor）、丹尼尔·贝尔（Daniel Bell）等，并于20世纪30年代到40年代在美国引发了著名的“技术治理运动”（Technocracy Movement）。① 而后，随着历史演进，技术治理的思想观念发生了较大变化。今天我们所谈的技术治理，其涉及的思想资源和实践非常广泛，风靡全球的科学管理运动、拉美和中国的专家治国实践、社会统计与社会物理学的兴起与发展等都与之关系密切。② 虽然世界各国及地区由于文化、制度等差异，对于技术治理的认识存在一定分歧，但并未对技术治理已然成为全球社会治理和政治活动中最重要与最明显的趋势造成不利影响——尽管近年来国内学界有关技术治理的批判性研究成果越来越多，但是对于技术治理的热度不减反增，而且各种批评普遍值得商榷，即认为技术治理等同于追求机器式“乌托邦”的社会工程，而践行技术治理的实践者同样缺乏对技术治理的必要反思。③ 因此，当下结合我国的国情实际，对技术治理的理论基础及其逻辑展开深入研究，很有必要性且意义重大。

2. 技术治理理论的主要流派

围绕技术与社会、技术与政治的关系，技术治理理论先后产生了技术决定论、技术社会建构论、技术乐观派、技术悲观派等不同流派。这些流派的基本观点可以概括如下：（1）技术决定论。技术决定论认为技术有独立于社会的自主性，其按照自身逻辑塑造着社会，即社会是技术决定的社会。④（2）技术社会建构论。该理论强调技术在社会层面的生成与作用，

① 刘永谋，李佩．科学技术与社会治理：技术治理运动的兴衰与反思［J］．科学与社会，2017（2）：58-69.

② 刘永谋．技术治理、反治理与再治理：以智能治理为例［J］．云南社会科学，2019（2）：29-34+2.

③ 刘永谋．技术治理的逻辑［J］．中国人民大学学报，2016（6）：118-127.

④ BIJKER W E. How is technology made?［J］. Cambridge journal of economics. 2010（1）：63-76.

认为技术是社会的一部分，受政治、经济等因素制约，技术产品的社会属性和社会意义是被用户建构出来的，即技术是社会的技术。① (3) 技术乐观派。该流派认为，技术能够提高政府治理和公共服务的效率，促进公民参与公共治理。② (4) 技术悲观派。与技术乐观派相反，技术悲观派担忧技术的负效应，如技术诱惑人类将判断交给数据，从而可能会造成不可预知的结果；③ 技术受政治和社会等多方面约束，会产生自相矛盾的结果。④ 总的来说，这些流派争议或分歧的焦点在于技术的属性问题。技术决定论和技术乐观派认为技术是中立和自主的，技术社会建构论和技术悲观派认为技术具有政治和社会属性，受到社会制约且呈现出复杂的治理情形。⑤ 从深层次比较来看，当技术治理研究聚焦于技术和社会的关系探讨时，主要衍生出两种理论论争：第一是技术决定论与技术社会建构论的对立，第二是技术与社会的互动论。

一方面，从对立的视角看，学者们基于技术之于制度的独立性，对技术本质的认识存在两种对立的观点，即技术决定论和技术社会建构论。技术决定论认为技术是一个独立因素或一种自主的力量，认为技术的变迁能够引起社会的变迁，主要探讨技术在使用过程中对人类社会生产方式和组织框架的形塑机制。在技术社会建构论中，学者根据“建构”程度的不同，对技术社会建构论进行了特定的区分，其中以“弱”社会律构与“强”社会建构最具有代表性。在弱社会建构中，技术社会建构论意为科学技术只在一定程度上受到社会因素的影响，而强社会建构理论则进一步认为科学知识与技术是由社会建构的，其真理性和有效性也是由社会因素

① WILSON S M，PETERSON L C. The anthropology of online communities [J]. Annual review of anthropology，2002 (31)：449-467.

② IM T，CHO W，PORUMBESCU G. Internet，Trust in government，and citizen compliance [J]. Journal of public administration research and theory，2014 (3)：741-763.

③ EKBIA H，MATTIOLI M，KOUPER I. Big data，bigger dilemmas：A critical review [J]. Journal of the association for information science and technology，2015 (8)：1523-1545.

④ PORUMBESUC G A. Placing the effect? gleaning insights into the relationship between citizens use of E-Government and trust in government [J]. Public management review. 2016，18 (10)：1504-1535.

⑤ 韩江风．技术治理逻辑下社会工作评估的失灵与优化：以T市W街道社会工作评估项目为例 [J]．理论月刊，2019 (12)：143-154.

决定的。[①] 技术决定论往往从长期的、宏观的视角出发，强调技术本身的价值，反映出一种线性决定论的思维模式，认为技术与社会之间的关系是一种决定与被决定的线性关系。技术社会建构论则是一种认识论与理论视角的转换，是对主体、客体二分法及线性决定论的超越。[②] 在技术社会建构论看来，技术是社会实践的产物，并受社会条件限制，强调技术的人工性质。对技术与社会关系认识的不同，进而又造成了研究路径和研究方向的分化。技术决定论更加关注技术对社会的后果分析，重点探讨“技术能做什么”和“如何做”的问题，重视技术效益，推崇技术专家和技术规则。技术社会建构论则运用社会学方法，注重考察社会的、体制的、经济的和文化的因素对技术起作用的方式。[③]

另一方面，从技术与社会二者互动的视角看，技术与社会互动论认为技术与社会的关系并不是矛盾的，而是处于一种“分立”的态势。互构论首先基于技术应用过程中组织间关系探讨，并逐步扩展到技术的社会应用和技术应用过程中部门间关系以及职位间关系的研究。[④] 技术社会互动论主要基于三种假定：一是技术与社会是分立的；二是技术构成社会，即技术对社会产生影响；三是社会构成技术，即社会对技术起到建构作用。[⑤] 目前，中国有一部分学者秉持着技术社会互动论进行了一些研究。比如，从技术的实践特质视角出发，认为技术的外源性使其同时具有组织刚性和弹性；认为技术具有二重性——既是主体，又是客体。还有学者认为，行动是技术与制度相互构建的中介，是技术作用于制度及制度限制技术的媒介。[⑥]

---

① 陈秋虹．技术与社会的互构：以信息通讯技术在商村社会的应用为例［J］．青年研究，2011（1）：11-22+94.

② 邵娜．论技术与制度的互动关系［J］．中州学刊，2017（2）：7-12.

③ 王建设．技术决定论与社会建构论：对立抑或分立？［J］．河南师范大学学报（哲学社会科学版），2007（2）：36-40.

④ 黄祖军，赵万里．传统技术与地域社会的相互建构：对自贡井盐社区的技术社会学研究［J］．科学与社会，2014（4）：53-67.

⑤ 李三虎．技术决定还是社会决定：冲突和一致：走向一种马克思主义的技术社会理论［J］．探求，2003（1）：37-45.

⑥ 邵娜．论技术与制度的互动关系［J］．中州学刊，2017（2）：7-12.

3. 技术治理理论与本研究的契合性

本研究主要围绕基层治理数字化转型的政治逻辑及其技术进路展开，基于浙江省G镇的治理实践，分析基层治理在实践中如何应用新技术助力社会治理创新，强调基层政府部门的主体性；同时研究技术是如何一步一步嵌入基层治理实践中的，强调技术的客观性——这些都是技术治理理论关注和研究的核心议题。因此本研究对于技术治理理论的重视与应用是由本研究的主题决定的，具体主要源自三个方面。

其一，本研究十分重视基层治理数字化转型过程中的结构性问题研究，对于该问题的研究除分析体制结构影响外，技术结构同样重要，二者的结合分析需要技术治理理论指导。其二，本研究十分重视基层政府部门对于技术的主观应用与技术的客观效能发挥，这是对于基层治理数字化转型的一种过程性考察，在此种视角下本研究强调要重视基层治理数字化转型中的问题与技术优化路径，这恰好与技术治理理论的过程性相契合。其三，本研究认为基层治理数字化转型要发挥好基层政府与技术的积极价值，平衡基层治理需求与技术融入之间的张力，做好功能性优化，这恰好回应了技术治理理论的发展性内涵。此外，本研究还想特别说明的一点是：如前所言，与新公共管理、整体性治理等学界公认的较为成熟的理论相比，目前技术治理理论还不能算作学界公认的成熟理论，这可能与它涉及的学科众多有很大关系，但是从历史渊源、思想观点、分析框架、对实践的解释力以及多学科的研究热度等方面来看，技术治理理论具备了成为学界公认的逐渐发展为成熟理论的雏形，至少可以被视为一种交叉学科前沿理论，既有理论渊源又有现实观照，具有理论发展的基础和生命力，特别是用来分析政府治理、社会治理、城市治理等领域的数字化转型问题，具有很强的解释力。因此，本研究将技术治理理论视为一种正在走向成熟的理论学说，用来分析研究基层治理数字化转型问题。

（二）数字治理理论

1. 数字治理的由来与发展

数字治理是治理理论与互联网技术结合所催生的新公共管理理论范

式。数字治理产生是由传统电子政务发展驱动的，强调“治理对象的数字化”，侧重于通过以“0”或“1”为代表的二进制信号所蕴含的信息来实现政府与社会的互动以及政府内部的运行①。数字治理理论最早在世界知名的社会信息专家曼纽尔·卡斯特（Manuel Castells，西班牙名 Manuel Castells Oliván）的《信息时代三部曲：经济、社会与文化》② 中初见雏形，而后英国学者帕特里克·敦利威在其著作《数字时代的治理》中首次系统阐述了数字治理产生的时代背景、主要内容及其优势。在帕特里克·敦利威看来，数字治理是马克斯·韦伯官僚制中“社会-技术”系统在信息化时代的发展与超越，数字治理具有重新整合、重塑整体、数字化过程三重内涵，数字时代的治理是包括组织、政治、文化变革在内的“一个社会整体上的数字时代的运动”③。在此之后，美国哈佛大学肯尼迪政府学院教授简·芳汀（Jane E. Fountain）出版了《构建虚拟政府：信息技术与制度创新》一书，对数字治理的实践给政府治理带来的价值和挑战进行了深入反思，从而使数字治理理论趋于完善④。而后，国际国内不少学者基于多学科视角结合电子政务、数字政府建设、大数据治理、平台经济与治理、网络综合治理等数字治理问题开展了较为深入的研究。目前来看，数字治理理论日渐成为主流治理理论之一，它是数字化技术与治理理论的有机融合，它在新公共管理理论面临治理困境以及数字时代来临的背景下应运而生。⑤

2. 数字治理的基本观点

数字治理基本的出发点一方面在于通过现代信息技术达到重构公共部

① 颜佳华，王张华．数字治理、数据治理、智能治理与智慧治理概念及其关系辨析［J］．湘潭大学学报（哲学社会科学版），2019（5）：25-30+88.

② 曼纽尔·卡斯特．信息时代三部曲：经济、社会与文化［M］．夏铸九，王志弘，译．北京：社会科学文献出版社，2003.

③ DUNLEAVY P. Digitalera governance：ITcorporations，the State，and E-Government［M］. Oxford：Oxford University Press，2006：227-229.

④ 简·芳汀．构建虚拟政府：信息技术与制度创新［M］．邵国松，译．北京：中国人民大学出版社，2010.

⑤ 沈费伟，叶温馨．基层政府数字治理的运作逻辑、现实困境与优化策略：基于“农事通”“社区通”“龙游通”数字治理平台的考察［J］．管理学刊，2020（6）：26-35.

门数字化管理体制机制的目的，另一方面期待以数字化改革推动整个社会的数字化发展进程。因此有学者认为，数字治理需要从数字化转型面临的实际问题和挑战出发，全方位地审视已有的治理范式，改革现有不适应时代的制度，建立适应数字时代的现代化治理体系，反馈数字化转型演进机制，保障数字化转型有序进行。① 在中国，数字治理的核心任务就是为数字化转型保驾护航，保证网络空间的战略稳定，并构建和谐的数字秩序，推动中国从网络大国走向网络强国，助力数字化转型和智慧社会建设。本研究梳理学界有关数字治理理论的整体性论证发现，数字治理理论经过了不断发展，其基本观点主要有如下几个方面。

第一，数字治理强调协同治理。数字治理理论下，政府不是单一治理主体，需要打破界限与市场、社会协同进行治理——这一点已经被很多学者论证。如有学者指出，数字治理下政府与社会、市场与公众的关系发生了很大变化，政府需要由原有的资源与权力主导者转为主体利益协调者，而社会公众也由原来的那种碎片化、零散式参与转变成一种整体性治理。②

第二，数字治理强调数字技术对于政府流程再造与体制机制改革的积极作用。数字治理将技术与治理相结合可以破除政府原有治理的很多协同难题，通过信息技术可以重塑政府公共部门的联动关系。各政府部门以居民需求为基本出发点，通过各种数字化技术、数据化服务平台以及基础设施，社会服务领域的数字化转型可以促进跨部门合作，跨层级的流程再造。③

第三，数字治理助推国家治理实现现代化。该理论认为，要充分发挥现代信息技术的作用，不断发挥现代信息技术在治理中的积极作用，打破以往多头管理产生的数据孤岛。无论是从政府内部还是政府外部看数字治理都可以实现数据整合：在政府内部，数字治理通过打破数据孤岛、重塑业务流程、革新组织架构等举措，打造出了边界清晰、权责明确且精简、

① 张晓．数字化转型与数字治理［M］．北京：电子工业出版社，2021：127.

② 王晨．基于公共价值的城市数字治理：理论阐释与实践路径［J］．理论学刊，2022（4）：161-168.

③ NOUR M A，ABDEL R A，FADLALLA A. A Context-based integrative framework for e-government Initiatives［J］. Government Information Quarterly. 2008，25：448-461.

高效、统一的现代化政府；在政府外部，数字治理又使政府更加开放透明，打破“黑箱”偏见，在为市场增效、社会赋权的同时，深刻重塑了传统的市场运行机制和社会治理机制，全面推动着国家治理体系和治理能力现代化。①

总的来看，由于当今世界无论是中国还是国外数字经济都异军突起，数字社会蓬勃发展，数字政府建设快速推进，各种新情况、新问题层出不穷，与数字化转型发展实践相适应的学术研究还相对滞后、政策供给有待加强。与政治学、公共管理学等学科领域比较成熟的理论学说相比，数字治理理论探究目前还处于初始阶段。因此，今天我们探究数字化转型发展问题，需要借鉴反思西方数字化治理框架模式的有益成分，密切结合我国国情实际，构建具有中国特色的数字治理理论体系，以更好地指导实践，并努力争取全球数字治理国际话语权和规则制定权②。

3. 数字治理理论与本研究的契合性

基层治理数字化转型是数字治理理论与基层治理实践相结合的产物。从理论层面看，基层治理数字化转型的本质是基层治理范式转型。从实践层面看，基层治理数字化转型主要是充分利用数字治理的优势更好地解决基层治理面临的复杂性问题。因此，综合来看，基层治理数字化转型的内涵至少包括这几个方面：第一，从政府治理层面看，基层治理数字化转型主要是基层政府运用数字化的技术工具辅助履职尽责、提供公共服务，其中蕴含着组织体系的重整、制度体系的变革、行政方式方法的改进等在内的技术治理过程。第二，从社会治理层面看，在推进基层政府数字化转型过程中，要通过提升公众数字素养、健全数字治理制度体系、调整政府数字治理结构推动数字治理在智慧城市、智慧社区、乡村治理等领域深度延伸③。第三，从价值导向层面看，基层治理数字化转型不仅体现在治理技

---

① 凌锋．以数字治理助推国家治理能力现代化［N］．法治日报，2021-06-23（5）；张建锋．数字治理：数字时代的治理现代化［M］．北京：电子工业出版社，2021.

② 李韬，冯贺霞．数字治理的多维视角、科学内涵与基本要素［J］．南京大学学报（哲学·人文科学·社会科学），2022（1）：70-79.

③ 韩兆柱，马文娟．数字治理理论及其应用的探索［J］．公共管理评论，2016（1）：92-109.

术层面，也体现在治理价值层面，包含着全过程人民民主、协商治理等现代化治理的价值取向。

目前中国基层治理数字化转型实践及研究还处于初期探索阶段，在数字化的技术治理呈现、数字治理理念传递、治理实践创新发展等诸多方面都比较薄弱。① 本研究结合数字治理理论发展趋势，聚焦基层治理数字化转型的政治逻辑及其技术进路展开探究很有意义。当然，目前我们将数字治理视为一种理论可能存在争议，因为作为一种理论可能需要很长的时间被学界反复论证、被实践反复检验，但是本研究将其视为一种理论用来分析研究基层治理数字化转型问题，主要基于两方面考虑：一方面，数字治理学说关注的问题和其思想主张、分析框架等契合现实且能够指导现实实践发展，对现实世界具有解释力，特别是用来分析数字政府、城市治理、社会治理等均具有可行性；另一方面，虽然与整体性治理等理论相比，目前关于数字治理的研究还不够充分，但是学界对其基本概念、理论体系、研究方法等已有较为深入的研究，并且目前多个学科对数字治理的研究热度与日俱增。因此，本研究将数字治理视为一种具有解释力和生命力的理论学说，用来分析研究基层治理数字化转型问题。

（三）整体性治理理论

1. 整体性治理理论的兴起与发展

整体性治理理论起源于 20 世纪 90 年代，由英国学者佩里·希克斯（Peri Six）在其 1997 年出版的《整体性政府》一书中率先提出。由于在其与他人合著的《面面俱到的治理：建立整体性政府的战略》（1999）、《迈向整体性治理》（2002）等书中，他们将“整体性政府”（Holistic Government）一词改成了“整体性治理”（Holistic Governance），后来经过学界一系列的研究发展，“整体性治理”逐渐成为学界公认的一种治理学说。而事实上，在佩里·希克斯看来，整体性治理并不是一个新鲜的东西，作为一种公共治理问题的解决方式，它集中针对的是 20 世纪 80 年代和 90 年代

① 沈费伟，叶温馨．基层政府数字治理的运作逻辑、现实困境与优化策略：基于“农事通”“社区通”“龙游通”数字治理平台的考察［J］．管理学刊，2020（6）：26-35.

初政府改革形成的碎片化状况，强调政府各部门通过充分的沟通与合作，形成一种合作治理行动。[①] 1999 年，英国发布《现代化政府白皮书》，提出要实施整体政府改革十年规划，彻底提升治理效能。在英国政府的改革实践和整体性治理理论的影响下，许多国家开始探索更加符合市场经济发展规律的整体性政府治理新模式。

整体性治理理论的产生背景主要源于两个方面：一是新公共管理理论逐渐式微，整体性治理理论迎来发展契机；二是数字技术快速发展推动人类社会进入数字时代。新公共管理的市场化、分权化与解制使政府治理碎片化，增加了决策系统的复杂性。整体性治理理论以解决公民的需求和问题为核心，以公共利益最大化为目标追求，坚持从政府本位转向公民本位，主张运用现代信息技术拆除部门之间的“藩篱”，整合公共服务供给部门，实现对新公共管理碎片化治理的战略性回应。[②] 整体性治理理论学说的实质在于以协调与整合为核心的治理思路。佩里·希克斯曾指出：整体性治理的核心概念是协调整合；强调政府机构间通过充分沟通与合作，实现有效协调与整合，彼此的政策目标连续一致，政策执行手段相互强化，开展紧密的合作治理行动；整体性治理针对的是碎片化治理带来的诸多问题，整体性的对立面是碎片化而不是专业化。[③] 整体性治理把部门整合、大部制作为政府改革的重要方向，强调重新整合碎片化的政府机构，并侧重于依据群众的实际需求重建政府组织，建立更加灵活的协作机制为群众提供“一站式”公共服务。近些年中国的大部门体制改革就受到了整体性治理理论的深刻影响。整体性治理的关键在于如何实现部门间的有效联动，而数字技术的发展应用为此提供了现实基础。整体性治理的理论基础强调三个方面：一是以功能整合为支撑；二是以问题解决为导向；三是

---

① 叶璇．整体性治理国内外研究综述［J］．当代经济，2012（6）：110-112.

② 张玉磊．整体性治理理论概述：一种新的公共治理范式［J］．中共杭州市委党校学报，2015（5）：54-60.

③ PERRI. Towards Holistic Governance：The New Reform Agenda［M］．New York：Palgrave，2002：37.

以公众需求为核心。① 整体性治理实质上就是以满足公众需求为前提，强调政府组织内部及外部与非政府组织间充分的沟通合作，是以信息技术为主要的治理手段，努力达成有效的协调、整合与合作，实现目标一致、无缝隙服务的一种治理模式。②

2. 整体性治理理论的核心论点

整体性治理理论是在对新公共管理出现的部门化、碎片化和裂解性进行反思和弥补的基础上逐步探索形成的一套相对完整的理论学说。

(1) 强调“三个导向”的治理目标

一是目标导向。传统官僚制和新公共管理两种治理范式都以公民诉求问题的解决与追求政府部门自身利益为最终目标。早前，帕特里克·敦利威等就提出整体性治理是以满足公民需求为治理目标，以实现逆部门化碎片化的大部门式治理③。二是结果导向。整体性治理理论主张，不仅要为公众提供整体性、无缝隙的公共服务以满足公民的需求，而且要突出治理过程中的透明、公开、公正，体现公共管理价值的结果导向。三是问题导向。整体性治理理论坚持把“公共问题的解决”作为政府运作的出发点，强化问题意识，注重风险预防，体现结果导向。另外，整体性治理理论注重通过政策、顾客、组织、机构四个层次上的目标融合④，从源头降低治理成本，实现公共价值的最大化，达到公共问题的良性治理目标。

(2) 强调合作共赢的整合

整体性治理理论的关键词是“整合”，整合的效果或程度与政府组织凝聚力的强弱密切相关，其主要内容包括破碎片化、逆部门化、反分权化、重建大部制、重塑服务链、压缩行政运营成本、实行扁平化网络化治

① 谢微，张锐昕．整体性治理的理论基础及其实现策略［J］．上海行政学院学报，2017，18 (6)：31-37.

② 韩兆柱，翟文康．大数据时代背景下整体性治理理论应用研究［J］．行政论坛，2015，22 (6)：24-29.

③ DUNLEAVY P，MARGETTS H，BASTOW S，et al. Digital Era Governance：IT Corporations，the State and E-Government［M］．Oxford：Oxford University Press，2006.

④ 张玉磊．整体性治理理论概述：一种新的公共治理范式［J］．中共杭州市委党校学报，2015 (5)：54-60.

理。因此，有学者认为整体性治理需要引入合作治理理念，主张通过整合政府公共服务内容，而不是简单的部门整合，以实现公共服务的无缝隙供给。① 数字治理的要义也是强调数字化的服务整合，整体性治理既肯定传统官僚制行政的作用，又适应公共服务需求和公共治理资源的多元化趋势，强调政府要积极与市场主体、社会组织及公民建立合作关系、有效整合治理资源。②

就公共行政学的发展历程看，“整合”的理念并非整体性治理理论所特有。传统公共行政学和新公共管理学都强调整合，其中传统官僚制中的整合是指平衡调节自上而下的单向的分层设科的节制层级体系为目标的权威性整合，新公共管理范式中的整合指的是通过引入市场化的竞争机制以提高公共管理效率整合。③ 整体性治理理论中的整合则是合作共赢的整合。它是基于现代信息技术发展，为响应公民需求弱回应性，解决传统官僚制和新公共管理运动中专业主义、部门主义、竞争主义泛滥而引起的碎片化问题而产生的。它不仅包括不同政府间以及同一政府内不同层级和职能部门间的基于公共行政活动的业务流程整合，也涵盖政府、企业、社会、公民之间相互合作而所形成的整合，是基于合作共赢的整合。具体来讲，整体性治理的关键是协调整合机制的运作与执行，通过这种机制可以消除政策冲突、促进政策利益相关者合作形成协同效应，为公众提供更好的公共服务。④ 整体性治理关系体现在协调整合、整合与相互嵌入与紧密结合三个方面，其中包括治理维度、治理行为、治理策略和机制等多方面的整合。⑤ 为实现整体治理目标，降低政府运行成本，整体性治理强调以共享性预算管理为抓手，以破解碎片化为切入点，以政府资源配置制度性再安

---

① 史云贵，周荃．整体性治理：梳理、反思与趋势［J］．天津行政学院学报，2014，16（5）：3-8.

② 费月．整体性治理：一种新的治理机制［J］．中共浙江省委党校学报，2010，30（1）：67-72.

③ 张玉磊．整体性治理理论概述：一种新的公共治理范式［J］．中共杭州市委党校学报，2015（5）：54-60.

④ POLLIT C. Joined-up government：a survey［J］. Political studies review，2003（1）.

⑤ PERRI. Joined-Up government in the western world in comparative perspective：A preliminary literature review and exploration［J］. Journal of public administration research and theory，2004，14（1）.

排为保障，以政府为主导下的避免过度分权化和政府空心化为依归，实现公共治理价值的最大化。

（3）注重目标与手段的调和

目标与手段的统一保证了整体性治理成为可能。目标明确了应该做什么，手段则明确了应该怎么做，目标和手段的充分协调，高质量地推进了整体性治理。佩里·希克斯等依据目标和手段的强弱关联度，描述了5种基于目标和手段关系的政府模式①。一是贵族式政府：目标与手段相互冲突，不存在有效的公共治理。二是渐进式政府：目标相互冲突，手段相互增强，治理状态只能是凑合式、应付型。② 三是碎片化政府：手段相互冲突，目标相互增强，职能部门相互倾轧、相互竞争、抢占公共资源，治理效果分散化。四是协同型政府：目标和手段相互不冲突也不增强，治理行为不能相向而行，政府治理的整体价值不能显现。五是整体性政府：目标和手段之间不仅不相互冲突，反而相互增强，协同效应进一步加强，公共价值实现最大化。在整体性治理过程中协同非常重要，以至有很多学者在协同政府层面强调要对现有的整体性治理作出突破与深化。③

（4）关注信任、责任与制度化安排

信任是合作的基础，责任是整合的前提，制度化的安排则是有效整合的保证。只有通过构建治理主体间的信任关系，培育治理主体的责任感、使命感，同时建立步调一致的行之有效的制度性安排，跨部门的公共治理才有可能共同研究、讨论、整合，整体性治理目标才有可能实现。可以认为，“没有信任，就没有共同价值观；没有信任就没有共同语言，没有信任就没有协同整合”④。

---

① 曾凡军．基于整体性治理的政府组织协调机制研究［D］．武汉大学，2010.

② 叶璇．整体性治理的分析框架研究［J］．经济视角（下），2012（2）：23-25.

③ 陈丽君，童雪明．科层制、整体性治理与地方政府治理模式变革［J］．政治学研究，2021（1）：90-103.

④ 韩兆柱，于均环．整体性治理视域下京津冀基本公共服务均等化研究［J］．学习论坛，2018，34（1）：58-64.

整体性治理中的责任感强调忠诚、效率、有效性①。其中，忠诚既包括诚实又包含勤恳，是指在公共行政过程中遵纪守法、廉洁自律、不贪赃枉法、不损公肥私、不偷工减料；效率既讲求速度又强调频率，是指公共服务供给过程中资源输入和资源输出之间的比例关系，注重以最小的成本投入获取最大的效益产出；② 有效性是指公共行政过程中参与人员认真执行政策，并确保政策落地落实，同时对自己的行政行为承担责任。就整体性治理责任感的三要素而言，有效性地位最高，缺少有效性，任何行政行为都将失去意义；忠诚和效率则是有效性的必要条件，只有忠实于有效性，不与有效性的目标相冲突，有效性的价值才能充分体现。

培育信任感，落实责任感，关键是要确保制度的落地。③ 因此，整体性治理的制度化安排需要从管理层面、法律层面和宪法层面加以强化。管理层面，需要落实公共行政管理活动全过程的闭环管理。通过以年度部门财务预算安排为抓手，推动成本控制和收支平衡，运用审计、考核、监督、评估、反馈等措施，确保各参与主体的责任落实。法律层面，通过完善法律法规、依法行政、司法监察等确保各参与主体的责任落实。宪法层面，通过培育强化公民的宪法意识，厘清立法、司法、行政的工作界面，确保政府公职人员履行对宪法的庄严承诺，确保各参与主体责任落实。

（5）重视信息技术运用

当代社会信息技术日新月异，为整体性治理提供了有效的技术支撑。早期，整体性治理十分强调信息网络技术的实践性应用，这种技术应用是有效实现政府整体运作的新模式。④ 立足于现实，这种技术性可以有三方面论证。第一，摩尔定律指出：CPU、GPU 等计算机硬件的算力呈指数级

---

① PERRI. Joined-Up government in the western world in comparative perspective：A preliminary literature review and exploration ［J］. Journal of public administration research and theory，2004（1）：103-138.

② 张玉磊．整体性治理理论概述：一种新的公共治理范式［J］．中共杭州市委党校学报，2015（5）：54-60.

③ 郝海波．整体性治理视阈下政务服务“跨省通办”的现实困境和实践进路：以婚姻登记“跨省通办”试点为例［J］．中国行政管理，2022（6）：12-18.

④ DUNLEAVY P，MARGETTS H，BASTOW S，et al. Digital Era Governance：IT Corporations，the State and E-Government［M］. Oxford：Oxford University Press，2006.

提升，驱动大数据的指数级增长。摩尔定律为信息技术的不断快速发展提供了理论支撑，可以满足以时间为维度的复杂而庞大的数据运算要求，极大地提高办事效率。第二，储存大数据的介质成本不断降低，容量不断增大，不仅能够存储更多数据，也极大地降低了成本，不仅满足了以时间为维度的数字存储容量的要求，也驱动万物数字化。第三，互联网的飞速发展，宽带传输速率的提升，驱动人、机、物广泛连接，提高了人与人交流的效率。

通过建设网络信息平台，政府行政业务与流程更加透明，政府整体运作效率得到提高，公共服务更加便捷优质。首先，提供共享数据。“整体政府”不仅让公民轻松获取税收、补贴政策、充电设施等政策和数据信息，而且政府部门也能了解和预测公民的需要，评估政策风险，形成良性互动。由此，有研究认为要全面提高决策与协同能力，推行移动化办公，搭建多层级政府联动的政务协同平台，促进跨部门政务业务协同、降低行政成本，通过改善和优化并联审批流程，逐步实现跨地区、跨部门、跨层级信息共享和办公协同①。其次，简化管理。整体性治理通过简化网络设置，精简网络管理检查，避免一些敏感领域传统官僚制存在的复杂管理问题，不仅可以大幅度地减少行政支出，而且也是对新公共管理导致的碎片化问题的积极回应②。最后，构建整体协作框架。依托信息技术的资源共享机制和突出优势，构建跨部门、跨系统的治理结构，避免政府系统内部自行其是、各自为政；同时将政府与企业、社会组织连接起来，既发挥市场的自由竞争优势，又突出政府的战略协作与宏观统筹作用。这样既调整了部门间的横向关系，也搭建了政府与企业、社会组织交流的平台，构建政府相互协调、协作运转的治理网络。③ 信息技术的运用打破了科层制下政府与社会的樊篱，柔化了政府系统内部相互独立的边界，优化了管理层

① 北京大学课题组．平台驱动的数字政府：能力、转型与现代化［J］．电子政务，2020（7）：2-30.

② 曾蔚．基于整体性治理的政府预算管理信息系统构建：以澳大利亚为例［J］．财政监督，2015（2）：17-22.

③ 曾蔚．基于整体性治理的政府预算管理信息系统构建：以澳大利亚为例［J］．财政监督，2015（2）：17-22.

级和工作流程，推进了基于官僚制的政府组织架构的扁平化矩阵式转型，强化了公共治理主体间的沟通协调，使治理环节更加紧密，治理流程更加通畅，在较大程度上解决了由传统官僚制和新公共管理改革导致的碎片化问题，推进公共治理向透明化、整合化方向发展。①

3. 整体性治理理论与本研究的契合性

本研究主要围绕基层治理数字化转型的政治逻辑以及技术进路问题展开，在研究内容上需要研究基层政府部门进行技术治理的动机以及条块互动关系，在研究过程中需要重点把握基层政府部门的行动逻辑，对其中的治理目标与技术手段进行整体性把握，考察上级政府部门与下级政府部门以及同级政府在技术治理中的制度规范、组织网络以及行动策略，其内在研究假设在于基层政府通过数字化转型实现基层治理创新。同时，本研究通过对现代信息技术与基层治理的研究，把握基层治理数字化转型的基本结构、行动过程以及组织功能。整体性治理理论包容性很强，其中蕴含着协同治理、技术治理、数字治理、新公共管理等众多理论的思想主张，且对现实问题的解释力很强，因此就本研究而言，整体性治理理论被视为一个统领性的理论用来分析基层治理数字化转型问题。

三、分析框架

分析框架是展开系统性研究不可或缺的要素和支架。如前所言，基层治理数字化转型是一项系统工程，涉及的具体议题很多。本研究基于对基层治理数字化转型等核心概念的界定和对数字治理、技术治理、整体性治理等相关理论的系统梳理，在吸收借鉴政治学领域结构-功能主义分析框架以及转型理论对应的研究思路方法的基础上，提出了“结构-过程-功能”分析框架，并结合基层治理数字化转型的场域与核心问题，展开了阐释和论证，旨在为后续研究提供至关重要的分析框架和基础支撑。

（一）“结构-过程-功能”分析框架释义

“结构-过程-功能”分析框架是本研究在社会科学研究领域常用的

① 张玉磊．整体性治理理论概述：一种新的公共治理范式［J］．中共杭州市委党校学报，2015（5）：54-60.

“结构-功能”分析框架的基础上，基于笔者对基层治理数字化转型实践观察和分析研究需要延展开来的一个系统性分析框架。其中，“结构-功能”分析框架对应的“结构功能主义”理论，是社会学和政治学中经典理论及研究方法之一，其注重强调系统研究的整体思维和“结构-功能”分析的具体方法，比较适合于针对制度化、常规化的“社会-政治”现象的研究。

从学术发展史角度看，结构功能主义理论构建在一定程度上肇始于社会学领域，在政治学领域得到了极大发展。古代社会思想家观察到社会中有分工、阶层分化、各种社会组织和社会过程，把社会比作人体，如柏拉图的《理想国》、亚里士多德的《政治学》中就有相关论述，这些论述对政治系统具有启蒙作用。① 随着生物学的发展，生物有机体学说在社会科学的运用于19世纪真正兴起。奥古斯特·孔德将社会看作生命有机体，研究社会结构与秩序。赫伯特·斯宾塞详细考察了生命有机体与社会有机体之间的异同，提出了结构、功能、分化等概念②。斯宾塞认为，社会是由相互依赖的部分组成的系统，社会中的结构和活动由它的单元的特性决定。法国社会学家埃米尔·涂尔干通过揭示带有整体性的“社会事实”研究各种人的行为和社会现象，强调社会的整体性质，注重社会团结和社会整合问题——将个体视为整体的一个部分，强调职业伦理和道德在联结个体、群体与国家之间的重要性。③

塔尔科特·帕森斯在总结、批判、继承斯宾塞、涂尔干、韦伯、帕累托等关于功能论的基础上，提出结构功能主义范式。该范式认为，社会由社会行动者组成，社会行动者包括个人、群体、组织、社会等单位；只有理解社会行动者的行动，才能理解各种社会现象和过程；理解社会行动的重点不在于行动单元，而在于行动系统——有机体系统（系统生存的环境）、文化系统、行动者系统和社会系统，其中社会系统是整个行动系统的附属系统。社会系统要保证自身的维持和运转，必须满足四个功能性条

① 王翔林．结构功能主义的历史追溯［J］．四川大学学报（哲学社会科学版），1993（1）：37-42.

② 赫伯特·斯宾塞．社会学研究［M］，张宏晖，胡江波，译．北京：华夏出版社，2001.

③ 吴晓林．结构依然有效：迈向政治社会研究的“结构-过程”分析范式［J］．政治学研究，2017（2）：96-108+128.

件——适应（A）、达标（G）、整合（I）和模式维持（L）。其中，“适应”功能主要指社会系统从外部环境获得足够的资源或能力，以及这些资源或能力在该系统中的配置；“达标”功能主要指系统有能力确定自己的目标次序和调动系统内部的能量以集中实现目标；“整合”功能主要指为了使系统作为一个整体有效地发挥功能，必须将各个部分联系在一起，协调一致；“维模”功能主要指在系统暂时中断运行时期，原有的运行模式必须被完整地保存下来，以保证系统能重新开始运行①。由此，社会系统与其他系统之间，以及在社会系统的各子系统之间，存在多种多样的交换关系，构成社会系统的动态平衡。②

政治学家戴维·伊斯顿批评帕森斯的均衡分析“忽略了系统对其环境影响的可变能力”，公开使用政治系统的概念，将政治生活解释为社会性要求输入、政治系统转换输出并且对社会系统产生反馈的过程。③ 伊斯顿的政治系统包括环境、输入、政治系统、输出四个要素。其中，社会内部（生态系统、生物系统、个人系统、社会系统等）和社会外部（国际社会各系统）是政治系统的总体环境。在这些环境中，产生了对政治系统的需求和支持，构成了环境向政治系统的输入内容。“需求”即意向的表达，指系统内成员“希望政府运用手中掌握的力量和资源，把系统朝着他们的需求表达或包含着的目标推进”。④ “支持”是指成员对政府权威、政治体制和政治共同体（政治系统内部的团结）的认可，从大环境上保证系统的稳定性和规则的正常运转，具体可表现为对政府的信任、纳税和投票支持等。需求和支持穿越政治系统边界输入系统内部，经过政治系统的处理，输出相关决策和行动。此外，无论输出是否应对和满足需求，本身都会使外部环境再次对政治系统作出反馈，促成下一个循环，使整个政治生活构

① 曲贵卿，张海涛．帕森斯与默顿的结构功能主义比较分析［J］．通化师范学院学报，2008（9）：32－35；PARSONS T，An Outline of the Social System［M］．New York：Fress Press，1961.

② 刘博．韦伯、帕森斯、吉登斯社会行动理论之比较［J］．社科纵横（新理论版），2010，25（4）：145-146.

③ 吴晓林．结构依然有效：迈向政治社会研究的“结构-过程”分析范式［J］．政治学研究，2017（2）：96-108+128.

④ 戴维·伊斯顿．政治生活的系统分析［M］，王浦劬，等译．北京：华夏出版社，1989.

成了一个可持续运作的闭环系统。①

对此，另一位政治学家阿尔蒙德在吸取帕森斯结构功能主义理论的基础上，对伊斯顿的政治体系理论作了进一步发展，提出了“政治结构-功能主义”的分析模式。② 与帕森斯等“去政治化”的分析相比，阿尔蒙德的分析更加侧重于政治系统，实际上是“政治中心主义”的结构功能论者③。阿尔蒙德的结构功能主义把政治生活看作一个均衡的、整合的体系，体系中的每一部分都对体系整体的生存、均衡与整合发挥着必不可少的作用，从而实现社会政治秩序的稳定。政治体系各组成部分都是与机关连在一起的，整体以平衡状态存在，任何部分变化都会趋向新的平衡。④ 所有的政治体系都有体系、过程和政策三个功能层次，以及政治输入、政治转换、政治输出、政治结果和政治反馈 5 个环节。⑤ 其中，体系功能指体系的维持和适应，包括政治录用、政治社会化和政治交流；过程功能是一个将政治要求和支持转换成权威性政策的功能，它反映的是社会上的个人与集团参与政治决策和执行决策的实际状况，包括利益表达、利益综合、政策制定和政策执行；政策功能反映政治体系实际作为对环境的影响，包括各个政治结构与组织的政策倾向和重点、政治输出（提取、分配、管制和象征）、政治结果（安全、福利和自由）和反馈。⑥

综上，政治学范畴的“政治结构功能”分析为政治研究提供了新的概念框架，开辟了一条从部分与整体、结构与功能的相互关系上去进行政治分析的新途径，它扩大了政治科学与其他科学的相互联系，有助于人们理解各种政治现象之间及政治现象与社会现象之间的复杂关系，有助于人们把握复杂政治现象的本质，有助于人们认识政治系统内部关系以及政治与

---

① 戴维·伊斯顿．政治生活的系统分析［M］，王浦劬，等译．北京：华夏出版社，1989.

② 加布里埃尔·A. 阿尔蒙德．比较政治学：系统、过程和政策［M］．曹沛霖，等译．上海：上海译文出版社，1987：3-28.

③ 吴晓林．结构依然有效：迈向政治社会研究的“结构-过程”分析范式［J］．政治学研究，2017（2）：96-108+128.

④ 张钦朋．阿尔蒙德的结构功能主义评析［J］．内蒙古大学学报（哲学社会科学版），2012，44（6）：18-22.

⑤ 钟冬生．结构分化与政治体系的发展进路［D］．浙江大学，2008.

⑥ 同⑤.

社会的关系，有助于人们注意社会系统中各种各样的政治角色和政治运行机制中各种各样的互动因素。① 政治结构功能分析把复杂的政治设施分解成各种各司其职的政治结构，揭示了政治结构与政治功能之间的相互关系，它为我们对政治现象进一步作实质性的分析创造了便利条件。政治结构功能着重分析政治结构在整个政治系统中的功能及政治系统在整个社会系统中的功能。政治结构功能分析认为任何政治结构一经产生便对政治系统产生功能，没有政治功能的政治结构是不可能存在的——提醒我们在分析政治时不能局限于正式的制度性结构，也要注意非制度性的结构；既要注意重要的政治结构，也要注意不太显眼的政治结构。②政治结构功能主义认为，一种结构可以有多种功能，一种功能也可以由多种结构来履行；结构不但有维持系统平衡的正功能，也有促使其变革的负功能；既有看得见的显性功能，又有看不见的隐性功能，等等。

联系本研究的主题，研究基层治理自然要研究结构，因为基层本身就是一个结构性用语，基层是相对于上层、高层而言的，处于由多层级构成的系统中的基础层次；“基层社会”是从国家结构维度对社会的定义，属于国家体系中的政治社会，是建构的而不是原生的；基层社会的状况决定了国家整体和国家政权的状态，基层社会治理构成了国家治理的基石。③因此，学界关于政治系统中“结构-功能”的深入研究对于我们探究基层治理的范式转型具有重要的启发意义，至少要重视其中三个方面：一是要运用系统论视角的整体思维去观察、解读、优化基层治理系统中的各个组成要素，顺应个体要素特征，促进个体发展推动整体进步，实现基层治理实践整体的不断发展。二是不能简单地从单一层次去理解和认知基层社会，因为在从上至下的层次中又分别有其特点，各层次运行的情况直接影响其他层次的发展。例如，需要通过社会形态、政治制度的层次看到基层治理中蕴含的国家治理现代化大局，通过政府权责、部门协同的层次去看基层治理问题，通过人员素质、执法氛围去推断依法治国的基层进程等，

①② 俞可平．西方政治分析新方法论［M］．北京：人民出版社，1989.

③ 徐勇．将基层带入国家：单一制、基层社会与国家建设［J］．国家现代化建设研究，2022，1（2）：83-94.

这些都是在不同层次的视角、不同层次的内涵中去理解和认知基层治理。三是任何孤立分析基层治理系统的视角都是片面的，它在否定其系统关联性的同时，也无法解释系统的运行机理。对于行政管理者，应着重在其关联性中寻求协同效果，行政管理部门之间应加强协调合作，形成协同效应，寻求实施的最佳效果，推动基层治理协同发展；对于接受者，应在基层治理过程中强化监督，寻求各权利个体之间的关系与相互作用，达到个体获益、共同发展的效果。①

党的十九届四中全会强调要“加强系统治理、依法治理、综合治理、源头治理，把我国制度优势更好转化为国家治理效能”②。其中，系统治理是推进国家治理体系和治理能力现代化的总领，指基于系统的思维，从整体性的角度进行有效治理，国家治理只有从整体着眼、联合动态演进，才能全面实现治理体系和治理能力现代化。基层治理作为国家治理的基石，更应该坚持系统治理的原则，推动基层治理现代化。中国目前的基层治理体系是一个十分复杂的系统结构，承担着极为重要的治理功能。面对内外部环境和改革发展形势的变化，特别是既有治理实践遇到的难题和挑战，必须研究探索能够走出困境、提高效能、助力经济社会高质量发展的有效路径与模式。

回顾既有的研究与实践，我们发现，传统的结构功能主义以及转型理论及其对应的解决问题的策略都不足以解释和破解当前中国基层治理实践中遇到的困境，因为在中国政治经济社会文化生态整体转型过程中，首先结构的调整非常艰难；其次结构调整到功能预期的实现之间客观上存在一个充满复杂性和不确定性的过程，加之数字化转型对于中国乃至世界而言都还是一个新生事物——基层治理数字化转型是一个永无止境的改革创新过程，本质上是对现有基层治理模式的系统性变革和体系性重塑，因此，在前人研究基础上，本研究提出以“结构-过程-功能”作为分析框架，拟

① 邓若玉，胡煜．马克思系统论视域下基层治理中的审计思维［J］．中小企业管理与科技（上旬刊），2020（12）：151-152+155.

② 中共中央关于坚持和完善中国特色社会主义制度推进国家治理体系和治理能力现代化若干重大问题的决定［N］．人民日报，2019-11-06（1）.

对中国特色的基层治理数字化转型实践展开系统深入的分析研究。其中，按照社会科学的一般视角来理解，结构通常指的是某一系统内由特定行为主体构成的组织安排、反复出现的行为方式或不同角色之间相对稳定的关系。正如英国学者雷蒙·威廉斯所言，结构主要是指“一个整体所构成的部分或组成的要素、彼此间的相互关系，这些关系可以用来定义一个整体特殊的性质”。① 具体在本研究中，结构主要指对应基层治理的体制、架构、权责关系等内容。所谓过程，即事物发展的程序或阶段，转型本身就是一个典型的过程。在本研究中，从过程视角，主要是探讨基层治理的运行机制及方法策略选择在数字化转型前后及不同阶段的表征与内在逻辑问题。所谓功能，意指各种行为主体的行为方式之目的和过程相关联的影响或行为结果。在中文里面，“功能”一词语出《汉书·宣帝纪》：“五日一听事，自丞相以下各奉职奏事，以傅奏其言，考试功能。”如果按照帕森斯的结构功能主义理论理解，功能主要是指整个社会系统中组成要素在维系社会运转过程中发挥的作用。联系本研究的对象来讲，文中的功能主要指的是基层治理数字化转型的效能，即基于特定的基层治理结构与过程演化产生的治理功能和效果。

综上，之所以将“结构-过程-功能”作为本研究的分析框架，一方面是因为本研究的对象和问题主要源于对当前中国基层治理实践探索的深入观察，另一方面是因为本研究的视角是以国家纵向治理体系为切入点来透视基层治理体系现代化发展的整体进程。在基层治理体系和治理能力现代化的背景下，大量研究聚焦在如何提升治理能力以实现治理体系的发展上。而事实上，能力或者说功能的有效实现，本质上是治理体系内部高质量运作的结果。在政治体系中，结构是体系中不同要素扮演的“角色”，过程和体系是一枚硬币的两个方面，结构分析必然要囊括过程分析，否则难以理解体系所具备的实际效能。② 因此，本研究更加关注基层治理体系

① 雷蒙·威廉斯．关键词：文化与社会的词汇［M］．刘建基，译．北京：生活·读书·新知三联书店，2005：463.

② 加布里埃尔·A. 阿尔蒙德．比较政治学：体系、过程和政策［M］．曹沛霖，等译．上海：上海译文出版社，1987：16-18.

内部的运作过程，并通过基层治理体系内部的变化观察其对基层治理能力的影响。回归治理体系内部，结构与过程本质上便是体系的一体两面，结构是过程的组织基础；结构与过程共同塑造了治理体系的核心功能；功能本身对结构与过程具有反哺作用，能够保障结构与过程的调适与优化。① 因此，本研究选择以“结构-过程-功能”为分析框架，尝试对基层治理的数字化转型的内在逻辑与实践路径问题展开分析。

在此，特别需要说明的是，基层是衔接基层政府与社会的关键场域，功能结果的发挥实质上影响着国家的社会治理要求与社会治理成效之间的协同性。换句话说，基层治理现代化本质上是国家意志②的成功下沉与社会多元主体的有效联动之间的有机结合。运用“结构-过程-功能”的分析框架观察中国的基层治理实践时可以发现，由基层治理体系的结构调整及其关联着的过程运作所发挥出的治理功能是衔接政府与社会的重要纽带。结构和过程的转型主要是提升基层政府的治理能力，功能转型是更好构建国家与社会、政府与社会以及市场之间共建共治共享的基层治理共同体。因此，本研究运用“结构—过程—功能”分析框架所观察的基层治理数字化转型同样呈现出基层政府与社会之间的互动过程，为理解并展现中国基层治理体系和治理能力现代化的政治逻辑提供了重要的研究视角和切口。具体结合本研究选取和剖析的案例来看，结构和过程转型案例中或许会涉及社会主体，但最主要的任务是重塑政府，功能转型当然提高了政府能力，但这种效果需要从社会中得到反馈，否则便无法印证。

（二）本研究中的“结构-过程-功能”呈现

研究基层治理就是研究国家发展路径。③ 在大规模国家治理中，纵向治理体系往往处于十分关键的位置，对于国家稳定和治理效能都产生重大影响。具体到中国基层治理领域，情况相当复杂，地域差异大，城乡差异

① 张贤明，张力伟．国家纵向治理体系现代化：结构、过程与功能［J］．政治学研究，2021（6）：63-74+176.

② 结合中国国情实际理解，这里的国家意志包含中国共产党的意志，这在中国的现行宪法中已明确。后文提到“国家意志”同理。

③ 陈家刚．基层治理：转型发展的逻辑与路径［J］．学习与探索，2015（2）：47-55.

大，治理主体多元、需求多元，矛盾问题交织。因此，如果把基层治理数字化转型看成一次政治系统变革，“结构-过程-功能”的分析框架可以探讨其中的核心问题——政治逻辑及其技术进路。其中，基层治理数字化转型是自变量，基层治理体系和能力变化是因变量，“结构-过程-功能”则是研究自变量与因变量之间关系的分析框架。基层治理数字化转型的政治逻辑体现在国家数字化转型政策推进与基层治理现代化目标追求之间的关系互动，其技术进路具体表现为基层治理数字化转型的实践过程，在结构、过程、功能的动态变化下完成了基层治理范式变迁。

基层治理数字化转型本质上是基于中国国家治理范式的转型实践。本研究试图从理论上回答如何通过数字化转型将国家制度优势转化为基层治理效能，涉及基层治理的体制机制、方式方法、理念路径、手段举措、目标效能等全方位系统性变革，涵盖了基层组织架构的职能调整、基层治理过程的优化以及基层社会治理功能的输出与效能提升等问题。从政策设定到落地实践角度出发，清晰地表现为从调整地方政府行政体制、优化各层级部门行政机制到释放与增强基层社会治理效能的过程（整体框架如图 1-1 所示），呈现出鲜明的目标导向、问题导向和转型特征。

从理论层面看，在以基层治理数字化转型为研究对象的“结构-过程-功能”的分析框架中，结构主要体现在资源和权力的结构性分配，过程是在结构基础上聚焦不同条块部门之间在数字化变革影响下的关系互动，功能则指在数字化转型背景下基于结构调整和过程优化带来的结果呈现。

如图 1-1 所示，结合本研究的个案浙江省 G 镇的实践分析，具体从结构维度看，“碎片僵化”的治理体制是当前中国基层治理数字化转型着力解决的核心问题，“整体智治”是破解结构问题可资借鉴的思路策略，同时也是一个基层治理数字化转型的结构调整目标；从过程维度看，结构调整并不必然实现相应的流程与机制的优化，且在现实实践中往往会出现由制度安排、组织体系的“板结”引致的“内卷”等问题，因此需要对治理

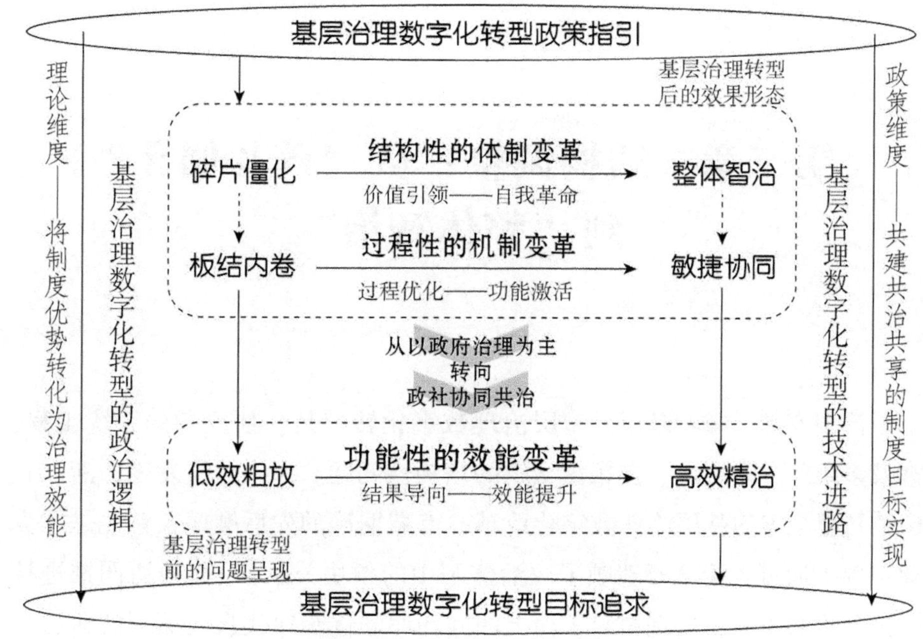

图 1-1 基层治理数字化转型的“结构-过程-功能”分析框架

过程进行优化，做到权责明晰、资源下沉、简约治理①，实现治理过程的“敏捷协同”。如果说结构和过程主要针对基层政府治理层面的优化，那么功能层面既是地方各级政府在应对数字化转型中实现结构与过程变革的必然结果，也是基层政府面对基层社会问题时需要回应的地方，因此该环节的数字化转型首先体现在基层政府内部的结构和过程变革，同时体现在政府对基层社会治理的职能定位以及价值追求。针对当前基层治理“低效粗放”的问题，需要通过数字化转型途径和手段实现“高效精治”，从而实现基层治理现代化的目标追求。

综上，运用“结构-过程-功能”这一分析框架既能分析解读当前的基层治理数字化转型实践，也能回应和阐释诸多理论问题，不仅为理解中国的基层治理数字化转型提供了新视角、新路径、新方法，而且增强了技术治理、数字治理以及整体性治理等理论学说在实践中的解释力和适用性。

---

① 史云贵，薛喆．简约治理：概念内涵、生成逻辑与影响因素［J］．中国人民大学学报，2022（1）：149-159.

第二章　结构调整：从“碎片僵化”到“整体智治”

治国安邦，重在基层。基层治理数字化转型是一项复杂的系统工程，涉及多维度、多层次、多领域交织的结构性问题。深入分析发现，浙江省G镇乃至全省的基层治理数字化改革，有着明确的先后顺序，首先是在党建引领下通过省级统筹理顺了政治体制中的条块关系，① 而后协同推进社会治理重心下移，实现由自下而上的问题驱动逐步取代自上而下的科层规则驱动②，为基层治理数字化转型奠定了结构性基础，然后协同引入社会技术力量的数字赋能，最终从调结构向数字化建设顺利过渡，实现基层治理结构从“碎片僵化”向“整体智治”迈进，在条块纵横的行政发包制基础上强化基层治理的基础性力量。③

---

① 李文钊，翟文康．从条块到界面：基层政府“放管服”改革的内在逻辑：基于江苏省徐霞客镇的案例研究［J］．甘肃行政学院学报，2021（1）：23-31+124-125.；谢庆奎，等．中国地方政府体制概论［M］．北京：中国广播电视出版社，1998：14-16；周振超．当代中国政府“条块关系”研究［M］．天津：天津人民出版社，2008：45-60. 这里所谓“条”是指党政系统自上而下的各职能部门，通常按照专业化分工、业务内容相同的原则设置；“块”是指各个职能部门组成统一的、整体性的层级政府，通常按照属地、层级设置。在条块体制下形成纵横交错、复杂多重的条块关系，条块关系的复杂性造成了条块冲突和治理矛盾，给基层治理带来了挑战。条块关系的表现形式：上级“条条”与下级“块块”的关系、垂直管理的“条条”与“块块”的关系、上下级政府的关系、上下级“条条”的关系、上级“块块”与下级“条条”关系、同级“条条”的关系、政府与本级“条条”的关系、同级“块块”的关系。由于条块体制的存在，政府内部呈现出复杂的主体间关系，这种多重的关系会造成较多的条块矛盾，导致难以实现有效治理。

② 孙柏瑛，张继颖．解决问题驱动的基层政府治理改革逻辑：北京市“吹哨报到”机制观察［J］．中国行政管理，2019（4）：72-78.

③ 周黎安．行政发包制与中国特色的国家能力［J］．开放时代，2022（4）：28-50+5-6.

一、基层治理数字化改革面临的结构性问题

“政治势能”是对中国公共政策实现高位推动的一种学术阐释①。在宏观到微观的改革势能驱动以及基层治理难题破解倒逼双重作用下，浙江省基层治理数字化改革蹄疾步稳、有序推进，以G镇为代表的一些试点探索积累了一些经验做法，有效破解了基层治理面临的一些现实问题，当然也遇到了一些难题和挑战，为我们探究基层治理数字化转型的政治逻辑及其技术进路提供了很好的素材和诸多启示。当前从建设人人有责、人人尽责、人人享有的基层治理共同体这一目标任务出发，数字化转型能够为基层治理现代化提供必要的技术支撑。然而，回归基层治理的现实情况看，基层治理在数字化转型中存在的各类问题本身与数字化这一技术手段并无直接关联，从结构性层面看，反而是由于基层治理本身存在的各类结构性矛盾没有得到有效根治，同时在技术引入后进一步加剧了基层治理中不同主体间的结构性张力才导致严重的不良后果，使基层治理数字化转型出现适得其反的情况。因此，从结构维度分析可以发现，中国目前基层治理数字化转型遇到的现实问题主要表现为三个方面：党建引领多元协同困难、党政机关条块关系冲突、资源下沉基层兑现疲软。

（一）党建引领多元协同困难

加强中国共产党对基层治理的领导是应对中国社会转型挑战的战略选择，是社会主义制度优势转化为基层治理效能的客观要求。回顾改革开放以来中国基层治理转型的历史进程发现，党建几乎在所有基层治理重要改革领域都发挥了突出的战略功能②，尤其是在推动治理领域条块协同③、

① 贺东航，孔繁斌．中国公共政策执行中的政治势能：基于近20年农村林改政策的分析［J］．中国社会科学，2019（4）：4-25.

② 王杰秀．基层社会治理专题研究［M］．北京：中国社会出版社，2021.

③ 马西恒，夏军．城市与社区党建内涵与体系［M］．上海：学林出版社，2005.

社会组织有序发展①、拓展社区治理网络②等方面发挥了关键作用。③ 2017年中共中央和国务院出台的《关于加强和完善城乡社区治理的意见》，明确提出要发挥基层党组织在城乡社区治理中的领导核心作用。实践中，在中国共产党的领导下，基层治理各方主体如何协同有序参与是一个共性问题，特别是党建引领基层社会治理面临很多亟待突破的现实问题。比如，在城市街道目前普遍建立党建协调委员会、构建区域化党建工作机制，来加强党对基层治理的领导，但实际落实起来面临很多困难。再比如，如何全面落实社区党组织对辖区范围内各类组织、各项事务的领导权？如何增强社区和村党组织的政治引领力、思想动员力、群众组织力和社会号召力④？如何在村社治理中扮演好政策执行者、资源整合者、利益协调者的角色，逐步构建起党建统领的治理共同体？等等。这些问题在G镇乃至全国各地的基层治理实践中或多或少存在。正如调研中一位地方政府部门领导所言：

中央要求全面加强党的领导，我们要把党的领导贯穿到基层治理全过程、各方面，这是一个政治任务，也是我们的制度优势；上面指明了方向，但实践中我们基本上还是摸着石头过河，一边学习一边琢磨、一边探索一边总结；在推行数字化改革中，这种情况可以说是贯穿始终，数字化改革必须讲政治，要在党建引领这个框架和前提下谋划开展工作。（访谈记录：ZH20220828CXD）

据调研了解，在浙江省委、省政府发起的数字化改革号令推动下，G镇领导班子积极作为，努力探寻党建引领下多元协同参与治理的有效模式。一方面，积极探索党建规范工作指引。坚持以标准化引领规范化，对

① 黄晓春．当代中国社会组织的制度环境与发展［J］．中国社会科学，2015（9）：146-164+206-207.

② 李友梅，等．静静的改革：上海浦东嘉兴大厦楼宇党建实证研究［M］．上海：上海人民出版社，2005.

③ 全国党的建设研究会．全国城市基层党建工作理论研讨会资料汇编［M］．北京：党建读物出版社，2019.

④ 习近平．决胜全面建成小康社会 夺取新时代中国特色社会主义伟大胜利：在中国共产党第十九次全国代表大会上的报告［N］．人民日报，2017-10-28（1）.

村社党建工作进行全过程梳理，在完善工作准入机制、细化村社事务清单的基础上，针对居民素质、资源禀赋、区位因素、信息化基础等特点，从组织设置、班子建设、党员管理、志愿服务、人才培养、场地建设、经费保障等各个方面，明确村社党建“做什么”“怎么做”“做成什么样”，把抽象的基层党建工作内容转化为看得懂、记得住、用得上的使用说明，不断推进党组织建设标准化、党员管理标准化、治理模式标准化、服务阵地标准化，使每个党组织定有标尺、做有方向、评有依据。另一方面，不断完善党建引领多方协同机制。突破村社党组织传统建制，强化党建共建机制，建立“专职委员+兼职委员”模式，通过党建引领协调社会力量，完善村社党委议事机制、决策机制、监督机制，吸纳居委会、社区工作站、业委会、物业公司、辖区单位、社会组织等组成社区治理委员会，构建形成村社党组织行使领导权、居民代表大会行使决策权、村社治理委员会行使执行权、村社监督委员会行使监督权的多方协同治理机制，实现党建引领有力、党员群众共治、成果全面共享。此外，积极创新融合式智慧党建。加快村社智慧党建应用场景开发，通过党建和村社事务多跨协同、流程再造，对党建的组织、队伍等优势资源，以及协商议事、邻里互助、小区活动等场景进行数字化处理，打造“数字孪生社区”，实现组织资源高效动员和治理资源有效供给。精准对接居民诉求，围绕环境整治、业委会选举、物业服务评价等，定期开展云端居民议事、云端民主评事，推动多方主体广泛参与村社自治。针对居民专业技能分享、互助信息发布、兴趣社团组建等需求，为居民提供零距离、零延迟的“扩容服务”，让智慧党建自带“流量”、真正“圈粉”。

调研发现，G镇数字化改革过程始终坚持党建引领基层治理的根本遵循，坚持系统布局，将党建工作列入未来社区、未来乡村建设重要内容，做到同谋划、同部署、同落实；坚持分类推进，区分“整合提升类、拆改结合类、拆除重建类、规划新建类、全域类”等不同类型，突出党建引领的聚焦点和着力点，分类梯次推进；坚持整体协同，加强组织体系、运行机制、支撑保障各环节各要素协同，强化数智赋能提升未来社区、未来乡村党建工作质效，努力做实做优共同富裕现代化基本单元，为我们分析探讨在党建引领下推进基层治理数字化转型奠定了实践基础。

（二）党政机关条块关系冲突

政府内部的条块分割与中国长期以来的行政体制改革密切相关，条块关系由条条与块块组成。条条即垂直管理，块块即地方分级管理，二者共同构成了中国国家治理体系的关键特征，是调整中国中央集权与地方分权关系，以及部门之间、部门与各级政府之间关系的重要构成要素。①而目前基层条块关系的矛盾主要与中国改革开放以来条块关系的演变过程密切相关，总体而言便是由于各条线的垂直管理和来自上级政府（地市级及以上）的权力过大影响了基层政府的能动性，使基层治理工作难以协同推进。

一方面，从中国条块关系的整体演进过程来看，改革开放以来中央为进一步激发地方政府活力，在推进地方分权改革的进程中将一部分中央部门职能以及干部的管理权和控制权下放地方，使地方各级政府获得了相对较大的自主性，出现了“块强条弱”的体制性变化，但也逐渐引发了中央集权与地方分权的结构性矛盾，即中央的政策意志难以有效通过地方政府得到贯彻落实。这一情况从 2003 年开始逐步扭转，并随着党的十八大以来新一轮行政体制改革的推进得到显著改善，即主要是通过新建一批中央职能部门，并强化中央对纪检监察的垂直管理，使各条线能够有效贯彻中央意志；与此同时，中央依靠各条线进一步强化了对全国范围内各项工作的统筹能力，地方政府的工作安排除纪委监委监督外，也受到各条线职能部门的监督，推动形成“条强块弱”的新变化。②访谈中一位对此问题有深入研究的学者表示：

条块分割的行政组织体系是客观存在的，每一次行政体制改革都会根据现实需要进行优化，但是实际上无论政府怎么改革，条块矛盾都会存在，党和政府需要根据现实需要不断地深化改革，力图朝着整体协同、高

① 李元珍．对抗、协作与共谋：条块关系的复杂互动［J］．广东社会科学，2015（6）：201-210.

② 曹正汉，王宁．一统体制的内在矛盾与条块关系［J］．社会，2020（4）：77-110.

效共治的方向努力。（访谈记录：BJ20211105HYL）

另一方面，从基层政府的条块关系演进过程来看，基层政府经历了从上级政府集权、垂直管理收权，到中央逐步拓宽改革放权的发展变化。从20世纪90年代开始，上级政府对基层政府的集权便逐步强化，这体现在由分税制改革造成的财政权力向上集中，使乡镇一级政府财力吃紧，并伴随着“乡财县管”制度铺开，使乡镇财权逐步虚化。与此同时，随着21世纪中央垂直管理的逐步强化，各条线逐步将下放到乡镇站所的权力收回到市县层级，使乡镇变得更加虚弱，与最初试图单独成立一级政府的目标渐行渐远，逐渐成为依附于县级政府的派出机构。① 但随着基层政府社会治理能力的逐渐减弱，中央也逐步推进了相应的基层改革，旨在为基层政府放权扩权，包括强县扩权、省直管县等，但其背后的体制性问题依旧没有得到有效解决。② 随着党的十八大以来“放管服”改革的持续深化，顶层设计逐步落地，逐步形成了中央倡导、地方自主推进的良性互动局面。③ 但如何做到不断提升基层党政部门的适应性和回应性，有效破解碎片化治理的顽疾，仍旧有很大的探索空间。特别是在回应性方面，访谈中一位教授表示在基层治理中要树立回应性治理的理念，提升回应性治理能力：

回应性治理主要指的是政府为了提升治理绩效和公众满意度，以公众需求为导向，以政府的法定职责为基础，以公共服务供给为核心，以供需衔接为关键，以数字平台为支撑，推动公共治理有效实现政民互动、政社互动、政企互动的过程。目前在中国的基层治理实践中，探索出了一些回应性治理的典型样本，比如北京探索实行的“街（乡）吹哨、部门报到”“12345接诉即办”，努力做到“民有所需，我有所应”；浙江探索实行的“最多跑一次”政务服务改革，强调的也是政府对公众诉求的高效快捷的

---

① 过勇，贺海峰．我国基层政府体制的条块关系：从失调走向协同［J］．经济社会体制比较，2021（2）：90-100.

② 赵树凯．县乡政府治理的危机与变革：事权分配和互动模式的结构性调整［J］．人民论坛·学术前沿，2013（21）：14-30.

③ 郁建兴，李琳．当代中国地方政府间关系的重构：基于浙江省县乡两级政府扩权改革的研究［J］．学术月刊，2016（1）：101-116.

回应；还有其他地方在市域社会治理、基层社会治理的改革探索中，对街道、社区体制机制进行了调整和优化，目的也是注重提高政府的适应能力和回应能力。（访谈记录：SC20220825JXP）

以此为背景，一些地区的基层治理数字化建设在没有解决基层政府面临的条线矛盾的情况下便开始加码，并试图依托数字化激发基层治理工作效能。从短期来看，这一尝试的确能够提升基层的工作效率。但从长期看，一方面，由于基层政府面对的条线矛盾没有根治，反而造成上级政府及其组成部门之间能够更加便利地利用数字化平台向基层政府布置工作，且使条线部门之间以及条块部门之间出现隔阂，其代价便全部交由基层政府买单；另一方面，由于基层政府原先就没有相对足够的人员配比，上级政府的条线矛盾又进一步加剧了基层政府人员的工作负担。笔者在G镇调研中就发现，虽然多数受访者认可数字化改革的方向和前景，但在推进过程中由于更多的改革动力首先来自上级的压力传导，加上各条线信息化基础不在一条水平线上，条与条之间、块与块之间存在很大差异，因此在数字化平台不断升级改造过程中，每当新上线一个数字化应用系统或数据模块，就要求基层迅速提供信息、上报数据、配合进行测试等，由于这项改革的要求高、时间紧、任务重，导致基层感觉到压力很大，很多基层干部特别是社区工作者觉得跟不上节奏、有些疲于应对。

基层政府因条块矛盾而造成的数字化转型难题反映了一些地方政府由于对整体的条块矛盾缺乏结构性认识，最终造成基层政府为条块矛盾买单的不良后果。与此同时，政府内部的结构性问题不仅会落到基层政府，还会逐渐下滑到基层社会治理中，对基层干部、群众都提出了很高要求，但目前很多基层干部的能力、水平跟不上，难以适应改革要求。正如G镇一位领导所言：

上级动动嘴，下面跑断腿。婆婆太多，上头哪个部门、哪个领导提的要求，我们在基层都得听、都得落实。对于数字化改革，绝大多数的基层干部在思想认识上还处于一个学习适应阶段，能力、水平一时半会儿自然是跟不上的。（访谈记录：ZHXG20211225CYS）

（三）资源下沉基层兑现疲软

自党的十九届四中全会提出“推动社会治理和服务重心向基层下移，把更多资源下沉到基层，更好提供精准化、精细化服务”的要求以来，全国各地开展了不同形式、不同思路的基层治理创新，但到目前为止各地仍旧处在深层次的探索和改革过程中，同时一些创新举措也和当地发展条件息息相关，存在一定的推广障碍。但从理论上看，治理资源下沉基层困难的本质在于社会治理体系的结构性重塑，换句话说，就是在既有的自下而上的科层结构基础上，围绕自下而上的社会治理体系建设逻辑重塑当前的基层治理体系。因为完善党建引领、政府负责、民主协商、社会协同、公众参与、法治保障、科技支撑的社会治理体系①，实际就是针对当前各类社会治理问题作出的制度安排，其矛头是向下扎入社会解决问题去的，因此相关资源配置也必须根据解决社会问题、推动社会发展的实际需要进行下沉、合理配置。其中的结构性矛盾在于，自下而上的资源配置需要自上而下高效运行的科层组织体系配套，方可增强基层治理的回应性、服务性和系统性。因此，需要通过健全完善社会治理体系实现结构性重塑，从而将治理资源有效下沉。对此，我们结合贯彻落实《中共中央 国务院关于加强基层治理体系和治理能力现代化建设的意见》，或许可以从政府治理、社会调节、群众自治等层面展开进一步探讨。

第一，从政府治理层面看，前文已提到政府内部的条块矛盾从结构性角度给基层政府造成的不良影响。但社会治理重心下移带来的更棘手的问题在于，不仅要解决条块矛盾给基层政府造成的实际负担，还要在理顺条块关系的基础上进一步推动政府内部的体制改革，改变基层政府中条块关系倒挂的现实情况，一些地区甚至陷入镇级体制、县级工作量、市级要求的窘迫境地②。而目前在很多地方的改革实践中，多数以整合县级职能部门服务基层为抓手，但相关推进工作并不仅局限于县级层面，很多地方是

① 中共中央关于坚持和完善中国特色社会主义制度推进国家治理体系和治理能力现代化若干重大问题的决定［N］．人民日报，2019-11-06（1）．

② 张占斌．新型城镇化与省直管县改革研究［M］．北京：商务印书馆，2018.

通过市级乃至省级层面的统筹协调才能将相关改革有效落地。而之所以如此大动干戈，原因也在于先前提到的要对标社会治理体系实现政府内部自下而上的结构性重塑。因此，只有将关键条线部门的工作重心转向社会治理，才能给基层政府提供必要的专业性支持，同时摆脱基层政府人员倒挂、人才流失等窘境。

第二，从社会调节层面看，社会资源可被视为不受国家权力和地方政府控制引导的、分散于社会领域中的相应资源①，在现实中既包括体制内的社会资源，例如一些政府扶持的社会工作机构等，也包括体制外的不受政府控制的其他社会资源。在如何推动社会资源参与基层社会治理方面，目前政府大多通过体制内的社会资源服务基层，例如通过购买社会工作服务开展社区治理，购买高校的相关技术力量服务基层治理等。但这种依托体制内的资源供给借助社会力量开展基层治理工作的方法仍旧属于一种自上而下的制度逻辑，与那种试图深层次整合社会力量的社会治理体系的总体路径仍存在一定差异。换句话说，要从自下而上的问题导向出发，并从体制外的社会力量中整合并汲取资源服务社会治理，才能有效、及时地提高社会资源在基层治理中的广度和深度，因此，社会调节的结构性重塑也成为治理资源下沉的又一个关键问题。特别是伴随着治理现代化全面推进，社会利益分化加剧、社会需求日益多元，政府在基层治理领域亲力亲为显得“心有余而力不足”。同时治理现代化的目标也要求政府通过权力的下放将部分社会职能授权给其他治理主体，政府的角色逐渐向协调者和监督者转变。社会组织、社区组织和企业则扮演“中介者”和“服务者”的角色，成为推进基层治理的重要力量，负责提供社区公共服务，供给各类公共产品，满足社区居民的社会服务需求。但长期以来由于不同城市受传统基层治理体制影响的差异，不少基层政府仍难以摆脱独自管治社区事务的路径依赖，社区组织、社会组织和居民的参与意识并未完全觉醒，所掌握的社会资源也极为有限，自主性难以发挥，各治理主体间互动合作治

① 郑永年，黄彦杰．制内市场：中国国家主导型政治经济学［M］．杭州：浙江人民出版社，2021：372.

理效果大打折扣，在这种情况下采取居社分离或社区自治模式反而导致整个基层治理的僵化低效。①

第三，从群众自治层面看，推进社会治理重心下移本质上就是筑牢基层群众自治制度的基石，有效回应基层群众面临的各项治理问题。群众性自治制度是我国社会主义基层民主政治制度之一，是最广泛、最直接、最生动的全过程人民民主。《中共中央关于坚持和完善中国特色社会主义制度、推进国家治理体系和治理能力现代化若干重大问题的决定》指出：“基层群众自治制度，是指人民群众在中国共产党的领导下对农村村级、城市社区公共事务和公益事业直接行使当家做主民主权利的政策、法规、程序、规范的总称，是伴随新中国发展历程而生长起来的基本政治制度。”② 在基层社会治理实践中，推动强化群众自治是其中不可或缺的构成，是党和政府十分重要的工作内容。因此，无论是在学术研究还是在社区实践中，党建引领多元共治长期以来便是开展群众自治的重要指导原则，即通过基层党组织带动实现社区不同主体的有效整合，推动形成共建共治共享的社区治理共同体。从现实情况看，在一些群众自治过程中，受到自上而下科层制的长期影响，导致一些生活在社区的“群众”对基层组织动员存在明显的形式主义，甚至存在不配合、不参与的情况，由此造成一个社区住满高层次居民，但整合难度大大提高。因此，如何通过结构性的重塑将自上而下的科层意识加以扭转，向自下而上的广泛性群众参与推进，仍是需要进一步研究解决的难题。

综上，前述从三个层面系统呈现了当前基层治理资源下沉难的不同维度，但总体上表现为要实现从自上而下的一般化科层体制向自下而上的社会治理体系的方向完成结构性重塑。对此，应该进一步看到，其中的关键点在于如何有效发挥党组织在不同维度的统合、引领作用。从中国目前各地的相关改革实践中不难发现，各级党组织既是保障各项制度稳定运行的

---

① 蔡小慎，牟春雪．治理现代化背景下我国城市基层治理模式的比较与选择［J］．学习与实践，2016（2）：65-72.

② 中共中央关于坚持和完善中国特色社会主义制度、推进国家治理体系和治理能力现代化若干重大问题的决定（辅导读本）［M］．北京：人民出版社，2019：231-232.

关键，同时也是推进改革灵活多变的能动因素，其关键便在于如何推动各级党组织内部的结构性衔接，由此推动实现结构性重塑，系统性改革政府治理、社会调节、群众自治中自上而下的结构性问题，朝着自下而上的基层社会治理现代化的方向发展，才能有效发挥党组织的作用。而数字化引入的关键在于依托各级党组织的实质性转变，才能有效地推进数字化给结构转型带来的改革红利；反之，在党组织并未推进结构转型的基础上引入数字化，只会加剧科层结构自上而下造成的问题下沉，而不会对基层治理数字化转型产生正面反馈。

二、基层治理数字化转型的结构性逻辑

前述基层治理数字化转型面临的结构性问题充分体现了基层治理体系的优化与数字化转型之间的主次关系，即基层治理体系本身的结构性重塑是决定数字化转型的重要因素，而要成功实现基层治理数字化转型，其关键也在于基层治理结构的改革调整。在厘清了这一部分后，需要进一步理解为什么当下需要以数字化转型来推进基层治理现代化，数字化转型与基层治理之间究竟呈现出怎样的结构性关联，使数字化成为推进基层治理现代化改革的重要推动力量？对此，本章节试图探讨基层治理数字化转型背后的结构性逻辑，包含着以数字化推进国家意志、政府治理和基层社会之间的结构优化与调整（见图 2-1）。

（一）调和国家意志与基层治理结构性张力

国家意志和政府治理的关系，是典型的多层级委托-代理关系。中国长期以来较大的版图面积使政府治理形成了庞大的行政官僚体系，由此形成了中央对地方进行放权或集权改革的不同尝试。然而，对于大规模国家治理而言，中央与地方的关系始终是不可回避的主题。于是，有效解决中央与地方之间的内在张力，实现国家意志与政府治理的有机统一成为国家治理现代化的重要问题。从中华人民共和国成立以来中央对地方不同时段、不同程度的行政体制改革中可以明显看出到国家意志针对政府治理适应国家发展需要作出的重要政策变化及其关键特征。总体来说，其变化大

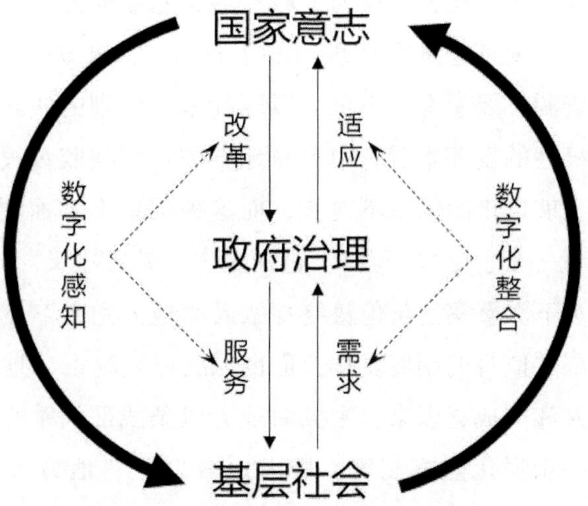

图 2-1 基层治理数字化转型的结构性逻辑

致可表现为从集权到放权再到集权的趋势，在前期不同阶段，国家为了不同需要利用职能部门强化中央权力，或通过简政放权、职能下移激活地方发展，由此形成了以条块关系为基础的中央与地方互动体系，成为国家纵向治理体系的整体逻辑。

自中国特色社会主义进入新时代以来，为加快推进基层治理体系和治理能力现代化，客观要求同时增强中央和地方两个积极性。一方面必须赋予地方一定的自主性，尤其是推动地方职能部门的协同下沉以适应当地基层治理的现实需要，避免出现条线之间以及条块之间的内耗和纠纷；另一方面又必须强化中央对地方工作开展的有效监督和控制，避免出现“地方主义”偏离中央的决策部署和国家意志。面对这一情况，必须从理论上区分中央和地方两个积极性在实质要求上的差异，并从中看到科层制权力结构本身的内在属性。一方面，从地方积极性来看，要切实推进基层治理体系的深化改革，就必须从结构上突破既有资源的束缚，获取新的治理资源以回应社会需求。但中国的行政体制中资源对结构有较强的依附性，政府内部的结构调整从某种程度上便伴随着行政资源的相应转移，这一情况在前述中华人民共和国成立以来中央与地方的互动关系中表现显著，尤其是在中央通过条线收权、地方块块向上收权后，基层便处在一种无人问津的尴尬境地。因此，要推进社会治理重心下移就必须推进相应的结构调整，从而使更多的资源、要素有序下沉，以匹配基层治理的实际需要。另一方面，从中央积极性的发挥来看，中央对地方的管控与监督很大程度上是由于中央与地方长期以来的信息不对称，而这种信息不对称便可能造成地方对中央的“明里一套、暗里一套”，进而滋生“地方主义”。对此，历史上曾长期出现中央下派督察官员但最终却融入“地方主义”的情况，甚至有朝代出现官员层层监督的制度安排，但也无法完全制止“地方主义”的滋生。中华人民共和国成立以来，中央对地方以条线部门垂直管理形式强化中央权力，进一步强化监察制度，极大地减少了“地方主义”出现的可能，与此同时也对地方的积极性发挥造成不同程度的影响。从本质上看，中央对于地方的不信任在于地方的信息隐匿，强化对地方的信息监管、打通中央和地方的信息屏障便是中央和国家意志的重要诉求。而随着经济社会的快速发展，信息对于科层结构而言尽管长期以来也必须依附于权力结构中的科层官僚，但实质上其只是需要依附于某一特定载体，而一旦这一特定载体由中央控制，便能够对地方政府的关键信息进行有效监控，从而实现信息对不特定主体的绝对依附。

在上述情形下，数字化的技术治理引入便成为推动解决中央和地方两个积极性问题的可行方向。一方面，技术治理为信息提供了一个独立于科层权力结构的关键载体，通过信息化载体的纵向打通，实现关键信息的上下流动，从而强化中央对地方的信息感知，并根据信息的大数据分析对地方实际需要作出相应政策调整和有效赋权，成为国家意志推进地方改革的重要工具和有效支撑；另一方面，依托数字化转型手段，使地方政府进一步实现信息公开，打破原先由于条块割裂形成的数据屏障，推动形成一体化的信息工作平台，从而在有效推进科层制权力结构的内在重塑的过程中不影响中央对于地方治理信息的获取和分析，也进一步实现结构内部的有机调整，推动更多治理资源的基层下沉，改变单一的自上而下的权力结构，推进基层治理的深层次结构性改革。

综上可见，通过信息化的引入，能够逐步推进国家意志及其代表对条块关系及其实际执行结果的感知，从而在赋予地方政府治理更大自主性的同时实现对地方政府关键信息的掌握和分析，并根据信息呈现的内在特征进一步推进改革举措，系统谋划完整统一的整体改革过程。与此同时，政府内部的条块关系也能够不断适应国家改革需要作出相应的结构性调整，同时也避免由结构调整的地方自主性增强造成的信息不对称，实现中央对地方政府的改革要求与地方治理对国家意志的适应调整的有机统一，并逐步转变政府结构，推动形成“两头加强、中间支撑与传递”的基于数字化推进的组织结构。① 正如受访的一位对浙江省数字化改革非常熟悉的知名专家所言：

现在我们搞数字化改革，重点是要以数字政府建设为牵引，推动行政体制机制改革，增强国家信息能力，形成自上而下和自下而上相互贯通、信息共享的政府治理体系，既要民主集中，更要充满活力，通过技术手段、机制创新消解、对冲结构障碍，建设高效运行的灵巧型政府。（访谈记录：ZH20211027YJX）

（二）提升政府治理能力回应社会发展需求

历史上基层治理曾长期维持着皇权与绅权的“双轨政治”，且政治实践长期依赖一个高度集权却又试图尽可能保持简约的中央政府②，根据政权巩固和政府治理需要对社会问题作出适应性回应。也因此出现了地方绅权与代表皇权意志的官僚集团的冲突和博弈，形成了皇权不下县、下县靠乡绅的国家治理图景。但值得注意的是，在以基层为场域的皇权、绅权与群众的互动结构中，绅权并不是代表社会利益的主要群体，相反是试图进一步攫取社会利益的、依附于皇权的统治阶层的一部分，甚至是压榨社会底层群众利益的核心力量，是封建势力存留于帝制时期的重要证据之一。③ 因此社会力量始终未得到良性发展，尤其是商人群体尽管可能做到富甲一

---

① 何哲．新信息时代中央地方职能与纵向治理结构变革趋势探析［J］．电子政务，2019（12）：35-43.

② 黄宗智．集权的简约治理：中国以准官员和纠纷解决为主的半正式基层行政［J］．开放时代，2008（2）：10-29.

③ 王亚南．中国官僚政治研究［M］．北京：商务印书馆，2010.

方，但依旧会阶段性放弃扩大再生产，转而投入买田置地与捐取功名的地主和士绅的身份转型中，放弃自身作为社会中崛起势力的持续投入，转而寄希望于获取各种士绅特权来保证家业传承①，使古代的社会发展难以实现。

到了近代，保甲制成为国家推行的基层治理手段，但由于近代中央集权以及地方军阀对区域管控能力的衰弱，保甲制过度摊派的恶政一方面驱逐了通过保护民众获得区域权威的开明士绅，另一方面则加大了对社会的盘剥力度，从而使国家的近代化野心和社会的内卷化弊病相互交织②，让基层治理的根基受到难以弥合的伤害。近代中国也由此出现了基层治理危机，典型地表现为由晚清地方势力推动形塑的财政军事权力地方化，成为民国初期各地军阀打造的高度集中统一的区域性财政军事政权的关键制度遵循。③

中华人民共和国成立后，在计划经济时期，国家对社会全包全揽，从而使基层社会完全被国家权力裹挟。直到改革开放后国家权力对社会“二次退却”④，基层社会如何治理才逐渐成为国家反思和探索的重要课题。党和国家也曾一度出现对村民、居民能够实现自我管理、自我教育、自我服务的期盼，要求国家权力对社会进行适度干预，并由党组织引导社会自治逐步发展⑤，大力支持基层群众自治。但如前所述，中国基层社会由于长期受到国家和依附于国家势力的其他精英阶层的控制，缺乏必要的自我发展和自我成长。因此，随着村民自治和居民自治的深入推进，基层社会并不能在短期内形成成熟而有效的自我管理、自我教育和自我服务，于是基层政府作为核心治理主体的重要性再次凸显，基层自治也随之出现行政化

---

① 黄宗智．华北的小农经济与社会变迁［M］．北京：中华书局，2000.

② 杜赞奇．文化、权力与国家［M］．南京：江苏人民出版社，2003.

③ 李怀印．现代中国的形成［M］．桂林：广西师范大学出版社，2022：383.

④ 周其仁．中国农村改革国家和所有权关系的变化（上）：一个经济制度变迁史的回顾［J］．管理世界，1995（3）：178-189.

⑤ 林尚立．基层群众自治：中国民主政治建设的实践［J］．政治学研究，1999（4）：47-53.

转向。[①] 在一段时期内，由于中央与地方在结构调适的博弈中试图形成对地方的有效控制，以及税制改革后基层政府对社会的政权悬浮[②]，基层治理长期处于一种任务重、资源少的境地，仅维持基层政府的有效性，而较少考虑社会治理的有效性，从而将运动式治理作为基层治理的常态操作[③]，但这种治标不治本的情况也使基层社会治理如何有效深入实施成为现实问题。

因此，在国家推进社会治理重心下移的新的时代背景下，如何使政府更好地回应社会发展需要，推动社会进步成为重要课题。这就需要通过政府内部的结构调整，不断提升基层政府的服务能力和回应能力。现实情况是，由于政府内部职能部门之间的条线分立，各种资源难以有效整合，由此对能够一体化整合条线部门资源、实现对社会需求有效回应的结构优化工具产生了现实需求。在此背景下，通过推动基层治理数字化转型，可以从结构层面实现对条线部门资源的一体式整合，及时有效回应社会需求，实现基层治理能力与社会发展需要之间的内在优化衔接。以G镇为例，之所以推进数字化改革，除了来自上级的政治要求，也与自身经济社会发展到一定阶段出现了一些必须通过改革创新解决的政府与社会治理问题有很大关系。G镇作为杭州市X区第一大镇，由过去三个镇经过多次行政区划调整合并而成，地理位置特殊，经济比较发达，外来人口比重高，又被选作亚运会重要赛事举办地，一方面面临很好的发展基础和机遇，另一方面面临快速城镇化过程中庞大体量下基层治理的巨大压力。在G镇试点未来社区建设以前，老镇区1500亩以上的范围是连片待改造更新的老旧小区，6万多人住在那里，其中大批属于“城中村”居民。如何让这些“村民”变成城镇“居民”，同时提升全体原住民的生活服务便利水平和文明素养，是当地党委政府必须研究破解的难题，也是未来社区建设的重要内容。由

① 徐勇，赵德健．找回自治：对村民自治有效实现形式的探索［J］．华中师范大学学报（人文社会科学版），2014，53（4）：1-8.

② 周飞舟．从汲取型政权到“悬浮型”政权：税费改革对国家与农民关系之影响［J］．社会学研究，2006（3）：1-38.

③ 欧阳静．论基层运动型治理：兼与周雪光等商榷［J］．开放时代，2014（6）：180-190.

于G镇是X区最富裕的乡镇，工业发达，在快速城镇化过程中，平安建设的压力很大，因此必须通过改革创新解决矛盾，为高质量发展创造安全稳定的有利环境。正如G镇领导所言：

我们是全区第一大镇，面积大、管理体量大，与一般的镇街相比，我们这里的矛盾纠纷和信访问题更多，平安创建的工作压力更加突出。为了营造一个安全稳定的环境，更好地服务经济建设、社会发展，我们必须实事求是，坚持问题导向，想办法解决这个问题。因此，在数字化改革启动后，我们首先把“平安建设”驾驶舱摆在首要位置打造，试图通过数字化的路径来提高我们的基层治理能力。（访谈记录：ZHXG20211225CYS）

（三）增强国家信息能力扩大居民自主参与

如果想要解释国家之间或是国家内部随着时间推移在经济、政治发展方面的持久差异，首先便需要了解国家是如何获得有效执行政府政策能力的——这种能力通常被称为国家能力。国家能力通常被定义为“政府制定和执行规则以及提供服务的能力”①，“国家执行各种政策的体制能力”②，以及“国家工作人员对其政府领土管辖范围内的人员、活动和资源的控制程度”③ 等。在国家能力的划分中，可以横向将国家能力划分为基础性能力和专断性能力④，也可以纵向表现为显性的国家暴力垄断能力、财税支付能力，以及隐性的国家信息能力。⑤ 其中，国家信息能力可以被解释为一种可读性（legibility），即国家对其公民及其活动了解的广度和深度，这对于实现有效的国家治理至关重要。⑥ 而这种国家治理能力尤其表现为对信息的可读性，正如詹姆斯·斯科特（James Scott）所提到的，“国王的大臣们面对的只是一堆经过编纂的各地度量标准拼凑起来的杂物，每一个都

---

① FUKUYAMA F. What Is Governance? ［J］. Governance，2013，26（3）：347-368.

② BESLEY T，PERSSON T. Pillars of Prosperity ［M］. Princeton University Press，2011.

③ MCADAM D，TARROW S，TILLY C. Dynamics of Contention ［M］. Cambridge：Cambridge University Press，2011.

④ 迈克尔·曼. 社会权力的来源（第一卷）［M］，刘北成，等，译. 上海：上海人民出版社，2015.

⑤ 刘瑜. 可能性的艺术：比较政治学30讲［M］. 桂林：广西师范大学出版社，2022.

⑥ LEE M M，ZHANG N. Legibility and the informational foundations of state capacity ［J］. The journal of politics，2017，79：118-32.

不相同，就像每一个地区都在说着外人难以理解的并且不经宣布就随时变化的方言一样。国家或者要冒着将地方情况严重估算错误的风险，或者要严重依赖地方追踪者的建议，也就是依赖国王议会中的那些贵族和教士，而他们立即就会抓住权力所能带来的利益”。①

长期以来，各国中央政府为了能够有效识别并收集整理地方信息，而不得不倚赖于地方精英，类似这种现象甚至不仅出现在中央与地方的互动中，同样存在于基层治理中国家权力（代表）与乡村精英的长期合作中②，这也进一步解释了“委托-代理”关系背后长期存在的地方主义滋生的政治基础。古代中国通过相对严密的官僚体系和暴力机器的使用，较早地便能够实现对社会关键信息（例如人口、土地、财富等）的获取和收集，并尝试能动地根据相关信息对社会基础进行调节，例如北魏的租调制、唐代的租庸调制等，都是国家基于一定的信息能力改善社会民生的一种制度化尝试。

中华人民共和国成立后，由中国共产党领导的新政权拥有更强的基础性信息能力，在国家发展的不同历史阶段均表现出明显的重要价值，但在某种程度上仍旧无法避免关键信息的缺失，这一方面体现在科层体系内部信息的缺失，另一方面则表现为社会关键信息的缺失。关于中国科层体系内部的结构性矛盾以及国家对科层体系内部的信息不对称问题，前文均已涉及。而就国家对社会关键信息的把握，结合本研究来看，国家对于社会不同治理主体及其资源的关键信息把握的缺失，对基层治理现代化发展提出了重要挑战。而对于社会多元治理主体及其资源的关键信息获取，目前国家更多采取社会主体或资源体制化的方式实现对发展薄弱的社会力量的发掘与整合，即国家创造社会伙伴并将其纳入制度框架内形成国家创制社

---

① SCOTT J C. Seeing Like a State：How Certain Schemes to Improve the Human Condition Have Failed [M] . CT：Yale University Press，1998. 参见：詹姆斯 · C. 斯科特（J. C. Scott）. 国家的视角：那些试图改善人类状况的项目是如何失败的 [M] . 王晓毅，译 . 北京：社会科学文献出版社，2017.

② 贺海波 . 选择性合作治理：国家与农村精英的关系变迁 [J] . 社会主义研究，2014 (3)：99-106.

会，寓管理于社会创制之中。① 实践表明，这种体制化吸纳的方式的确能够有效引入更多的社会主体参与基层治理，但从某种程度上看更像是一种国家以及政府部门通过一系列方式寻求社会合作的尝试，从中也能够清晰看到国家相较于社会主体对于治理的认知更具有能动的把控和调节能力。

据调研了解，目前在G镇所有村社运行使用的“L家园”数字驾驶舱以及与之配套发挥作用的线下驿站为广大居民群众提供行之有效的信息交互平台，基本形成了多方共商共建共治共享的基层社会治理新格局。“L家园”数字驾驶舱以互联网为基础设施，利用“区块链+网格化”手段，通过“数字身份”“数字互动”“数字公益”“数字信用”“数字福利”“数字服务”六大功能区块，以“小程序、积分制、任务单、实体店”等途径，实现基层治理各个环节在互联网的实时映射。全镇75个村社全部实现“L家园”线上数字驾驶舱、掌上服务端和线下“LI MALL”村社驿站全覆盖。线下“LI MALL”村社驿站集成了“LI MALL”线下实体店、平安村社“数字工作室”、党群服务驿站等复合功能，面向居民群众提供休闲驿站、便民中心、志愿之家、阅览空间等多元化线下服务，建立了基层治理的线下平台和纽带。例如，“ZL在分类”是村社级垃圾分类监管中心，接入了每户每日参与情况、分类质量、积分排名的数据，可实现对参与率过低或过高、单次投放过高3类异常进行预警，做到联动式协同、智慧化分析。“L家园”服务端以新老G镇人需求为导向自主开发，通过微信公众号进入，无须另外安装App。服务端上线了“公益任务、邻里互助、意见反馈、民情圆桌会”4种主要互动形式，架起群众与政府、与村社沟通信息、反馈诉求的连心桥。调研中，G镇一位联系驻村书记表示：

现在我们的群众都可以通过手机实现镇村新闻一键通、公益任务一键抢、日常应用一键达。比如，政务公开应用清廉村社码上工程，通过全面

① 吴晓林，谢伊云．国家主导下的社会创制：城市基层治理转型的“凭借机制”：以成都市武侯区社区治理改革为例［J］．中国行政管理，2020（5）：91-98.

公示、全部纳管、全民监督，进一步促进监督的阳光化、透明化，有效增强了老百姓的参与感、获得感；还有线上议事应用“民情圆桌会”，是数字赋能基层协商的新模式，村社将热点话题变成议题，村社居民可以在线报名、在线抢单，按照预定的会议时间在线上会议室远程商议等。（访谈记录：ZHXG20211228KGM）

可见，数字化转型的引入能够在国家意志与政府治理之间、基层治理能力与社会需求之间有效调和的基础上，进一步统合国家信息能力与多元社会主体基于同一场域的共同参与。不同于互联网舆论治理的复杂性，以服务和回应社会需求推进基层治理为导向的数字化建设更多聚焦于特定专用性信息的获取，因此对参与其中的行动主体有着更高的识别度和更强的分析能力，而依托高质量的信息化服务既不断满足不同行动主体对美好生活的向往，也成为国家和政府进一步认识社会、感知社会，引导社会参与的重要途径和方向。正如有学者所言：“作为全面深化改革的总抓手，数字化改革是一场全方位的变革，牵一发而动全身，一子落而全盘活，改革带来的是系统性重塑，是一场制度革命，是从技术理性走向制度理性的跨越。”①

三、基层治理数字化转型结构调整进路

前文从理论层面回顾了基层治理数字化改革面临的结构性问题和转型逻辑，下文结合浙江省 G 镇的实践探索进行结构调整进路分析。

（一）加强组织领导统一思想认识

长期以来，观念制度在中国的行政体系中发挥着重要作用，其意在建立、维系或强化一个以统一体制为中心的体系。这不仅包括中央各项战略布局和意识形态的统一，还包括地方政府尤其是省级政府在获得一定自主权背景下为推进全省改革发展进行的思想统一。比如，21 世纪以来，浙江

① 张佳慧．整体性治理视角下政府数字化改革的实践探索与深化路径：以嘉兴市为例［J］．领导科学，2022（1）：116-119.

省一以贯之地扎实推进“八八战略”①，改革发展取得突出成就，富裕程度较高②，发展均衡性较好③，改革创新意识浓厚④，特别是在数字化改革方面走在全国前列。据调研了解，数字化改革已经成为浙江省全面深化改革的总抓手，是浙江省争创社会主义现代化先行省、高质量发展建设“共同富裕”示范区的重要牵引，也是目前浙江省努力建设“新时代全面展示中国特色社会主义制度优越性重要窗口”的重大标志性成果。

浙江省的数字化转型有多年的实践探索基础。以数字政府建设为例，浙江省走在全国前列。自2003年提出建设“数字浙江”以来，历届浙江省委省政府始终立足于为人民服务，坚持数字赋能推动政府治理体系和治理能力现代化，积极探索行之有效的好理念、好方法、好举措，探寻可操作、可复制、可推广的“浙江经验”。2014年浙江省建设电子政务云，形成“四张清单一张网”，开全国之先河。2016年浙江省率先推进“最多跑

① “八八战略”主要包括：一是进一步发挥浙江的体制机制优势，大力推动以公有制为主体的多种所有制经济共同发展，不断完善社会主义市场经济体制。二是进一步发挥浙江的区位优势，主动接轨上海、积极参与长江三角洲地区合作与交流，不断提高对内对外开放水平。三是进一步发挥浙江的块状特色产业优势，加快先进制造业基地建设，走新型工业化道路。四是进一步发挥浙江的城乡协调发展优势，加快推进城乡一体化。五是进一步发挥浙江的生态优势，创建生态省，打造“绿色浙江”。六是进一步发挥浙江的山海资源优势，大力发展海洋经济，推动欠发达地区跨越式发展，努力使海洋经济和欠发达地区的发展成为浙江经济新的增长点。七是进一步发挥浙江的环境优势，积极推进以“五大百亿”工程为主要内容的重点建设，切实加强法治建设、信用建设和机关效能建设。八是进一步发挥浙江的人文优势，积极推进科教兴省、人才强省，加快建设文化大省。参见：习近平．干在实处 走在前列：推进浙江新发展的思考与实践［M］．北京：中共中央党校出版社，2006：71.

② 2020年浙江生产总值为6.46万亿元，人均生产总值超过10万元。居民人均可支配收入5.24万元，仅次于上海和北京，是全国平均水平的1.63倍。城、乡居民收入分别连续20年和36年居全国各省区第1位。参见：国家发展改革委有关负责同志就《中共中央 国务院关于支持浙江高质量发展建设共同富裕示范区的意见》答记者问［J］．政策瞭望，2021（6）：23-26.

③ 以2020年数据为例，浙江城乡居民收入倍差为1.96，远低于全国的2.56，最高最低地市居民收入倍差为1.67，是全国唯一所有设区市居民收入都超过全国平均水平的省份。参见：国家发展改革委有关负责同志就《中共中央 国务院关于支持浙江高质量发展建设共同富裕示范区的意见》答记者问［J］．政策瞭望，2021（6）：23-26.

④ 浙江探索创造了“最多跑一次”等多项改革先进经验，创造和持续发展了“依靠群众就地化解矛盾”的“枫桥经验”，各地普遍具有比较强烈的改革和创新意识。

一次”改革，让数据多跑路、群众少跑腿。① 2018 年以来，浙江省委省政府将“最多跑一次”改革的理念方法运用到政府自身改革中，树立“整体智治、唯实唯先”的现代政府理念，基本建成“掌上办事之省”“掌上办公之省”。《浙江省数字政府建设“十四五”规划》明确提出，浙江数字政府以打造“整体智治”的现代政府为目标，以大数据、云计算、人工智能、物联网、区块链等新一代数字技术为支撑，以“业务数据化、数据业务化”为基础，以打造整体高效的决策运行体系、优质便捷的普惠服务体系、全域智慧的协同治理体系、公平公正的一网通管体系、开放共享的数据治理体系、智能安全的技术支撑体系为建设重点，通过数据驱动重塑政务信息化的管理架构、业务架构和组织架构，形成“用数据决策、用数据服务、用数据治理、用数据创新”的现代化治理模式。

此外，浙江省从中央最高层的指示和认可中还得到了很大的激励和赋权。2020 年 3 月，习近平总书记在浙江省杭州城市大脑运营指挥中心考察时强调：“运用大数据、云计算、区块链、人工智能等前沿技术推动城市管理手段、管理模式、管理理念创新，从数字化到智能化再到智慧化，让城市更聪明一些、更智慧一些，是推动城市治理体系和治理能力现代化的必由之路，前景广阔。”② 浙江省便借助逐级属地行政发包制，将财源的中央集中征收与地方分散多元筹措相结合，信息的中央集中采集与地方属地化控制相结合，法令和政令的集中性制定下达与地方多样性实施相结合，走出自身的治理创新道路。③ 以上这些为浙江省的数字化改革提供了强有力的政治保障和思想观念引导。

G 镇数字化转型探索是浙江省数字化改革的一个缩影，通过 G 镇以及浙江省的其他案例可以看出，基层治理数字化改革本质上必须通过高层意

---

① 2018 年 5 月 23 日，中共中央办公厅、国务院办公厅印发《关于深入推进审批服务便民化的指导意见》，特别把“浙江省‘最多跑一次’经验做法”作为典型经验之一向全国全面推广，将其视为深化“放管服”改革的重要路径。

② 中国政府网．让城市更聪明更智慧：习近平总书记浙江考察为推进城市治理体系和治理能力现代化提供重要遵循［EB/OL］．http：//www.gov.cn/xinwen/2020－04/04/content_5499045.htm.

③ 周黎安．行政发包制与中国特色的国家能力［J］．开放时代，2022（4）：28-50+5-6.

志的下达才能够形成可行的行动方案，这也是浙江省全面铺开整体智治改革的第一步。在省级层面，浙江省设立了深化“最多跑一次”改革推进政府数字化转型专题会议，并仅在省级层面就出台了《浙江省“城市大脑”建设应用行动方案》《浙江省数字化改革总体方案》《浙江省数字政府建设“十四五”规划》等11项政策文件进行顶层谋划，省委主要领导亲自研究部署各项工作，并通过省级文件要求各级领导将整体智治作为“一把手”工程，通过省发展和改革委明确了各条线部门的相应职责。① 上述改革思路及相应的举措实施，首先通过观念上的步调一致使整体智治理念从上到下进行了学习贯彻，相应的改革具体方案为基层政府指明了方向、提供了遵循——G镇的改革创新探索就是在这样的背景形势和任务驱动下进行的。

（二）高位顶层设计试点条抓块统

整体智治理念的产生旨在解决基层治理碎片化、条块分割等困境，其核心主要体现在治理结构的重塑及其过程的优化和治理功能的改善，其利用数字技术搭建底层架构，统筹各方资源，以形成高度整合的智慧治理模式。目前，在党政机关、企事业单位、社会组织等很多地方都存在治理资源分散、协同合力不强、服务意识“脱轨”等问题，这就要求多元治理主体打破传统治理模式遗留的“智能表象化”与“信息碎片化”僵局，借助技术手段打造整体性的智慧治理体系。这种架构既需要政府部门间的协同，还需要政府与非政府治理主体的协作参与，重视政企合作，广泛调动社会力量，形成多元互动的善治场域。② 调研中X区一位领导用执法改革的实践案例很直观地阐明了这一点。

我们这个地方城镇化水平比较高，社会治理的任务很重、难度很大，

---

① 这些政策文件明确要求坚持一体化推进数字化改革，即纵向要一体化，省市县乡各层级一体推进、步调一致、高效协同，实现自上而下的顶层设计和自下而上的应用场景创新相结合；横向要一体化，各部门各领域一体推进、步调一致、高效协同，实现相互贯通、系统融合和综合集成；业务之间要一体化，网络、平台、数据、场景要统筹规划、整体设计、一体考虑，发挥整体的最大效应。参见：袁家军．全面推进数字化改革 努力打造“重要窗口”重大标志性成果[J]．政策瞭望，2021（3）：4-8.

② 陶勇．协同治理推进数字政府建设：《2018年联合国电子政务调查报告》解读之六[J]．行政管理改革，2019（6）.

如何整合各方面的资源力量形成合力，解决基层治理难题，同时推进社会治理现代化是我们必须要解决的。以执法为例，基层执法任务很重，但队伍分散、人手不足，长期以来没有形成合力。这两年，我们利用全省上下大力推进数字化改革的契机，在X区开展了“大综合一体化”行政执法改革，取得了较为明显的成效。具体来说，就是区级层面全力对接镇街需求，坚持执法重心下移，因地制宜将300多项高频、高发、易处理的执法事项赋权给下辖的21个镇街，同时依据各个镇街的体量规模、地域禀赋和产业特点，坚持差异化分类推进，个性定制镇街赋权事项。一方面，按照浙江省统一的部署要求，全面加快浙江省执法监管数字应用平台的推广使用；另一方面，积极搭建“大综合一体化”行政执法改革职责透视平台和群众满意度指数评价体系，不仅有力探索了解决重大共性问题的科学路径，还同时助推了法治化营商环境的持续优化。我们不断加大整合基层社会治理力量的力度，积极推进镇街“综警网”队伍的一体化管理，实现队伍共建、社会共治，形成合力。通过建立首问责任制，将投诉举报、执法行动、日常监管、部门任务等全部交由镇街先行处置，重塑上级业务部门对基层的指导方式，实现由“一对多”到“多对一”的转变，更加突出源头治理、一线处置。权责统一、权威高效的“大综合一体化”行政执法新格局在我区逐步呈现。(访谈记录：ZHX20211031WWW)

同时，前文已经提到，基层治理的结构性问题主要在于基层政府的能力弱化和社会治理的复杂性之间的矛盾，这也是长期以来基层政府经历了“乡财县管”“撤乡并镇”等一系列改革后，其完整政府职能遭到严重剥夺的结果，甚至有学者称为“行政空壳”。① 但浙江省由于经济发展相对领先于全国大部分地区，因而基层政府面临的实际问题出现得更早，相应的基层政府扩权改革也较早出现。据调研了解，从2006年绍兴市5个镇的扩权改革开始，2007年浙江省级层面出台了第一份扩权文件，2010年出台了《关于进一步加快中心镇发展和改革的若干意见》，强调中心乡镇在城市化

① GRAEMS S. The hollow state：rural governance in China［J］. The china quarterly，2010，203：601-618.

中的作用，并将经济发展、社会治安、就业安保、户籍管理等相应职权一并下放，明确了非行政许可事项和行政许可事项的不同下放程序，将一批行政许可事项由县级下放到中心镇。随后浙江省出台的《关于开展小城市培育试点的通知》进一步规定，通过委托、交办、延伸机构等方式，赋予试点镇与县级政府基本先沟通的经济社会管理权限，而行政事项可直接上报省、市政府，县级不再实际履行审批权等。与此同时，相应的试点范围也在不断扩大，进一步推动了浙江全域的乡镇政府的扩权改革，在经济社会领域形成了结构性突破。①

在基层扩权改革的基础上，为进一步解决条块之间的矛盾，特别是跨领域、跨部门、跨层级的基层治理难事，2020 年 10 月浙江省委省政府选择在衢州全市域 6 个县（市、区）以及杭州市余杭区等 14 个试点县（市、区），部署开展了“县乡一体，条抓块统”改革。浙江省委改革办牵头，会同省委组织部、省委政法委、省委编办、省司法厅、省大数据局等统筹推进改革试点，各地坚持党建引领，差异化探索，推出了“一张事项责任清单”“一网智治指挥体系”“基层治理一件事”“一支队伍管执法”“一套县乡干部管理考评机制”“一个‘四治融合’城乡基层治理体系”等一系列改革举措。② 在明确责任边界的基础上，全省各地在监管执法、应急管理、纠纷化解、平安建设等重点领域，谋划推出了一批重要、高频、急迫、多跨的基层治理“一件事”集成改革项目。③

上述变革使基层治理从条的逻辑向块的逻辑实现了转变，使乡镇形成了“模块化改革”或“基层大部制”的“141”基层治理体系，变条块分割为扁平高效，重建机构、重组力量，最大限度地为乡镇赋权赋能，极力避免基层治理的“最后一公里”成为“断头路”。依托“基层治理四平台”，统筹综治工作、矛盾化解、应急处突、综合执法、市场监管等业务需求，加快打造县乡一体的综合指挥体系，“乡镇（街道）综合受理、部

---

① 郁建兴，李琳．当代中国地方政府间关系的重构：基于浙江省县乡两级政府扩权改革的研究［J］．学术月刊，2016，48（1）：101-116.

② 县乡一体 条抓块统：推进基层治理现代化的浙江实践［N］．浙江日报，2021-11-08. 网址：https：//news. hangzhou. com. cn/zjnews/content/2021-11/08/content_ 8090531. htm.

③ 同②.

门系统分类交办、站所人员现场处置、网格力量实地确认”工作闭环基本构建。G镇按照上级决策部署要求，结合实际，坚持“城乡一体，条抓块统”，按照“一件事”的逻辑，积极打造数字化协同治理场景。畅通信息渠道，落实落细杭州市深化横向到边、纵向到底的数字驾驶舱建设实行的“五级机长制”，重点贯通“镇-村”两级，最终精确到户和人，使所有数据信息形成一个总体的“仪表盘”，同时围绕公共服务与公共管理的痛点、难点、热点设计顶层架构，构建全镇“镇、村、户”一套三级管理的“L家园·数字驾驶舱”。

（三）技术治理驱动转向整体智治

基层治理数字化转型是一个长期的技术治理过程，分为多个阶段，涉及多个环节。G镇乃至整个浙江省的治理数字化转型实践探索呈现出鲜明的技术治理特征。政府技术治理既是现代信息技术创造问题域和权利域、公共需求样态转变亟待回应等外部推力的结果，也是政府为探寻治理创新路径、夯实公共权威的内生选择。① 大数据时代，通过利用大空间尺度的数据库和传感器，政府能够快速获取地理、人口、灾害等方面的数据，仪器观测的数据分为常规数据和异常数据；异常数据越多，治理的需求指数就越高，为政府、市场和社会合作共治奠定了技术基础。② 同时，人类正在快速进入信息社会，其主要特征之一是数字技术高度发展带来整个社会的数字化③，数据成为继土地、人力、资本、管理、技术之后新的生产要素。进入新时代以来，中国提出了治理体系与治理能力现代化的改革目标，技术驱动的政府治理转型在治理现代化和治理数字化领域呈现出新的变化④，倒逼政府行政管理改革，促进政务流程再造，颠覆了传统的治理范式。技术元素的加入为政府治理带来了新的突破，打开了数字政府建设

① 代佳欣．从割裂到弥合：政府技术治理何以可能与何以可为［J］．学习与实践，2020（11）：76-84.

② 江青．数字中国：大数据与政府管理决策［M］．北京：中国人民大学出版社，2019：100-102.

③ 尼葛洛庞帝．数字化生存［M］．北京：电子工业出版社，2017：17-29.

④ VOLKOFFO S E. Technological embeddedness and organizational change［J］. Organization science，2007（5）：832-884.

的政策时间窗口。①

浙江省数字化改革在“条抓块统”的基础上着力推进数据标准化建设工作，对从最初搭建政务信息网站，到后来的掌上应用数据，还有各类程序、智能组件等成千上万的数字资源以及分散在各地各部门的数据进行统一的数据分类和标准设定，实现部门之间、层级之间的信息沟通。省委省政府高位推动，通过省大数据局先统一了标准，除了公共数据，还明确了应用、组件、云资源等共 4 类数字资源。在全省整体部署了强力推动下，省市县三级 3430 个单位参与，对浙江全省政务信息化建设成果进行了系统总结，涵盖了 10129 个政务类数字应用系统。② 政府有关部门给梳理出来的数字资源做了唯一的身份编码，对系统运行依托的硬件资源、产生的数据资源、算法组件等通用模块都进行了分类编目，利用智能检索、图谱推理等数据智能技术进行精细化管理，推动全省政务数字资源“家底”实现一本账管理、一站式浏览。③ 这些实践探索为整个浙江省基层治理数字化的结构化建设奠定了平台基础，实现了基层治理平台数字化的结构再造。

整体性数字化改革为基层治理结构性变革提供了关键依托。通过技术下沉为“条抓块统”提供了优势结合的重要路径，浙江省提出了数字化改革的“1612”体系与基层治理“141”体系相衔接，基本涵盖了基层党委政府所有工作。各乡镇（街道）在迭代后的“基层治理四平台”基础上成立了综合信息指挥室，对“基层治理四平台”进行指挥、督导、考核。同时，从结构层面进行整体调整，将县乡两级职能部门相互配套，划入“基层治理四平台”的“4+N”工作平台。如此一来，从结构上实现了纵向到底的系统整合，从而有效提升了基层干部数字化治理能力，增强了基层干部对数字化的认知、理解，同时使其掌握了数字化治理的必备技能，为基

---

① 金登．议程、备选方案与公共政策［M］．丁煌，方兴，译．北京：中国人民大学出版社，2004：168，155.

② 施力维，应磊，王黎婧．IRS，把“信息孤岛”连成“数字大陆”［N］．浙江日报，2021-11-30（4）.

③ 同②.

层干部过程性的治理革新提供了重要保障。

调研发现，在以杭州“城市大脑”为代表的城市智慧治理平台打造带动下，全市各区乃至街道、乡镇积极响应，在技术革新推动的行政体制改革过程中依托技术平台逐渐构建起基层治理的新机制。如以数字驾驶舱为主要载体的“L家园”智慧治理系统平台，是G镇数字化治理的核心载体。其中，镇级数字驾驶舱打造了“1+4+X”的功能屏，即1个镇级指数屏，一屏归集33个业务领域和553项指标；4个区级统建屏，涵盖综合治理、城市管理、平安建设、智慧消防等功能模块；X个镇级特色屏，已推出垃圾分类、基治在线、交通治理、企业运行、志愿帮扶等模块。村级数字驾驶舱是面向村社的管理端，实现了与村社居民互动信息的实时汇聚、归集展示；具备村社运行、平安村社、清廉村社、应用中心、事件中心、特色场景六大板块；特色场景突出创新多跨协同模式，叠加迭代智慧养老、社区文化、全民学习等多种应用场景。

综上，浙江省G镇的创新探索为我们探究基层治理数字化转型的结构性技术进路提供了诸多启示——虽然G镇的模式还有待进一步检验。同时，客观讲，浙江省在数字化改革过程中也存在一些问题，但根据相关研究分析，其本质不是技术赋能对基层治理造成了上下不一致的问题，而是结构性的科层逻辑造成了治理的技术特征出现自上而下逐级减弱的趋势。[①] 正如有学者提出的类似观点——数字技术带来的信息化影响不是以任何直接的技术决定论的方式产生的，而是通过与广义信息系统相关的一系列认知、行为、组织、政治和文化变化产生的影响。[②] 加之中国国情与国外有很大不同，中国基于数字化的结构性变革不同于西方国家，因此数字化转型的难度很大，结构性改革可能具有一定的颠覆性——首当其冲的是思想上的颠覆，要从认知上使长期处于科层逻辑中的基层行政干部一步跨越到以信息技术为基础的新的工作逻辑中显然是一种相对猛烈的操作。结构性

① 陈那波，张程，李昊霖．把层级带回技术治理：基于“精密智控”实践的数字治理与行政层级差异研究［J］．南京大学学报（哲学·人文科学·社会科学），2021，58（5）：45-53.

② DUNLEAVY P，MARGETTS H，BASTOW S，Tinkler J. Digital Era Governance：IT Corporations，the State，and e-Government［M］．Oxford：Oxford University Press，2006：217.

改革本质上也是一种基于制度的规训。首先需要突破基层治理结构中的一些现实问题，再逐步推进数字化转型，因此这便是以浙江省数字化改革为代表的地方政府整体智治逻辑及实践进路。

第三章　过程优化：从“板结内卷”到“敏捷协同”

在政治体系中，从理想模型出发，当国家试图通过某种结构性的制度安排来表达其政治意图时，必须通过考察具体的执行过程来判断国家意志是否得到了有效贯彻（功能是否得到有效落实），从而确认结构的合理性，这也构成了“结构-功能主义”的理论逻辑。然而在现实中，政策的有效贯彻和执行仍旧是通过一套现代化的行政体系实现国家意志的，而行政体系内部不断发生结构调整以及相应的职能改变，尤其是在推进社会治理重心下移过程中，基层治理中长期以来存在的结构性问题使基层干部在多次磨砺中拥有了各种手段与策略来应对多样化的结构性变革和政策指令下沉。① 因此，如何有效地在结构调整背景下优化政府治理过程，促使官僚体系行动转型，便成为基层治理结构性改革后的功能预设是否能够有效实现的关键。数字化转型的本质意图是强化基层治理改革动力，而不仅仅只是提升基层组织工作效率。如果数字化转型仍旧是在结构性问题没有得到有效解决的情形下而展开的智治探索，这不仅不会带来数字化转型的真正成效，反而容易造成基层官僚以不变应万变的“板结”问题，同时加剧旧有机制的内卷，因此要真正运用数字化手段推动官僚体系优化转型，在此过程中重塑基层干部的思想和行动，使之产生内生性转变，由被动应对走向主动治理。

在此需要说明的是，由于中西方国情差异，我国基层治理过程的优化

---

① 周雪光．基层政府间的“共谋现象”：一个政府行为的制度逻辑［J］．社会学研究，2008（6）：1-21.

和完善必须首先完成对政府内部的过程优化，才能够有效改变并传导至社会力量以及多元的群众主体，由此发挥相应功能，因此本章关于基层治理过程的讨论主要聚焦于基层政府治理过程的优化与完善。

一、基层治理数字化改革面临的过程性问题

推动基层治理数字化转型尽管是当前提升基层治理能力、优化基层治理体系的重要方式方法，但如同前一章的结构转型分析部分提及的问题一样，在一个政治体系中如果未能触及结构调整而引入数字化，往往会导致更为复杂的后果，因此，针对基层治理数字化改革面临的问题，须从推动社会治理重心下移的方向着手，首先明确由行政体制结构性弊病所引发的过程性问题，再来探究如何能够在结构性改革的同时引入数字化手段实现对治理过程的优化。具体从行政体制的结构性弊病与过程性问题间的关系来看，可以看到中国行政体系中纵向的科层制权力结构随着层级下探，呈现出三种现象，即权责传递不同步（责任往下跑，权力往上收）、资源传递碎片化、信息传递内卷化，而相应的政府行政过程也出现权责传递的避责、资源传递的补漏、信息传递的共谋现象（见图 3-1），导致具体行政流程和工作机制的板结与内卷。

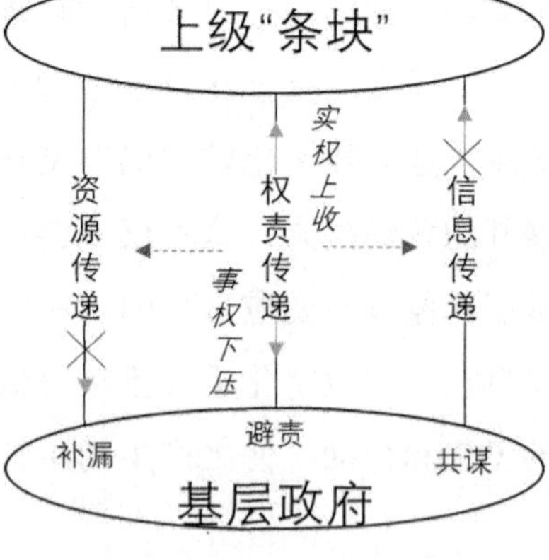

图 3-1　基层治理结构性弊病引发的过程性问题

（一）权责传递：由加码到避责

从理论上讲，权责一致的理念强调政府要依法行政，并具有可问责性，由此确保对行为主体责任的确定和追查。而中国政府的权力运行呈现出党内问责机制、政治问责机制和行政问责机制等较为清晰的逻辑。① 回归到基层实践中，有研究发现，基层党政机关特别是基层政府一方面事权过多而实权过少，行政过程紧而问责压力大，上述三套问责机制在一套监督体系中尽管方式不同但目的和结果类似，因此表现为很多正式制度并不能有效解决实际问题，需要大量的非正式制度、半正式制度加以维持②，这就容易导致权责关系传递到基层出现过程性问题，即上级政府对基层事权的层层加码导致基层选择非正式、半正式制度加以应对，出现避责问题。

第一，从事权和实权的关系看，基本表现为有限权力与无限责任的结构性弊病，也就是常说的基层党政机关权责不对等。一般来说，基层政府的职责以属地管理的形式为主，而属地管理的行政分配权、激励分配权、控制方式和自主行政空间与长期实行的行政发包制、行政包干制有着密切联系。③ 进一步讲，属地管理模式不仅是当前一段时期的主要形态，更近似于中国古代传统体制中的属地化行政逐级发包制④。而对于基层政府而言，由于其所在的责任单元基本属于发包的末端，因此相关的治理责任是由物理界限明确的，如果能够给予基层政府相应的事权、财权、裁量权、调控权等权限，属地管理的形态也相应地能够实现良好运作。但中央推进垂直管理的“再集权化”对基层政府权限的相对挤压导致了原先其管理权限的相应弱化，原来一些已经下放到基层的权力被上级的条块政府重新收

① 张贤明．当代中国问责制度建设及实践的问题与对策［J］．政治学研究，2012（1）：11-27.

② 倪星，王锐．权责分立与基层避责：一种理论解释［J］．中国社会科学，2018（5）：116-135.

③ 田先红．属地管理与基层避责：一种理论解释：基于理性选择制度主义的分析［J］．广西大学学报（哲学社会科学版），2021（2）：53-62.

④ 周黎安．转型中的地方政府：官员激励与治理［M］．上海：上海人民出版社，2017：57.

走，基层政府变得更加虚弱。① 与此同时，由中央赋予条线部门的大量财政资源依托项目制等方式下乡，由于考核权限经由条线转化为党委政府的中心工作，再次导致大量新的属地责任出现，并以政治任务的形式下压②，使得基层政府的履责再次加码，导致基层政府在大量的工作考核中选择应付、避责、摆平等非正式手段加以应对。这里主要呈现出两条并行运作的基层治理主线：一条是自上而下的科层“发包”控制逻辑，另一条是自下而上的“打包”和“抓包”的反控制逻辑；一条是专业技术化的项目竞标制度，另一条是关系主导下的竞争机制；一条是市场化的竞标制度，另一条是权力运作下的“打包”和“抓包”操作。③

第二，在权责不匹配的结构基础上，基层政府执行过程和问责压力之间的不均衡再次加重了结构性弊病，并进一步推动基层执行过程中的扭曲和异化。对基层政府的过程管理从字面上看是一种过程性管理，但回归理论可以发现，背后呈现出结构上的新变化，即上级条块政府开始通过规范政府治理行为并运用一系列监管技术强化对基层行为的约束，包括政策约束、痕迹管理，向着全周期管理的方向发展④，在执行过程中再次挤压了基层干部完成相关任务的自由裁量空间，使问责链条进一步延长，也再次催生了一系列的避责行为。包括由痕迹管理演化出的以迹为绩⑤，项目制过程监管演化出的权力运作、关系运作和非正式运作等。⑥

第三，从中国基层问责机制建设的角度看，党和国家监督体系在党的

---

① 赵树凯．县乡政府治理的危机与变革：事权分配和互动模式的结构性调整［J］．人民论坛·学术前沿，2013（21）：14-30.

② 杨华．“认真应付政治任务”：从县域条块机制探讨基层形式主义产生的根源［J］．东方学刊，2020（1）：2-9.

③ 折晓叶，陈婴婴．项目制的分级运作机制和治理逻辑：对“项目进行”案例的社会学分析［J］．中国社会科学，2011（4）：126-148+223；周飞舟．政府行为研究［A］//张静．中国社会学四十年［M］．北京：北京大学出版社，2019：136-137.

④ 刘锋．以“全周期管理”思维破解基层治理困局［J］．领导科学，2020（16）：30-33.

⑤ 颜昌武，杨华杰．以“迹”为“绩”：痕迹管理如何演化为痕迹主义［J］．探索与争鸣，2019（11）：111-121+159.

⑥ 周飞舟．政府行为研究［A］//张静．中国社会学四十年［M］．北京：北京大学出版社，2019：137.

领导下日趋完善，形成了基于不同问责链条的监督体系①，不同问责链条之间形成了相互区别但又相互联系的制度结构，使问责体系日趋完善，从制度化层面对基层治理工作起到重要的形塑和完善作用。然而，由于基层权责结构不匹配，在问责体系日趋完善的背景下造成了激励的相对弱化和问责的相对强化，使问责成为基层干部日常面临的现实问题②，这种负激励的结构性弊病也直接塑造了基层干部避责行为的常态化应对逻辑。

综上，以基层政府权责不匹配为起点，执行过程的问责链延长以及问责体系的逐步完善，一步步的问责加码迫使基层干部选择通过避责手段加以应对，由此引发的链式反应内在阻碍了基层治理改革的深入。笔者在 G 镇及其他地区的调研中发现这一问题比较普遍。正如《半月谈》杂志 2020 年第 3 期刊登的《破解乡镇治理“体制性困局”》一文所言：

近年来，在县、乡体制（包括乡镇体制）和乡镇运行逻辑基本不变的制度性约束下，乡镇政府在职能与责任方面，出现了众多“体制性困局”，影响着基层治理的绩效和现代化水平。③ 面临“体制性困局”，只有全面深化改革，在法律与体制上赋予地方政府更多的治理自主权，理顺省、县、乡的制度关系，健全乡镇政府的权责体制，才是提升基层治理现代化的根本之路。④

联系到本研究，虽然在像 G 镇这样的地方政府推行了数字化改革，但是基层社会行政化倾向依然很突出，基层工作人员任务繁重。在很多地方，基层组织依然承担了许多超出职责范围的行政事务性工作，负担过重现象目前依然突出，主要表现在村、社区承接的管理服务多、应对的检查考核多、完成的台账报表多、出具的证明盖章多、使用的信息平台多、参与的创建评比多、承担的临时任务多。⑤ 在一些地方，社区网格员的手机中下载了很多相关业务的信息采集、分拨办理的 App，但各类 App 往往流

① 武峥，孟宪平．建国以来党政领导干部问责制的历史探索与完善方略［J］．科学社会主义，2018（3）：135-138.

② 刘滨．约束性放权：地方政府剩余权激励与问责调适［D］．吉林大学，2021.

③④ 周少来．破解乡镇治理“体制性困局”［J］．半月谈，2022（3）．

⑤ 覃国慈．城乡社区治理的成效、隐忧与期待：基于湖北省的调查［J］．法制与社会，2017（16）.

程相似，仅用作不同条线部门信息收集，相互之间碎片分割，导致网格员每天应付这些App就已经精疲力竭，很难兼顾网格内其他事项，出现“九龙治水，各管一摊”，重复浪费等问题。

（二）资源传递：由干预到补漏

基层政府资源紧张是长期存在的现实问题。当上级党政机关借助资源下沉来试图对基层治理过程进行干预和控制时，府际纵向衔接性不足使基层政府疲于应对不同的上级考核。基层政府在接到大量财政资金后，会通过自己的主观判断选择性地回应上级要求，使执行过程进一步碎片化，而执行过程的碎片化必然产生大量的空隙需要填补，于是便出现通过不同方式应付的现象。资源多的基层政府是“认真应付”，资源少的基层政府便只能“真应付”。①正如调研中一位G镇干部所言：

上头发的政策文件，上级部署安排的工作，我们知道都很重要，可是我们基层确实是“人少事多”，加上遇到疫情或者一些特殊情况，我们也只能按照轻重缓急或者考核指挥棒，因人而异、因事而异、因时而异地采取对策。我们也想把各项工作都尽可能地做好、做到位，可现实情况是确实很难做到。（访谈记录：ZHXG20211226ZXL）

在看到前述应付性行为的同时，还须看到其中潜藏的另一个关键性问题，即基层政府人员的“倒挂”，这与长期的基层人员配备不足有很大关联。受制于人力资源配置的成本因素和实现公共利益最大化的矛盾，基层政府人员编制扩充的幅度同基层政府机构调整、职能变化带来的事务复杂程度、多元性程度严重不符，从而造成人员与事权的严重不匹配。同时随着“一对多”的政策推动，也迫使基层干部成了全能型人才，一个基层部门向上对应10~20个条条部门，而具体分配到一个基层人员也要向上对应至少5~6个条线部门的工作，这进一步加剧了基层政府组织结构面对具体事务的碎片化。② 于是，为尽可能地完成上级交代的考核任务，基层政府

① 贺雪峰．资源下乡与基层治理悬浮［J］．中南民族大学学报（人文社会科学版），2022（7）：91-99+184.

② 金祖睿，金太军．基层政府治理的碎片化困境及其消解［J］．江汉论坛，2020（1）：48-53.

便开始通过自己能够采取的一切方式逐步弥补人员缺失的漏洞，或是招聘合同工等编外人员，或是借调社区和村“两委”长期参与基层政府的工作，或是直接下派工作到社区和村来协助完成。这些由于缺乏必要资源整合导致的补漏行为，最终只是应付了上级的考核和监督，甚至有些还存在应接不暇的情况，并不能真正有效地推动基层政府的职能转型，反而滋生了许多新问题。

前述资源传递的结果导致基层治理形态再次回归传统的运动式治理。基层政府寄希望于运动式治理的手段能够暂时性缓解由于各方面资源短缺造成的严峻问题。这一情况也出现在基层数字化转型中，尽管技术引入能够提升基层政府的工作效率，但由于基层政府对各项技术资源的调动能力非常有限，因而在面对上级下达的政治性强、急难险重的工作任务时（例如防疫），会选择运动式治理方式，通过一次性的大面积运动来回应上级要求。[①] 这就意味着，中央部署的很多改革举措真正落实到基层时会大打折扣，并且有些时候在过程治理中并未真正触及和回应群众的实际需求，推进基层治理现代化的政策目标落空。

（三）信息传递：由内卷到共谋

前述由结构性弊病引发的过程性问题，关键在于基层政府权责关系不匹配，权力结构不下沉导致下沉的资源没有灵活裁量和调度的空间，而基层干部却始终受到全周期管理和监督。应该看到，约束灵活裁量和调度性资源下沉基层的一个原因在于强化中央意志对基层治理工作转型的全盘把握，然而现实情况是，相对碎片化却项目繁多的条线资源下沉使基层政府仅在完成“规定动作”方面已经足够吃力，更不要谈及有精力推动基层治理改革创新。问题在于，大量的条线资源下沉使基层组织在完成工作任务时有选择性地投入有限资源，而更多工作则陷入形式主义，内卷化的情况逐渐增多。这里尤其值得注意的是，自上而下不同部门的资源下沉普遍伴随着大量工作任务和考核指标下沉，而这些工作任务和压力对于基层政府

① 陈那波，张程，李昊霖．把层级带回技术治理：基于“精密智控”实践的数字治理与行政层级差异研究［J］．南京大学学报（哲学·人文科学·社会科学），2021，58（5）：45-53.

而言可以被理解为一种工作信号（信息）。而不同职能部门的信息量与基层政府的关注能力是不成正比的，这就造成条条部门的信息下沉使基层政府必须作出梯度性选择，于是在结果层面便发生了内卷。① 从本质上看，这也是由基层政府结构的不合理导致的内在痼疾，并进一步催生基层干部的行为回应。不少基层干部利用基层与上级组织的信息差象征性地回应上级组织的信号，由此产生了共谋等非正式行为。②

基层政府的共谋行为源于在行政组织的互动交往中信息占有的不对称。③ 从现有情况看，共谋行为可被概括为“县乡共谋”“条块共谋”“乡村共谋”三种，其中“条块共谋”和“县乡共谋”均属于政府治理范畴，而“乡村共谋”则进入社会治理层面，但这三种“共谋”基础性的特征较为一致，即基层为确保共同利益而产生“越轨”行为。政府治理范畴的共谋由于上级政府传递的信号差异，可以大致分为由正向强激励推动的“县乡共谋”和由正向弱激励形成的“条块共谋”。④ 前者在面对强激励的情形下，上级政府和县乡之间往往不存在谈判空间，例如政治性任务、“一票否决”事项。在此情形下，县乡政府面对的利益往往趋于一致，因共谋成功而获得的收益能够带来正向利益，因而更容易产生共谋心理。而在正向弱激励的情况下，相应的工作压力较轻，条线职能部门和地方政府也就有了一定的谈判空间，且“块块”做得越好，“条条”的绩效就越好，因此“条条”不得不重新寻求“块块”的协作，融入“块块”主导的中心工作之中⑤，由此出现了“条块合谋”现象。相比于这两种，“乡村共谋”则显得简单，是基层政府同村庄精英、宗族等群体的共谋，属于基层政府通过对乡土秩序的尊重从而与村庄达成的某种现状平衡，以回应资源下乡

① 杨华．县乡中国：县域治理现代化［M］．北京：中国人民大学出版社，2022：165.

② 周雪光．基层政府间的“共谋现象”：一个政府行为的制度逻辑［J］．社会学研究，2008（6）：1-21.

③ 张峰．基层政府间的“共谋现象”分析：基于信息空间的分析视角［J］．湖南社会科学，2015（5）：98-103.

④ 杨华．县乡中国：县域治理现代化［M］．北京：中国人民大学出版社，2022：34.

⑤ 李元珍．对抗、协作与共谋：条块关系的复杂互动［J］．广东社会科学，2015（6）：201-210.

伴随的大量改革要求。①

当前随着中国基层监督机制不断优化，纪委监委、巡查小组等问责力度加大，以及责任主体由集体变为个体，共谋行为出现了新的演化。一方面逐步拆分了原先县乡政府之间、乡村之间的利益共同体，县乡之间开始出现明显的卸责现象。② 而基层政府和乡村之间的利益交互也在一轮轮问责中逐步瓦解。另一方面，卸责出现在纵向的条线部门中。在简政放权背景下，条线部门上级为卸责将具体项目审批权层层下移，使位于基层的条线部门难以承担所有后果，从而出现事先“分锅”现象，权责更加清晰③，对“条块共谋”产生了巨大冲击。从中可以看出，基层监督强化尽管使原先部分的结构调整了，基层共谋的生长土壤逐步被消解，但根本性问题仍没有得到解决，即对基层赋责不赋权，其结果是基层干部在行政过程中消极回应，对此仍旧需要找到切实可行的出路。例如，笔者在其他地区调研时发现，某街道一个服务部门的某些工作环节流程在部门改革中实现了明显的量的减少，但由于涉及其他部门的其他环节，以及衔接或流程上的断档，最后导致前期的改革投入难以转化为实际效能。而部门在服务履责时，又会由于部分业务没有相应的信息化改造，即使部门办事人员的工作强度看似很高，但实际治理效能却依旧偏低，呈现出明显的高投入、低回报的环节内卷现象。因此，如何通过数字化改革破解这类问题是需要深入探究的现实课题。访谈中一位信息化专家的实践分享对笔者很有启发：

近年来，各地在数字化改革中，一些地方纪检监察机关积极探索开发大数据平台以及数据监测预警模型，通过大数据的碰撞、比对分析，来精准发现可疑情况和问题，同时打通部门间的数据壁垒，整合监督力量，多措并举，提高监督质效，强化综合治理，有效地推动了各项民生保障政策“应享尽享”，民生保障资金“应领尽领”。（访谈记录：BJ20220509TCG）

---

① 张良．资源下乡、行动者博弈与基层治理内卷化［J］．华南农业大学学报（社会科学版），2021，20（5）：118-129.

② 杨华．县乡中国：县域治理现代化［M］．北京：中国人民大学出版社，2022：31.

③ 张力伟．从共谋应对到“分锅”避责：基层政府行为新动向：基于一项环境治理的案例研究［J］．内蒙古社会科学（汉文版），2018，39（6）：30-35.

二、基层治理数字化转型的过程性逻辑

已有研究对于基层治理过程的讨论从基层治理遇到的现实问题与破解思路上进行探索和尝试，为本研究提供了重要借鉴，也使本章在深入分析基层治理的结构和过程间的内在关联时形成了更为清晰的研究思路——要有效理解基层治理过程的数字化转型，首先就须理解结构与过程之间在基层治理中产生的相互关系。当然，这里还需说明的一点是，本节内容所涉及的基层治理结构也以政府结构为主，其原因前述内容已提及。因此，从基层治理的过程对结构的关系上看，主要在于科层结构对基层治理方式的统摄性和规范性使基层治理过程应服从于治理结构及其权力运作机制的实际安排。

换句话讲，对基层治理过程的考量主要在于分析基层政府的实际运作与党和国家意志之间的现实张力及其内在原因。尤其是在中国，由于地域广阔、地方差异大，基层治理单元及其上级政府层级众多，基于科层结构中自上而下的层级制和职能制的交叉组合构成了中国基层治理的基本形态。① 与此同时，复杂而多样的基层行政链条也使得国家构建的整个委托-代理关系更加难以精细化管控，尤其是在推进行政体制改革过程中，不同的改革层次会面临来自官僚体系内部不同程度的反弹（见表 3-1），在中央试图打破现状和基层政府试图维持既得利益的过程中寻找平衡点。结构与过程之间有着千丝万缕的内在关联，因此在探讨基层治理过程中的问题时须将基层治理结构纳入其中。

① 马力宏．论政府管理中的条块关系［J］．政治学研究，1998（4）：71-77.

表 3-1 行政体制改革与传统组织变革与流程再造的比较①

	传统组织变革与流程再造	行政体制改革
对象	一般规模组织，如商业组织、社会组织等	行政体系
范围	组织内部，范围不大	一个区域内乃至全国，范围巨大
变革原因	不适应竞争需求，流程冗余，效率低下	行政体系庞大，流程漫长，政出多门，效率低下
变革目标	高效精简的组织，提高快速应对和反应能力	高效精简的政府部门，简洁的行政流程，及时为公民提供服务
变革阻力	内部存在变革阻力，阻力相对较小	原有行政体制既得利益，不确定性，阻力较大
变革动力	竞争压力、效率压力、生存压力	公民需求、社会压力、政治合法性需求
变革的决策和发起者	组织内部的决策者	政府决策者、公民推动
变革原则	单一效率原则	考虑多元要素，基于效率和复杂利益关系的多重原则
变革的风险	变革失败，组织失去竞争机会	变革失败，行政体制越加僵化，无法满足社会公众需求，政府信任度下降，失去执政合法性
其他因素	外部环境、内部结构、市场机遇、相似竞争对手行为	整个政治体系制约、经济发展、社会变革、公民观念等影响

依据基层治理结构与过程的互动关系，其能够大致呈现出由内向外和由外向内的两种研究进路。一方面，由内向外看，基层治理结构和过程的关系表现为一体与多元的外在关系。一般来说，基层治理的结构是基于党和国家意志通过各类法律法规与政策文件确定的制度形态，具有显著的系统性和完整性，反映执政主体为了系统性地建构多元国家能力，依托“一统体制”实现对不同国家能力的兼顾，并达到其治理目标。②与此同时，中

① 何哲．行政体制改革中的管理问题与政治问题：基于组织变革和流程再造视角的分析[J]．中国行政管理，2013（9）：20-24.

② 曹正汉，王宁．一统体制的内在矛盾与条块关系［J］．社会，2020（4）：77-110.

央试图形成的“一统体制”又必须达到有效治理的目标和要求①，也因此延伸出条块关系作为国家能力的监督者、代理者下沉基层。但对于基层政府而言，必然面临不同的现实情况，需要根据自身能力和实际问题作出相应调整，由此外化为多元化的基层治理过程。不同地区面临的实际情况不同，或是产生不同的应对策略②，或是突破简单的条块关系逻辑③，出现为达到基层治理的考核目标涌现出多元策略的情况。显然，这种一体和多元的外在关系本质上反映出基层治理的结构和过程在互动中存在明显的能力与需要的张力。基层治理过程的多元化表现反映出中央政府运用多元化国家能力尝试建构的一体化的基层治理结构并不能精确性地满足基层治理目标，以致基层治理过程的多元化必须在现实条件下继续“多元化”延展，以推动达到现实需要与治理目标的内在平衡。但这种延展的策略性选择却可能与一体化的结构安排初衷产生现实张力，实现基层治理的目标性赋能也因此成为过程多元化回归结构一体化的关键问题。

另一方面，由外向内看，基层治理结构和过程的关系体现出制度与行为的内在逻辑。制度环境与主体行为之间存在显著关联。比较有代表性的观点认为这是基于社会复杂性简化机制形成的一种内在秩序，制度和行为的良性互动既保证了主体间的行为承诺，也降低了行动成本和公共选择的复杂性。④从制度和行为视角来看待基层治理结构与过程的关系，可以发现，当前中国推进从顶层到基层的治理现代化，本质上是中国特色社会主义制度的优化和调整，也是依托顶层的制度设计进一步规范基层治理行为。从现实层面看，行为对制度的越轨既反映出基层治理制度安排与现实条件的客观张力；同时也反映出行为对制度的适应性变化过程。一定时间内的基层治理行为必然对新的制度方式存在抵触或抗拒，必须施加外力以

---

① 周雪光．权威体制与有效治理：当代中国国家治理的制度逻辑［J］．开放时代，2011（10）：67-85.

② 贺雪峰．资源下乡与基层治理悬浮［J］．中南民族大学学报（人文社会科学版），2022，42（7）：1-9.

③ 任彬彬，宋程成．治理复杂性与社会组织形态分化：基于行政条块结构的视角［J］．中国行政管理，2021（5）：31-39.

④ 张贤明，张力伟．论责任政治［J］．政治学研究，2018（2）：89-97.

实现有效转变。就如同长期存在的“共谋现象”呈现出的行为对制度的背离一样，当基层治理的制度安排不尽合理而使激励强度难以回应基层干部付出时便出现了目标替代的问题。① 而随着问责制的健全，负向激励的强化尽管在实践中逐步促使一部分基层干部行为的转变，但也会激发新的共谋行为，再次给制度建设提出挑战。因而从制度和行为的互动逻辑中可以看出基层治理的结构和过程存在规训与适应的内在张力，简单而言，就是基于制度性的结构式规训存在不能有效适应基层治理过程的现实，而治理过程的变化也需要在与结构性的规训磨合中不断适应。

从本质上看，社会治理体系的更新跟不上社会环境的快速变化，不能有效地对各类新产生的棘手问题作出回应，始终“以简制繁”，其后果便是相应的基层治理结构和过程之间出现了难以弥合的张力，导致政府内部行为更加复杂化，影响基层治理效能。而立足复杂性社会这一关键点，则必须通过有效方式实现对基层政府治理过程的化繁为简，从而简化政府内部的治理过程，以高效而稳定的方式应对社会治理的复杂样态，这一思路即本研究认为的基层治理过程的数字化转型逻辑（见图 3-2）。

（一）权责明晰激发活力

大量研究表明，赋责不赋权的基层行政困局并不能有效地回应社会治理的需要，反而在大量以问责为主要激励手段的背景下滋生出一系列避责行为，使不作为、假把式、真应付等现象层层涌现。对此，有学者根据计算机科学领域的相关研究提出纵向权责的“递归”②，这一理念最早是从生物学领域拓展而来的，“以人类细胞为例，有活力的系统是自组织和自我调节的。进化是它们日益复杂化的原因，细胞的功能分化和连接可能产生更复杂的生命系统，而细胞不会失去其自组织和自我调节的特性。这将在可行的系统中产生可行的系统，复杂性不断增强。每个组件保持其相对于

---

① 周雪光．基层政府间的“共谋现象”：一个政府行为的制度逻辑［J］．社会学研究，2008（6）：1-21.

② 张贤明，张力伟．国家纵向治理体系现代化：结构、过程与功能［J］．政治学研究，2021（6）：63-74+176.

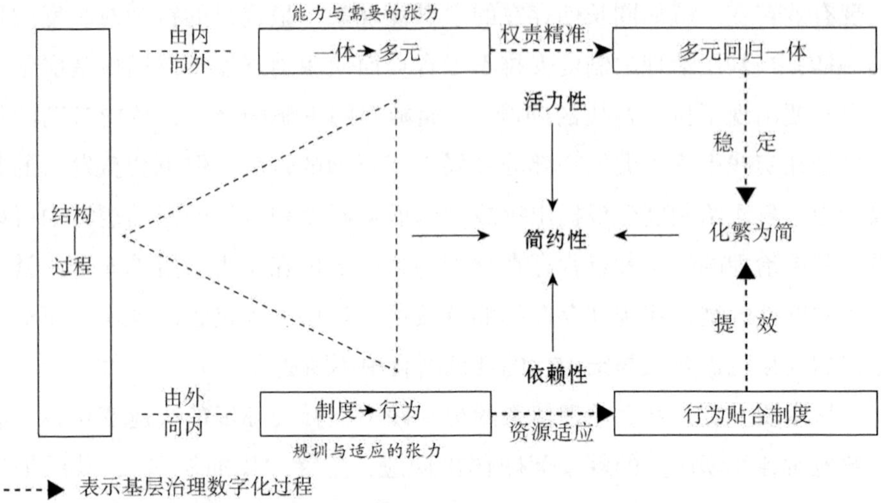

图 3-2　基层治理数字化转型的过程性逻辑

环境的自主性，但有助于生成更大的也是自主可行的系统”①，由此在组织学中提出了由层级式的结构向递归式的结构转变。但不可否认的一点是，正如周雪光②先前便已提出的问题，即科层制度非人格化与行政关系人缘化的悖论使得其看似能够通过一种新的理念对层级制与职能制的交叉组合进行突破，但实际上又可能导致官僚体系内部的私利对公意的占据和异化。而前文从理论层面提出的依托数字化转型能够在结构上既实现权力下沉又确保相应信息的有效传递本质上也是对科层制度非人格化与行政关系人缘化之间矛盾的一种破解尝试。

从基层治理的过程来看，只是通过结构的转型并不能完全地回应基层治理过程的现实问题之一，即能力与需要的张力。幸运的是，数字化的转型能够在此基础上进一步进行识别，在科层体系内部，依赖于一系列的控制流程、技术、仪式等手段，最大限度地实现上下级之间的信息识别。③

① ESPEJO R, REYES A. Organizational Systems Managing Complexity with the Viable System Model [M]. Springer, 2011: 93.

② 周雪光. 基层政府间的“共谋现象”：一个政府行为的制度逻辑 [J]. 社会学研究, 2008 (6): 1-21.

③ 吕德文. 治理技术如何适配国家机器：技术治理的运用场景及其限度 [J]. 探索与争鸣, 2019 (6): 59-67+158.

这些信息识别是一种场景化行为，治理者一旦以标准的行政/执法程序出现在特定的物理空间，便意味着治理行为的启动，被治理者在识别出相关信息后亦会采取相应的行动。[①] 因此，依托大数据和人工智能计算的信息化处理具有一定的识别能力，从技术手段上能够逐步使基层政府的关键信息拥有可识别性，进而使基层政府的权力下放逐步精准化。必须注意的是，在权力下放的同时，基层政府的相应治理责任也能够得到逐步精准化的计算与评估，逐步实现基层治理权责的内在统一，不断释放基层治理的活力，使多元的基层治理过程真正有效回归一体化的基层治理结构，使多元化的国家能力结构在基层的实践过程中能够得到充分发挥并实现协同推进。

（二）资源下沉增强协同

协同是提升治理效率的关键一环。在基层治理中，政府充分调动社会力量协同参与是基层治理现代化的重要内容和有效举措。基于一个整体的复杂组织必须促进相互依存的元素协同行动，并通过划分责任对资源的控制和其他事项形成一定的理性边界，才能够将效率提升作为一种合理的期望。[②] 回归实操层面，对于中国的基层治理而言，复杂的组织系统绝不仅限于基层政府，而是包含政府体系以及社会系统在内的一个整体性的复杂系统，而其中最为复杂的领域便在于如何管理并服务社会系统，将社会系统的治理要求作为基层治理工作的目标。当前通过项目制等垂直管理的资源下沉方式尽管能够有效带动基层政府的注意力，以及在问责体系的逐步完善之下逐步规训基层政府行为适应新的改革方向，但也由于多线投放、主次不明等问题造成资源下沉内卷，甚至并不能达到有效回应社会系统的治理要求。因此必须考量资源下沉的制度设计进而优化基层治理的过程，促使基层政府为完成社会目标而加强与社会主体的互动与协作，并根据依赖程度和系统性的目标要求投放相应的治理资源。

---

① 邱泽奇．技术与组织：多学科研究格局与社会学关注［J］．社会学研究，2017，32（4）：167-192+245-246.

② THOMPSON J D. Organizations In Action：Social Science Bases of Administrative Theory［M］. MaGraw-Hill，1967：54.

根据复杂组织理论的理性模型，组织依赖性的协作方式根据依赖程度呈现出三种不同类型，分别是集合型依赖、序列型依赖和互惠型依赖（见图 3-3）。[①] 其中，集合型依赖可简单理解为部分和整体的关系，也就是说能够有效解决系统内部的各要素之间的相互信息依赖和协作依赖，在基层治理中可表现为部门之间的协同联动机制。序列型依赖则是在集合型依赖的基础上进一步发展的依赖类型，指在一个系统中的各部分之间形成了一定的序列关系，但主要表现为单向度的序列关系，例如流水生产线等，而在基层治理中表现为政府（社区）对社会不同主体诉求的有效回应和服务，基于特定的顺序和流程实现协作（如派单-接单）。互惠型依赖则是在前两种类型基础上的进一步发展，表现为系统中的不同要素能够相互产生依赖关系，形成多维度的双向合作，并产生互惠结果。在基层治理中表现为党组织引领的多元主体协同治理模式。

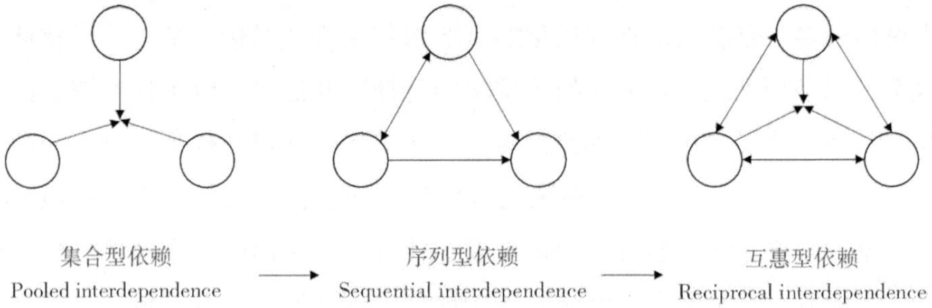

图 3-3 基于复杂组织理性模型的相互依赖形态和协作方式②

根据上述三种不同的基层治理依赖类型，垂直管理的资源投放要注意两个方面：一方面，应以此为标准进行学习适应，在不同依赖类型下为实现相应目标所投放的资源应通过基层政府申请，并利用结果评估和问责等方式加以计算，逐步引导基层治理方式向互惠型依赖协作发展过渡；另一方面，垂直管理的资源投放也需要强化对基层治理资源需求本身的依赖关系，不同条线部门之间的工作要求至少需要通过集合型依赖协作方式进行

① JAMES D. Thompson. Organizations In Action：Social Science Bases of Administrative Theory [M]. MaGraw-Hill，1967：54-55.

② 曾渝，黄璜. 数字化协同治理模式探究 [J]. 中国行政管理，2021（12）：58-66.

内部沟通，并形成一个综合性的工作要求，使梯度化的目标任务能够从上到下而非自下而上地呈现出来，优化提升基层治理的工作效率，从而更好地实现制度安排对基层治理行为的内在规训，使基层治理行为逐步贴合制度改革和国家意志。

前述所涉及的可行方案与目前的数字技术已经能够逐步匹配和适应。已有研究已经表明基于不同的依赖类型，数字技术能够实现不同治理场景的现实需要，并在逐步优化之中。①因此，通过数字化转型，能够逐步弥合前述制度与行为的规训和适应之间的内在张力，更好地实现自上而下和自下而上两种治理过程的内在统一。比如，G镇以“联动协同”为支撑，构建综合“执法圈”。针对基层治理中存在的县乡权责不对等、监管力量不协同、分头执法不高效等问题，G镇负责相关工作的一位干部在访谈中表示：

我们探索推进“一支队伍管执法”改革，通过线上线下的机制、力量和资源整合下沉，组建了G镇综合行政执法队伍，由镇里负责统一管理、统一调配、统一考核，实行“双重管理、属地为主”的管理机制。（访谈记录：ZHXG20211226ZJ）

G镇在组建镇街综合行政执法队的同时，将部分下沉力量送至社区、网格末梢，通过力量共用实现简单问题就地办、复杂问题会商办，摆脱社区执法受限、处置无权的困境，提高社区一线处理能力，有效解决“看得见、管不着”的问题。通过“数字孪生网格”等应用场景的搭建，以“治理+服务”的理念，使居民、商家、执法力量等各类社会治理参与主体进行线上融合，重点解决基层反映较多的停车难、物业纠纷等问题。G镇数字办负责人在访谈中举例讲道：

比如基层交通治安管理这一块，有任何交通方面的问题时，交警在现场录入的一些执法信息直接联通到我们镇综合信息指挥室。指挥室会根据信息职能分析出一个推测，实时发给交警让其去核对，这样能够提高效率并对当事人进行一对一教育。在这种模式下，我们全镇的交通事故发生率

① 曾渝，黄璜．数字化协同治理模式探究［J］．中国行政管理，2021（12）：58-66.

和致死率风险都在下降。(访谈记录：ZHXG20211229QXL)

(三) 化繁为简简约治理

历史上，中国是一个超大规模国家，始终存在权威体制与“有效治理”间的矛盾①，巨大的人口规模和广阔的国土面积成为国家治理的基本面，因此帝国时期延续一种“集权的简约治理”或半正式行政的治理传统。② 简约治理一开始是指学术界对帝制时代中国乡村治理模式的一种解读。后来，越来越多的学者认为，现代社会也需要简约治理。③ 有学者认为，如果我们从治理现代化的视角看，简约治理就是要在基层治理中化繁为简，简而不少，简而高效。简而不少是指管理与服务职能不因机构改革、职能调整、形式变革而减少，公共需求要能够得到满足。简而高效是指职能设置、服务流程、服务形式既要简单，也要高效。其问题关键在于如何化繁为简。

从基层治理的过程看，一方面，应对社会的复杂性首先便可以对已经能够通过简单方法有效应对的治理机制加以稳定和优化，从而降低基层组织在不同环境下针对相似问题的支出成本。然而近年来的一些体制机制变革，导致基层统合能力弱化，使得一些原本能够简约处理的方式方法无法正常运作④，基层治理的活力随之减弱，不得不寻求其他方式加以解决，冲击了原本能够稳定输出的治理功能。因此，亟须对基层治理的成熟机制加以固化，且不受自上而下机制变革的冲击，有效保存一批简约而有效的治理方式。另一方面，社会的复杂性与政府的复杂性是同步发展的，但政府复杂性提升的同时必须高效回应社会的复杂性⑤，而不是由社会去适应

① 周雪光．权威体制与有效治理：当代中国国家治理的制度逻辑［J］．开放时代，2011(10)：67-85.

② 黄宗智．集权的简约治理：中国以准官员和纠纷解决为主的半正式基层行政［J］．开放时代，2008 (2)：10-29.

③ 史云贵，薛喆．简约治理：概念内涵、生成逻辑与影响因素［J］．中国人民大学学报，2022 (1)：149-159.

④ 欧阳静．简约治理：超越科层化的乡村治理现代化［J］．中国社会科学，2022 (3)：145-163.

⑤ 李宜钊，孔德斌．公共治理的复杂性转向［J］．南京农业大学学报（社会科学版），2015 (3)：110-115.

政府行为。因此，通过政府内部的过程优化提升效率适应满足社会发展的要求便成为不言而喻的简约逻辑。由此，针对常见问题的流程稳定化和针对复杂问题的流程机动化应逐步作为政府简约治理的重要思路。

综上，为使科层治理的复杂逻辑能够逐步有效应对基层治理的复杂逻辑，数字化的引入能够有效实现“折叠-展开”的逻辑互换，使简约逻辑下的折叠型治理形态①成为可能。一方面应注重对基层治理中既有的常规化操作流程的固定和优化，并“折叠”流程，在简化基层治理流程的同时能够增强基层干部对于常态化制度建设的稳定预期，减少政府内部的低效博弈和行为内卷；另一方面则针对复杂的社会问题进行流程“展开”，在治理过程中评估相应的资源需要和相应权责，并在治理过程中逐步确定相应的治理成本，从不确定性的复杂应对向确定性的有序展开发展。

当前，在基层治理数字化改革进程中，如果我们从数字政府建设层面看，简约治理的形式主要是整体智治，即以简约、便捷、高效、智能为原则，通过构建科层制组织间的协调机制，打通制度樊篱、信息孤岛，“将简单留给群众、把复杂留给政府”，以群众需求为核心，以治理效能提升为目标。在现实实践中，一窗受理、一网通办、最多跑一次、街乡吹哨—部门报到、部门联席会议等场景都是典型的实践样态；如果我们从社会治理数字化转型层面看，“社会简约治理有向个体借力和群体借力两种类型。编外人员、协管员等属于向个体借力，并已成为制度化的半正式治理机制。枢纽型社会组织、政府购买服务则属于向群体借力，尚在初步发展阶段。从本质上讲，它们都是多元主体的协作共治关系。实践样式有新经纪机制、枢纽型社会组织、协管员、政府购买服务等。”②

结合本研究分析的案例来看，无论是数字政府建设层面还是数字社会建设层面，以上提到的实践样态都在G镇有所呈现。比如，针对本地人和外来人口的实际需求，G镇基于技术治理的服务迭代，开发了一个全程数

---

① 赵吉．简约而非简单：基层复杂社会的折叠型治理形态［J］．宁夏社会科学，2020（5）：125-130.

② 史云贵，薛喆．简约治理：概念内涵、生成逻辑与影响因素［J］．中国人民大学学报，2022（1）：149-159.

字小助手——“活力小二，城市温度”。“L小二”主要针对G镇本镇居民和初到G镇的流动人口，帮助其快速了解G镇。从市民实际体验出发，提取大家最直观的高频需求。目前，主界面共有三个栏目：一是印象G镇，即G镇的整体介绍及名人、特产、景点、风俗、非遗等；二是“hi小二”栏目，围绕群众生活查询需求，可以提供附近停车场以及实时泊位、公共自行车站点、公厕以及星级信息、住宿、餐饮休闲设施等便民服务信息；三是政务服务，主要包括掌上办事、招商投资信息等栏目，其中连线政府栏目，可通过小程序直接拨打G镇监督电话、派出所、消防等应急热线，缩短了群众与政府的沟通距离。

三、基层治理数字化转型过程优化进路

分析基层治理数字化转型过程，须回到基层治理的微观过程中，并通过中观层面的现象整合分析数字化转型给基层治理过程带来的特征性变化，包括这些特征性变化如何一步步消解基层治理过程中存在的权责不匹配、资源内卷化以及信息不通畅的问题。需要说明的是，笔者在G镇所观察到的数字化转型过程变化也并没有完全实现下文提到的不同方面的高效治理，但其中透露出的变革逻辑和改革方向已经为本研究提供了重要的实证参考。

（一）平台治理：整合优化数据共享

“平台”在治理领域的运用，衍生出平台治理的概念。数字时代政府主导的平台治理可以理解为政府积极借鉴电子商务发展的平台运营模式，通过治理理念更新、数字技术接入、服务供给集成、治理架构重组、治理流程再造等全面创新，构建整体性、一体化与平台化的治理新模式，以更好地适应技术驱动、系统集成、流程简捷、服务优化的治理目标，努力提升政府治理能力与用户服务体验，促进政府数字化治理的全面转型与治理模式创新①。具体到基层治理数字化转型实践中，平台本质是在基层治理

① 陈水生．数字时代平台治理的运作逻辑：以上海“一网统管”为例［J］．电子政务，2021（8）：2-14.

结构性变革的基础上形成的，通过结构上的制度性变革为数字化转型奠定制度基础。平台集成强调基层治理的整体性，要求进一步消除原有碎片化的治理弊端，通过强化技术支撑，在不同领域、不同层级、不同部门之间构建起网络链接，进而实现资源共用、信息共享、规则共制，实现多主体间的协同性网络治理，由此实现平台系统内部共同利益和整体效能的最大化。与此同时，数字化建设进一步使基层治理平台化建设机制透明化、配置清晰化、权责精确化。

随着技术治理的不断深入，人们的生产、生活数字化水平不断提高，信息采集的手段日益丰富，基层治理数字化过程也呈现出不同于以往的“不知不觉”或是“后知后觉”，继而向“先知先觉”的可能性方向发展，治理越来越精细化，服务越来越智能化、个性化。例如，目前在杭州，包括G镇在内的多个乡镇、街道的基层治理平台与杭州城市大脑、“基层治理四平台”等平台间基本实现了信息快速流转，与多个政府部门的数据以及小区物业、智能安防、市政服务、社会服务机构等信息系统实现了联通，构建了实时动态的基础信息和基础资源数据库，以“平战结合、因势授权”的理念，按需开放数据应用权限，社区可实时查询辖区实有房屋、实有人口等基础信息，分析困难、残疾、老年人等重点服务对象基本情况，调阅商务楼宇、社区监控和公共设施等基础信息，以短信、语音、视频电话等方式与上级部门、街道驾驶舱、社区工作力量等开展协同处置。①

在此，需要特别强调的一点是，在加强基层治理数字化转型平台建设管理中，要格外重视数据治理，强化数据开放共享。因为平台功能作用发挥的关键要看支撑平台的数据能否“活起来”产生强大驱动力。因此，首先要打破固化的思维樊篱，以数据运用辅助政府决策以提高其科学化水平，更好地满足群众需求。其次要构建技术治理的协同一体化路径。探索建立共建共治共享的数据流通模式②，最大化释放数据共享红利，充分惠

① 浙江省“杭州社区智治在线下城平台”上线发布以“六全”为核心推进杭州社区治理数字化转型［EB/OL］. 中华人民共和国民政部网站，https://www.mca.gov.cn/article/xw/mtbd/202006/20200600028171.shtml.

② 刘密霞. 推进数字政府建设的思路与对策［J］. 中国领导科学，2020（2）：72-75.

及企业和群众。最后要构建数据治理共享规则、划定数据安全和共享底线、保障数据权益，防止技术侵害。① 要加强数字技术应用监管，加强数据权利与隐私法治保障，避免数字技术被滥用，造成违背公共利益和社会价值观的不良后果。

（二）流程再造：敏捷感知向下聚焦

推进基层治理数字化转型，平台建设是基础，流程再造是关键。就数字政府建设而言，流程再造包含政府组织结构、工作流程、行为模式等多方面的整体调整和优化，是对政府行为组合的调整和行为模式的变革。流程再造须以群众和社会需求为导向；以提高公共服务水平和增强政府治理能力为总体目标；以突破官僚制束缚，打破条块分割界限，促进层级政府之间、部门之间、政府和群众之间的沟通与交流为主要内容；以信息技术发展为主要支撑。② 在浙江省数字化改革以及G镇数字化转型探索的过程中，流程再造体现在多个领域、多个场景中。例如，浙江省数字化改革的一个标志性创新举措——积极探索基于"一件事"逻辑的数字化服务模式。浙江省把推进群众和企业全生命周期"一件事"改革作为推进浙江省各级党政机关整体智治的重要抓手，作为推动全省政务服务从"跑部门"向"跑政府"转变的有效举措，大力推进"一件事"改革要素均等化、质量目标化、方法规范化，从而更好地满足群众和企业个性化、多元化的办事需求。

再结合G镇来看，在平台化整合基础上，G镇基层治理流程在数字化推动下也实现了关键性转变。总体上看，要实现社会治理重心向下延伸，须将基层社会治理数据作为关键支撑，而非仅仅通过上级的条线政策，塑造基层政府对社会需要（相应数据表达）的高度依赖性，在治理过程的具体应对和治理需求的决策机制方面要实现行政机制流程的再造与突破。具体可从以下两方面看。

---

① 匡亚林．"思维-技术-规则"框架下超越数字政府技术治理路径依赖的优化方略［J］．青海社会科学，2021（2）：77-82.

② 吴昌杰．政府流程再造：我国国家治理现代化的技术支撑［J］．安徽行政学院学报，2018（4）：41-46+88.

一方面，在平台化建设基础上，数字化转型推动了基层政府及社区从被动应对向主动治理的流程化转变。被动应对是指在具体问题发生后，政府或社区采取必要措施进行解决和处理的治理逻辑，而主动治理则表现为基于数字化的多渠道信息接收，在第一时间获取相应数据并作出及时判断，同时，政府依托平台化、场景化的配套部门对接机制，实现第一时间主动处理，大大降低了事态进一步恶化的风险。例如，在G镇数字驾驶舱的管理端，政府及社区通过技术治理的智慧屏数据分析和用户的功能反馈，对具体事件调配相应职能部门进行不同形式的处理，以回应不同用户的服务要求和功能诉求。在G镇的智慧治理平台上，群众反映的每件小事情都会有回音。一旦遇到问题，拿起手机拍个照片即可一键上报，镇和村社两级会第一时间签收派单、处置反馈。如车辆堵塞消防通道、路灯发生异常、家事矛盾纠纷……以前遇到问题不知道该找谁，或者找不到人，现在掏出手机，就能第一时间反映上去，马上有人处理、反馈。线上线下同时服务，引导民意合理表达，拓宽了居民诉求反映的渠道，大大提高了办事效率，从而把问题化解在基层。这些实践探索既反映了功能上的更新，背后也体现了政府在基层治理流程上的革新，更为重要的是，正是平台化运作、场景化牵引的流程性变革，为基层治理功能的改善提供了关键的制度保障和技术支撑。

另一方面，流程再造在G镇还表现为政府及社区从模糊化决策向科学化决策的转变。长期以来的基层治理工作在信息收集方面难以形成整体化、系统化、科学化的决策思维和模式，而随着数字化改革深入，相应的决策过程发生转变，决策依据更加充分可靠，甚至能够对治理对象进行多维描述，为决策者提供更为精确的现状呈现，更加有利于实现基层治理决策的科学化应对。① 在G镇，通过数字驾驶舱管理端的信息收集，实现了基于数据的智能分析。第一，画好群众群像。从年龄段看，关注村社微信号的主要人群集中在30岁到39岁，占比达33.3%；其次是40岁到49

① 蒋俊杰．整体智治：我国超大城市治理的目标选择和体系构建［J］．理论与改革，2022（3）：110-119.

岁，占比达 23.39%；最后是 50 岁以上的，占比达 20.18%。从性别比例看，男性对村社微信号的关注度更高。[①] 第二，跟进目标群众。标签管理群众，分类标识党员、村民代表、村社“三委”干部等身份，特别关注扶贫对象、重点信访人等对象，便于今后点对点推送信息，随时掌握重点对象动态。同时，对活跃度高的群众进行锁定追踪，根据其关注内容，精准推送同类信息，增强村社微信号的吸附力。运行雷达监测系统后，村社微信号已触达群众 19289 人，累计访问量达 37502 次，跟进目标群众达 10933 人次。[②] 第三，助力精准治理。根据群众浏览信息的频次、时长，镇村两级可以第一时间了解群众关注关切的信息，进而为村社推送信息、优化服务、实施治理提供方向，进一步提升基层治理的精准性。如针对群众最关注村级小型工程的情形，积极探索村级小型工程全过程公开工作机制。又如，针对百姓喜欢直播、动画等信息形式，转变内容公开形式，把农民建房现场放样、村级小型工程验收等重要环节通过直播等形式进行公开。上述案例充分表明了通过数字化手段实现基层治理的决策流程的变化，从平台化、场景化的服务回应到科学化、精确化的决策依据，数字化转型有效推动基层治理的数据渗透和感知渗透，促进基层政府治理方式变革，也不断提升并丰富基层治理的精细化功能。

（三）场景牵引：共生智治集约互动

场景理论在实践中发展，又在实践中运用。技术治理的落地场景，其实质就是通过运用各种数字化思维和技术，对社会发展中的一些复杂性新问题进行精准分析，找到新的解决办法；通过场景化解决问题并激发新需求，从而将单一场景演变成广覆盖、高频次、用户体验好的多跨场景，实现老场景的迭代创新及新场景对老场景的兼容和覆盖，形成场景革命。[③] 社会行为是不同场景行为模式的总和，社会现实会随着不同场景界限的变

① 数据源于 G 镇内部调研资料。

② 同①。

③ 兰建平．场景革命是数字化改革的重要突破口［J］．浙江经济，2021（7）：17.

化而变化。[①] 数字场景是社会治理数字化转型在最终落地实施阶段的主要概念和特征，其将技术嵌入城市治理的过程并进行场景化搭建[②]，使技术与城市治理的内容、互动作用以及未来变革等在场景中更加立体地呈现出来[③]。既有研究认为，在新兴治理技术赋能社会治理的数字化转型背景下，政府可以利用数字场景提高精准化治理能力[④]、跨部门协同水平、合作治理能力[⑤]。因此，构建基层治理共同体与基层治理数字化转型存在耦合性，数字化转型创建的场景通过重塑人与人之间、居民与政府之间的联系，为构建基层治理共同体提供有效路径。场景的变化，对于人们在社会中的角色定位、行动脚本、交往规则、社交氛围产生基础性的影响，信息技术不是通过内容影响民众，而是通过改变社会生活的场景来塑造人们的行为。[⑥]

一方面，数字技术通过创建以人为本的新场景，让民众建立联系和形成共同价值，进而产生新的共同行动可能性，最终增强居民的幸福感、获得感和安全感。以未来社区建设为例，G 镇未来社区建设特别注重人本化、生态化、数字化整体智治的场景打造。比如，G 镇的村社将数字化技术运用到积分制中。首先，开发 App，将养老、垃圾分类、社区教育等民众关心和需要的事项系统化分解为具体的任务，并赋以相应积分，民众注册并获得数字 ID 名片；其次，居民在 App 中领取任务，用数字化手段记录提交，获得积分；最后，积分可用于兑换个性化服务或物品。在这一过程中，实际上营造了数字化技术支撑的以积分为核心的治理场景，通过激励

---

① 徐顽强．数字化转型嵌入社会治理的场景重塑与价值边界［J］．求索，2022（2）：124-132.

② 米加宁，章昌平，李大宇，等．“数字空间”政府及其研究纲领：第四次工业革命引致的政府形态变革［J］．公共管理学报，2020（1）：1-17+168.

③ 毛子骏，黄膺旭．数字孪生城市：赋能城市“全周期管理”的新思路［J］．电子政务，2021（8）：67-79.

④ 罗梁波．国家治理的技术场景：理论反思和话语重构［J］．学海，2020（1）：38-46.

⑤ 孟天广．政府数字化转型的要素、机制与路径：兼论“技术赋能”与“技术赋权”的双向驱动［J］．治理研究，2021（1）：5-14+2.

⑥ 喻国明，马慧．互联网时代的新权力范式：“关系赋权”：“连接一切”场景下的社会关系的重组与权力格局的变迁［J］．国际新闻界，2016（10）：6-27.

居民参与，人们的生活不再是个人需求与商户或社区供应的单线条对接联系，而是不同群体、不同事项、需求与服务相互转换的网络化联系，通过线上线下互动，人们在实现服务交叉供给的同时，实现了自己的社会价值，也对自身生活的场域有了更多的归属感。

另一方面，数字化转型创建的治理场景带来权力的数字化延伸，拓展了居民的数字化治理空间，政府与居民之间的可及性和合作性进一步增强。数字化场景中，通过数据共享，普通居民与权力之间的物理障碍和信息鸿沟大大消解，呈现多元互动的发展态势，同时居民不再局限于某一物理场域的关系中，而是在虚拟空间中从共同的属性出发，编辑关系网络，增强自身的话语权力。在权力重新配置背景下，需要增加各种数字技术支撑的表达场景，现实中局限于特定情境无法表达的民众诉求以虚拟化形式进入政策运行与治理赛道，突破层级化带来的治理“参与距离”。[①] 同时，通过将政府各项数字化改革连同“放管服”相互配套，“一网通办”“最多跑一次”等应用场景实质厘清政府权力边界，有利于释放社会和市场活力。比如，G镇政务服务平台从城乡空间规划编制、征地补偿、做地收储，到耕地保护、地灾避险、表土剥离、地块出让，再到用地审批、动态监管、不动产发证等11个场景领域对场景服务质量进行评比竞赛，以此倒逼相关责任单位在横纵联动、数据共享方面进一步有所作为，推动部门之间数据的互联互通、高效联动。

---

① 徐顽强．数字化转型嵌入社会治理的场景重塑与价值边界［J］．求索，2022（2）：124-132.

第四章 功能完善：从“低效粗放”到“高效精治”

治理结构调整和治理过程优化的落脚点在于提升治理效能。在基层治理体系中，基层政府承担着落实自上而下的国家意志和回应自下而上的群众需求的双重功能。实践中由于结构矛盾和过程阻滞，基层治理功能呈现出系统性不足、精细化不够的现象，数字化转型的目标也难以实现。基于结构调整和过程优化的数字化转型能够提升基层服务能力，在解决由结构和过程引发的问题基础上提升基层治理效能。一方面，数字化转型通过技术嵌入，扩展基层治理空间，提升基层政府信息能力，精准回应自下而上的社会需求，保障资源高效使用；另一方面，数字化转型营造了全新的多元互动场景，为市场、社会和政府间的交流活动搭建了互动平台，在价值创设中实现共建共治共享。由此，数字化转型既保障政府有效履职，又增强群众的获得感、幸福感、安全感，推动基层治理从“低效粗放”向“高效精治”转变，不断增强基层治理效能。

一、基层治理数字化改革面临的功能性问题

随着思想观念、体制机制和利益格局的变革，社会异质性特征不断凸显，复杂性情境不断加深，对基层治理提出了更高要求，不仅需要在上级的统一性和基层的灵活性之间寻找平衡，保证上级政府的决策部署在基层落实，群众的多样化需求得到满足，而且需要在常态化治理和风险性管控之间找到平衡，在高效应对基层矛盾冲突的同时推动社会发展。这一目标的实现要求基层政府、社会、市场在权责清晰的基础上协作互动，需要科技等外部条件加持，然而受制于结构矛盾和过程障碍，许多条件不完全具

备，导致基层治理在功能发挥方面存在诸多问题。

（一）政府统筹整合的系统性不足

基层政府是基层治理的核心主体，基层治理效果如何很大程度上取决于基层政府的功能发挥。基层政府在条块结构中运转，条块关系失衡导致基层政府系统化治理能力不足，这种系统性不足主要体现为横向整合不足、纵向统筹不够，使基层政府在功能发挥上出现碎片化、重复性、形式主义、难以持续等问题。

第一，横向整合不足，出现碎片化、重复性治理问题。条块体制中，各种资源自上而下配置形成“条条”，要求“块块”对“条条”进行整合，实现资源效用的最大化，但实践中基层政府往往难以实现对职能部门的有效整合，呈现碎片化治理状态，集中表现为治理过程中各层级政府、各职能部门因目标冲突、缺乏协作产生服务冲突、服务缝隙、服务断裂、服务过载和服务失衡。服务冲突，即在条块结构中各层级政府、各职能部门基于自身职能目标和任务要求颁布各种政策，由于政府与政府间、政府与部门间、部门与部门间缺乏有效协作，往往出现政策冲突。服务缝隙，即部门间责任重叠交叉，在政治激励和问责机制下，部门会选择性执行任务，相互推诿，规避责任，而分级管理和属地负责进一步为政府与职能部门的政治避责创造条件①，造成群众在某一事项上并未获得服务或获得低于应有标准的服务。这种部门隔离带来的另一个问题是服务断裂，即由于相近或相似的业务被多个部门分头办理，群众要获得一项服务，就需要经历纵向的多层级审核流程和横向的多部门会审流程、复杂的表格和烦琐的工作程序。② 此外，公共事务的复杂性决定了各职能部门间难以实现绝对的专业分工，必然存在职能交叉。在以运动型治理为常态的基层治理情景中，时间紧、任务重，部门间难以在短时间内达成有效协调，出现不同部门同时向同一事务倾斜资源，即服务过载的情形。这种过度的资源倾斜并

---

① 曾凡军，潘懿．基层治理碎片化与整体性治理共同体［J］．浙江学刊，2021（3）：64-71.

② 孔娜娜．社区公共服务碎片化的整体性治理［J］．华中师范大学学报（人文社会科学版），2014，53（5）：29-35.

未完全转化为治理效能，而是直接显现为服务失衡，反而引发群众对政府的信任危机。

第二，纵向统筹不够，导致基层政府适应能力不足。在体制不变的情况下，基层政府通常采用机制创新方式，重新调配人财物等资源，以激活体制使其更能适应新的治理环境和需求，从而将体制优势转化为治理效能。[①] 基层政府的适应能力主要来源于中央与地方互动过程中展开的地方试验，这种地方试验能够在现有制度和政策环境中，因地制宜地解决基层政府在不同领域所遇到的实际问题。基层政府的适应能力受到中央和地方关系的影响，而这种影响很大程度上表现为“条”对“块”的指导、监督和控制，基层政府只有在“条”相对于“块”较弱的条件下，才能拥有较多自主权和资源，也才有能力发起和组织地方实验。[②] 多年来，尽管中央鼓励地方创新，但在属地责任和“条强块弱”的双重加持下，基层政府的自主权事实上受到削弱，自主探索动力减弱，出现适应能力不足的状况。与此同时，基层治理数字化转型让技术理性与科层理性密切结合在一起，对治理的标准性、统一性提出了新要求，这与社会的多样性、复杂性和不确定性要求的治理灵活性、迅捷性形成内在张力。在数字化手段支持下，基层政府受到的监督力度加大，基层政府治理的自主范围进一步被限制，创新探索的积极性和创造性在一定程度上被削弱。[③]

第三，在结构内在矛盾和流程运行不畅的综合作用下，基层治理形式主义严重，功能持续性较差。一是形式主义，即只注重外在形式，忽视实质内容的现象。在基层主要表现为：“文山会海”，贯彻落实表态多行动少；调查研究走过场布虚景；服务群众“推绕拖”事难办；项目建设“引注意”不唯实；责任担当不拍板只上报；工作成绩重包装没实效；对待问

---

① 田先红．适应性治理：乡镇治理中的体制弹性与机制创新［J］．思想战线，2021，47（4）：116-127.

② 曹正汉，钟珮．条块关系与中国的适应能力：对韩博天观点的修正［J］．探索与争鸣，2020（11）：100-111+179.

③ 彭勃．基层韧性治理的数字化转型策略［J］．国家治理，2021（41）：9-14.

题漠然听任；起草文件抄拼凑；履行职责向下移。① 基层形式主义是信息传递机制、行政体制、问责机制等因素综合作用的结果。由于信息不对称，上级政府为了保证各类政策的有效执行，将考核指标标准化、数量化，而处于晋升锦标赛体制中的各级政府则倾向于“层层加码”，将各类考核指标逐级分配，下派给基层。由于条块结构运行不畅，权力不断上移，责任不断下移，基层政府陷入权小、责大、资源少的困境，难以有效完成上级交付的每一项任务。而在“一票否决”等强负激励机制作用下，基层政府必须完成这些工作任务，因此基层政府会根据政治判断，形式化地应对一些相对不重要的工作任务，并通过填写各种表格向上传递工作完成的信息。② 由此，形式主义成为一种工具，既能降低政策执行成本和难度，而且能向上释放自身能干和努力的虚假信号。③ 这种形式主义容易导致一些基层治理工作“空壳化”。二是功能衔接不畅，具体体现为“领导一换，情况就变”的基层治理现象。治理结构对治理主体及其相互之间的行为互动产生约束，治理过程对治理主体的行为选择产生约束，治理结构中的激励结构缺失和治理过程中的追究机制不足，导致治理主体治理选择的随意性和治理行动的自决性，以致治理主体不受约束、自主抉择，出现“领导一换，情况就变”等情况，直接影响基层治理功能的持续性改善。

上述问题带有一定的普遍性，从本研究的个案来看，这些问题在G镇也有体现。比如，调研中G镇领导反映：

过去开展工作，特别是上头布置下来的时间紧、任务重的工作，一旦涉及多个科室、多个部门，往往是对自己有利的活儿大家都抢着干、没啥好处的活儿多数都推诿。现在不一样了，有了数字化平台，任务一目了然、责任一目了然，过程很透明，谁家的孩子谁抱走，扯皮的少了；加上有时候成立工作专班，整体协作多了；变化还是很明显的。（访谈记录：

① 季乃礼，王岩泽．基层政府中的“留痕形式主义”行为：一个解释框架［J］．吉首大学学报（社会科学版），2020，41（4）：97-106.

② 于健慧．基层形式主义：生成机理与治理对策主［J］．中国行政管理，2021（11）：145-147.

③ 叶敏．竞争维持与整合：形式主义的多源流产生机制［J］．行政论坛，2021，28（2）：66-74.

ZHXG20211225CYS）

G镇的数字化改革取得了很多成绩但也遇到了一些问题，归纳起来，有如下几个方面：一是“规而不遵”。根据浙江省数字化改革要求，数字化改革已划定规范的跑道和平台，但目前仍存在不规范现象，仍有跑道外的项目和平台在建设与使用。基层工作使用的电脑端系统、手机端应用分散在各个平台，平台多、入口不统一。二是“整而不合”。根据浙江省数字化改革要求，部分应用虽然已集成到统一入口，但应用间后台数据不通，数据需要在各应用中反复填写。应用间存在壁垒，事件、任务不能在应用间流转，同一项工作需要使用多个平台和应用来完成。三是“数而不智”。目前浙江全省市区及各条线工作都根据数字化改革要求进行相关建设，但建成的应用大部分只有功能，没有数据，需要基层输入大量数据来支撑平台运转，加重了基层工作负担。四是“数而不改”。目前有部分数字化系统和应用，没有机制改革作为支撑，仅仅为数字而数字，把数字化当作信息化进行建设，没有实现以数字化推动机制改革的目的。总的来讲，正如浙江大学徐林教授所言：

当前一些地方搞智慧治理，缺乏顶层设计和实用性，将智慧治理简单地理解为多安装高科技设备、多采集数据等，很多地方的数字化成果是用来“看的”，而不是用的。显示屏越做越大、图像越做越华丽，指挥大厅成为“展厅”，数字化沦为一种攀比或炫技的装饰物，实用性远远不够。还有就是数据采集有余，分析和应用不足，针对居民实际需求的应用更是少之又少。由于缺乏整体性的制度设计，一些地方着重于数据的收集和存储，轻视对海量数据的分析利用，导致数字化建设浮于表面。并且，“高位推动”下的智慧治理较多地关注“精密智控”，居民有效参与严重不足，未能充分体现“以人民为中心”的治理要义，换言之，监管多、服务少。①客观地讲，各地的数字化改革在取得了成效的同时，也伴生了一系列问题和阵痛；数字化改革急需加强顶层设计和制度建设，实现项目规范统筹、应用整合贯通、数据智慧赋能，让数字化落到实处，让数字真正推动体制

① 徐林．智慧治理的实践探索：案例分析及启示［J］．国家治理，2022（17）：55-59.

改革和创新。智慧治理不是简单地使用几项高科技产品，而是通过技术应用倒逼治理体制机制的变革，重构政府内部、政府与社会的关系。（访谈记录：ZHX20211031XL）

（二）基层治理精细化的水平不高

现代社会的复杂性、多样性和不确定性给基层治理带来了新挑战，要求摆脱追求同一性或一致性的惯性思维，通过应用新的治理技术，从微观层面关注人和事及其行动策略，了解各类细微的问题，积极预防和应对可能的风险，形成具有科学性、弹性和敏捷性的精细化治理机制，提高基层治理的有效性。然而，在基层治理实践中，粗放式的治理模式仍旧存在，带来服务供需失衡、服务资源使用效率低、网格化管理粗糙化等问题。同时，为提升基层治理精细化水平，大数据、云计算、物联网、人工智能等数字技术被广泛运用，数字隐私、数字鸿沟、数字效度、“重技轻人”、技术赋能不均衡等问题随之而来。

几年前的G镇，快速城镇化，政府管理比较传统，信息化水平比较低，像如今这种快捷、智能的服务，想都不敢想。外地人来到当地，啥也不知道，不像现在，打开手机登录一下小程序，啥都知道了，很快就跟当地人一样，在这里工作、生活都很方便。（访谈记录：ZHXG20211226ZXL）

从治理过程看，基层治理者对制度流程、战略、程序等硬性管理要素重视不足，网格化管理粗糙。随着信息通信技术的发展，网格化管理的应用实践逐步拓展到社会治理领域，形成网格化治理①，将基层政府公共服务系统与基层社区组织相结合。然而，受传统管理思维影响、条块结构以及科学技术和资金的限制，基层官员和社区工作者习惯于以便利性为目标、

① 网格化治理主要由基层政府主导，在城市“区-街道-社区”的基层治理层次与组织构架基础上，将“人、事、地、情、物”等维度纳入设计程序，依据辖区面积、地理布局、居民结构等指标，将作为整体治理单元的社区，进一步行政性地划分为单元网格，从而将基层社会“三级”管理结构转换为“四级”责任体系，从而实现以公众需求为导向，精细化、个性化的公共服务模式。参见：田毅鹏．基层技术治理的结构与行动：以衢州智治经验为中心［M］．北京：中国社会科学出版社，2022；竺乾威．公共服务的流程再造：从“无缝隙政府”到“网格化管理”［J］．公共行政评论，2012，5（2）：1-21+178；邵新哲，计国君．城市网格化管理与智慧社区协同运作机制研究：以四川省S市社区网格化管理为例［J］．软科学，2021，35（2）：137-144.

以结果为导向，满足于“差不多、过得去、领导满意”的层面，因此在推进网格化治理时，较为粗糙。具体表现：一是区、街道、社区、网格等行政管理边界划分不完整、不准确，还存在管理盲区和争议地带。二是网格化信息平台运行不畅，由于未整合好政府各职能部门、辖区内水电热气等公用事业单位、社区等各种力量，加上人力资源不足等因素制约，通过信息化平台表达的居民需求难以得到快速、有效的回应。三是政府扶持网格化，带来管理机制的行政化、社区自治的浅层化、社区参与的初级化。①

从治理结果看，服务供需失衡的情况普遍存在，数字化问题凸显。现代社会群众的需求具有阶层多样性、发展动态性、地域差异性等复杂特性，精细化治理要求通过现代科学技术与方法和机制创新收集信息，迅速、精准识别群众需求，提供公共产品和公共服务。然而，现实中，政府仍旧依赖自上而下的传统信息识别、抓取、分析、预判方式，加上群众信息传递机制不足，由此造成判断失误，引发公共服务结构错位、资源要素配置扭曲、供需结构性失衡。② 为了提升政府对基层信息的采集能力，政府运用各类现代化技术手段，对复杂性社会难题进行精准化建模、精细化分析并进行有效性处理。数字技术的运用在提升政府治理能力的同时也带来了一系列数字治理问题。一是边界模糊的数字隐私问题，政府在收集使用一些数据时并未明确取得群众的同意，同时在收集、传输、储存和利用数据的过程中，可能导致群众信息泄露或被盗取，进而损害公民权益。③二是使用鸿沟的数字包容问题，老年人、盲人、低收入人群、文化水平较低的人群等困弱群体可能遭遇数字歧视，难以获取相关服务。三是效能弱化的数字效度问题，在数据收集和使用过程中，由于各层级之间存在利益分歧，加上数据量大、真实性差等原因，数据处理的精准度有所降低，带来系统性治理问题。同时，在信息即权力的导向下，受限于条块结构，数字孤岛、数字烟囱难以避免，而这种数字烟囱延伸到社区，在巨大的工作

① 陈荣卓，肖丹丹．从网格化管理到网络化治理：城市社区网格化管理的实践、发展与走向［J］．社会主义研究，2015（4）：83-89.

② 张新生．创新社会治理：大数据应用与公共服务供给侧改革［J］．南京社会科学，2018（12）：66-72.

③ 张铤，程乐．技术治理的风险及其化解［J］．自然辩证法研究，2020（10）：42-46.

量和压力下，可能引发数字形式主义。四是“重技轻人”的倾向，技术的操作者极端追求程序化、标准化、数据化，舍弃了人性化的决策关怀。①

（三）共建共治共享的治理格局不牢

现实环境的复杂性决定了政府单一主体难以实现基层有效治理，因而要求多元主体进行密切合作，在持续互动中构建起网络化治理模式，这也符合新时期构建共建共治共享的治理格局要求。但在实践中，由于体制限制、多元主体自身治理能力不足、沟通渠道和治理平台狭窄等原因，呈现出政社及政企关系不够清晰、多元主体参与不足等问题。

第一，市场活力未被完全释放，政府与市场的边界需进一步厘清。深化“放管服”是处理好政府与市场关系的重要改革举措。通过放权，让市场有权管理其应管之事，同时使政府从细碎的审批事项中抽身，能够集中精力做好市场监管和服务工作。通过“放管服”，能够营造良好的营商环境和发展环境，最大化地释放市场主体的创新活力，推动经济高质量发展。近年来，简政放权取得重大进展，政府开展权力清单建设、一体化服务平台建设、行政审批服务标准化建设等，但仍存在一些权力下放不到位、市场主体活力受制约等问题，企业投资生产经营依然面临不少难题。如果企业的市场活力难以释放，那么其在社会治理中的功能也难以得到有效发挥。正如G镇一位干部（QC社区联系人）所言：

如果不是浙江省启动数字化改革、搞未来社区建设，QC社区探索政企合作模式共同打造未来社区这样的创新不太可能出现。（访谈记录：ZHXG20211226ZXL）

第二，社区呈现“过于行政化”趋向，政府与社会的边界需进一步厘清。在条块结构和压力型体制下，政府职能部门倾向于将行政链条向社区延伸，下达各种政治任务并辅以相应的考核机制，“上面千条线，下面一根针”的现象从乡镇街道进一步延伸到社区。与此同时，出于对行政资源的需要和自身利益考量，大部分城乡社区工作人员倾向于对上负责，由此加剧了社区行政化。国家善治的目标决定了“自治”成为一项任务由上而

① 张帆．信息技术赋能基层治理的路径与限度［J］．兰州学刊，2021（10）：65-78.

下传导下来，地方实行“自治”是为了完成考核要求，形成了“行政”构建“自治”的基层治理路径。① 社区的行政化在一定程度上推进了社区自治，但是当行政任务过多时，社区便会变通执行，社区工作形式化难以避免，自治功能难以实现。因此，必须进一步重塑社区职能，厘清乡镇（街道）与社区界限，从而拓展社区自治空间，激活社区治理活力。对此，G镇DS社区居委会副主任GQ深有体会：

过去（改革前），上头总是安排各种任务，各种创建、考评，各种表格要填报、材料要我们写，回想起来，真的是很难受，本来应该多花点时间跟居民在一起的，结果多数时间坐在办公室。（访谈记录：ZHXG20211226GQ）

第三，市场与社会力量等多元主体参与不足。一是市场主体参与不足。企业成为饮食、旅游、购物、娱乐等市场化、社会化服务的主要供给主体，但在基层治理中比较优势作用发挥不足。其中一个重要原因是企业能使用的公共数据非常有限。例如，交通管理部门掌握车牌信息，停车场运营商和物业公司掌握车位信息，交警掌握车辆违法信息，信息源的割裂使得企业和个人难以利用公共数据创新开发智慧应用，这就大大降低了城市交通智慧治理的水平。② 二是社会组织发育不完全。目前我国社区社会组织虽然数量庞大，但其多半依赖政府的资金和政策支持，普遍面临资金来源不稳定、运作过程不独立、自我造血能力不足等困境③，在基层社会治理中的作用发挥有限。三是群众参与社会治理的广度、深度和效度不足。一方面，广大居民群众参与基层治理的渠道有限、能力不足，作用发挥不明显；另一方面，社区是群众参与基层治理的主要场域，但大部分居民自我效能感低、社会资本匮乏、社区情境体验差④，参与社会治理的动力不足。上述情况在G镇推行数字化改革前比较明显。调研访谈中，G镇

---

① 苗延义．能力取向的“行政化”：基层行政性与自治性关系再认识［J］．社会主义研究，2020（1）：84-92.

② 段哲哲，贾泽民．数字治理视域下的互联网+基层治理：困境与优化路径：以S市为例［J］．江苏师范大学学报（哲学社会科学版），2022，48（3）：68-82+124.

③ 马立，曹锦清．社会组织参与社会治理：自治困境与优化路径：来自上海的城市社区治理经验［J］．哈尔滨工业大学学报（社会科学版），2017，19（2）：1-7.

④ 田北海，王连生．城乡居民社区参与的障碍因素与实现路径［J］．学习与实践，2017（12）：98-105.

下辖的 BLQ 村党支部书记表示：

可信可比的“L 家园”积分体系建成运行以前，当地的商家几乎没有参与村庄公益事务的，村民们对村级公共事务特别是志愿服务基本没啥兴趣，搞个公益活动，找个人做做公益参与一下很难。（访谈记录：ZHXG20211228HJQ）

二、基层治理数字化转型的功能性逻辑

在基层治理数字化转型的理论假设中存在两组关系：一方面，治理结构不断调整，治理过程持续优化，结构和过程的改变为基层治理功能改善创造了良好条件；另一方面，治理环境的复杂性和治理目标调整对治理功能提出更高要求，相对于结构和过程更为直接形象，并且随着基层治理的目标功能变化也会迫使治理结构和过程发生变化。从当前实践看，一些地方为拓展基层治理功能推进的数字化建设存在“头痛医头，脚痛医脚”的情况，并未带来理论上期待的结构和过程的优化调整，反而造成了新问题。对此，笔者从功能输出与改善的角度试图进一步深入理论层面分析基层治理数字化转型的功能性逻辑，深入阐释基层治理数字化功能应用如何在基层赋权增能优化结构和过程的基础上不断释放正外部性，并在信息能力强化和场景营造基础上，继续通过价值创设给市场和社会力量参与提供更多可能性，从而构筑共建共治共享的基层治理格局（见图 4-1）。

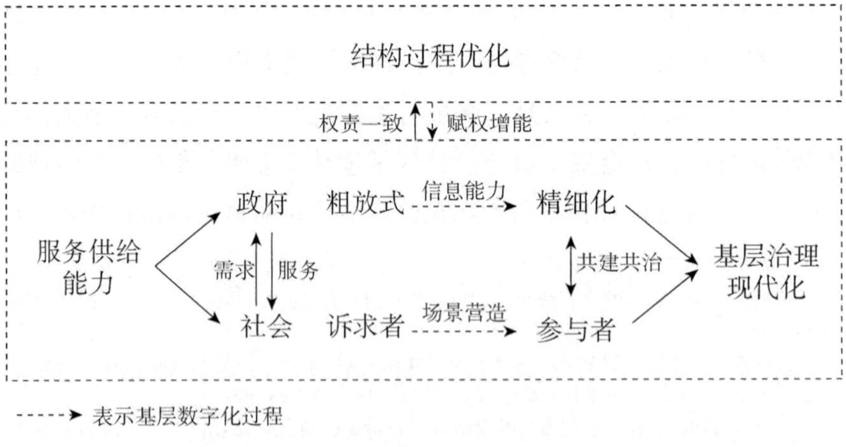

图 4-1　基层治理数字化转型的功能性逻辑

（一）赋权增能权责一致

推动基层治理现代化，治理体系是治理能力的前提和基础，能力影响着体系的功能发挥。基层治理在功能层次上最终落脚在基层治理能力建设，而基层政府治理能力提升是基层治理能力现代化的关键。在基层治理场域中，主要涉及政党、政府、以城乡社区组织等为代表的社会、以企业为代表的市场四类主体。不同于西方的政治与行政二分，中国的党政关系呈现出典型的一体化特征，中国共产党处于领导地位，政府接受党的领导，成为党在公共事务领域的决策执行者，政府的核心价值、体制构成、组织方式和运行机制取决于党的制度性安排①。作为政府体系的末端，基层政府接受同级党组织和上级政府的领导，中国共产党的路线方针政策最终依靠基层政府执行。同时，基层政府直接与社会、市场联系。城乡社区是社会治理的基本单元，在党政“一肩挑”的体制安排下，基层政府利用同级党组织与社区党组织之间的领导关系，淡化甚至取代基层政府与社区之间的指导与被指导关系②。因此，基层治理的主体由“政党+政府+社会+市场”共同构成，其过程为基层政府在中国共产党的领导下运用治理工具和技术策略去引导、控制、规范、协调和平衡各主体之间的关系从而实现协同治理③。基层政府在这一过程中履行职能，承担责任，其治理能力水平高低基本上决定了基层治理效能。

随着时代变迁，基层政府治理的内涵也在不断变化和丰富。在新的时代背景下，要提升基层政府治理能力，释放基层政府治理效能，首先要摸清基层政府治理面临的新形势、新变化、新要求，这就需要关注追踪不同历史时期政府治理背景、治理理念和治理能力的变化发展。中华人民共和国成立后，为了加快推进国家建设，政府借助国家权力对社会生活的各个领域进行直接管理和控制，形塑“全能型”政府，在这种模式中，基层政府具有高效的执行能力、管控能力和资源整合能力。全能型政府对促进国

---

① 刘杰．党政关系的历史变迁与国家治理逻辑的变革［J］．社会科学，2011（12）：4-11.

② 景跃进．党、国家与社会：三者维度的关系：从基层实践看中国政治的特点［J］．华中师范大学学报（人文社会科学版），2005（2）：9-13+29.

③ 周根才．走向软治理：基层政府治理能力建构［J］．学术界，2014（10）：34-42.

家经济重建和建立独立自主的国民经济起到了关键作用①，但后期引发了生产效率低下、政府财政负担过重、机构臃肿等一系列问题。随着全能型政府的弊端不断显露，国家现代化进程受到影响，党的十一届三中全会明确提出把党和国家的工作重心转移到经济建设上来，开展经济体制改革。在此背景下，地方分权和财政“分灶吃饭”改革激发了基层政府发展经济和增加财政收入的动力。一方面，基层政府通过农业税增加收入，资源汲取能力得到提升；另一方面，市场经济体制和市场主体的缺失让政府充当经济发展的主体具有一定合理性，农业的非集体化和国有企业的限制让基层政府将主要精力放在扶植乡镇企业发展和对外招商引资上，并促使二者嫁接②，由此形塑“发展型”政府，强调将经济发展作为向现代社会转型的主要目标，以经济增长作为政治合法性的主要来源③。这一时期，政府将资源汲取能力和经济发展能力提升作为首要目标，以追求经济增长特别是财政收入为最高动力，其结果是在大量的乡镇经济发展的同时，“治理危机”出现，农民负担加重，基层社会公共服务和公共物品大量短缺，政府服务供给能力明显滞后于现实需求。④ 为了减轻农民负担，保障基层公共产品供给，国家进行税费改革，企图通过取消税费和加强政府间转移支付来实现基层政府财政的服务职能，但事实上是在财政过度集权情况下，基层政府不但没有转变为服务主体，而且正在和农民脱离其旧有的联系，成为“悬浮型”政府。⑤ 随着市场化进程的加速、社会问题的凸显，基层政府的治理能力越发不足，要求政府在经济发展的同时提供丰富的公共产品和公共服务，构建“服务型”政府。⑥ 在这一模式中，政府以社会和公

---

① 程李华．现代国家治理体系视阈下的政府职能转变［D］．中共中央党校，2014.

② 萧冬连．乡镇企业“异军突起”的历史和机制分析［J］．中共党史研究，2021（5）：46-59.

③ 郁建兴，徐越倩．从发展型政府到公共服务型政府：以浙江省为个案［J］．马克思主义与现实，2004（5）：65-74.

④ 赵树凯．农村发展与“基层政府公司化”［J］．中国发展观察，2006（10）：48-50.

⑤ 周飞舟．从汲取型政权到“悬浮型”政权：税费改革对国家与农民关系之影响［J］．社会学研究，2006（3）：1-38+243.

⑥ 吴玉宗．服务型政府：缘起和前景［J］．社会科学研究，2004（3）：10-13.

民为本位，以公共服务为根本目标，强调提升政府的服务供给能力。① 为了实现这一目标，政府配套以法治建设、政府机构改革、问责体制改革、绩效考核机制改革，而在基层则是通过城市社区建设、社会主义新农村建设、脱贫攻坚战、城乡一体化建设等项目制方式下沉大量资源。然而，现实的复杂性、多样性和不确定性决定了政府作为单一的公共服务供给主体难以精准、充分满足社会需求，治理理论的兴起为破解这一困局提供了思路，要求政府充分动员社会、市场的力量共同参与社会治理，并在实践中逐渐探索出“党委领导、政府负责、民主协商、社会协同、公众参与、法治保障、科技支撑的社会治理体系”②。与此同时，基层出现乡镇（街道）事责下移，城乡社区负担加重和角色异化③，群众参与空间狭窄，矛盾纠纷难以化解的治理难题，这实质上是对基层政府的动员协调和资源整合能力提出了新的要求。2021 年 7 月，《中共中央 国务院关于加强基层治理体系和治理能力现代化建设的意见》明确提出加强基层政权治理能力建设，具体包括乡镇（街道）行政执行能力、乡镇（街道）为民服务能力、乡镇（街道）议事协商能力、乡镇（街道）应急管理能力和乡镇（街道）平安建设能力等。

通过梳理基层政府治理能力的演变历程，可以发现，不同时期基层治理面临不同治理难题，这就要求政府转变职能。职能转变的实质是政府行政体制改革，这就要求厘清政府内部中央与地方的关系、厘清不同职能部门间的关系、厘清政府与市场和社会的关系。而职能转变能否成功外显于政府某项能力是否提升。因此，要提升基层政府治理能力，必然要在治理理念上转变政府职能，而职能转变必然涉及政府行政体制改革。在城市流动性增强、利益分化、多样异质、风险叠加的治理背景下，建设服务型政府要求增强政府动员协调能力和应急管理能力，前者强调基层政府在常态

① 燕继荣．服务型政府的研究路向：近十年来国内服务型政府研究综述［J］．学海，2009（1）：191-201.

② 中共中央关于坚持和完善中国特色社会主义制度 推进国家治理体系和治理能力现代化若干重大问题的决定［N］．人民日报，2019-11-06（1）.

③ 吴永红，梁波．制度结构、非均衡依赖与基层治理困境的再生产：以居委会减负悖论为例［J］．甘肃行政学院学报，2017（4）：52-60+128-129.

化治理时能够在中国共产党的领导下，充分动员组织市场和社会参与公共服务和公共产品供给，后者强调基层政府防范化解重大安全风险、及时应对处置各类灾害事故的能力。① 这两项能力要求基层政府运用手中权力自主、灵活地作出决策，发挥协调作用，而基层治理中的属地管理更多的是一种责任落实与追究机制，并逐渐演变为上级职能部门甩锅推责的工具，乡镇政府处于有责无权的治理困境②，简单的技术嵌入并未解决体制结构性问题。因此，提升基层治理能力要求赋予基层政府与责任一致的权力，并配以相应制度改革保证权力的合法有效使用。有效的基层治理数字化转型能够打破结构-过程桎梏，在向基层政府赋权的同时，也能对其进行有效监管，为基层治理能力的突破和发展奠定基础（见图 4-2）。

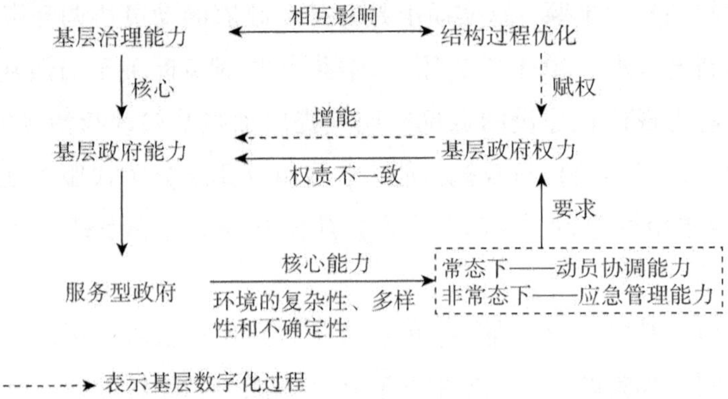

图 4-2　结构-过程数字化改革赋权的基层治理功能性释放路径

（二）服务增效精细治理

在利益多元化与价值取向多样化的社会转型期，能否满足公众多样化和多层次的公共服务需求，实现公共服务的优质、高效供给成为衡量政府治理能力的重要标准。基层政府拥有一定权力和资源并不意味着其公共服务责任的落实与效益的实现，基层治理面临着“最后一公里”的难题，而这一

① 韩自强．应急管理能力：多层次结构与发展路径［J］．中国行政管理，2020（3）：137-142.

② 颜昌武，许丹敏．属地管理与基层自主性：乡镇政府如何应对有责无权的治理困境［J］．理论与改革，2021（2）：73-86+153.

难题的解决依赖于基层政府能够与社会、市场实现良性互动和有效调适。

由于在市场经济、中介组织、社会组织的发育和成熟程度上存在差异，不同的国家会采取不同的公共服务模式。相较于以英美为代表的西方国家，中国的市场经济发展较晚，社会力量相对较弱，政府在公共服务供给中长期处于主导地位。因此，政府自身的服务供给能力很大程度上决定了公共服务供给水平。中华人民共和国成立后较长一个时期还是一个落后的农业大国，社会生产力水平不高，社会结构高度稳定，社会要素的流动性较低，社会生活高度静态，建立在这一社会基础上的政府规模和职权有效，规则体系较为简单，存在大量的模糊地带，政府官员在治理过程中高度依赖个人能力和经验判断。在这种环境中逐渐形成粗放式管理模式：公共服务主要依赖于政府的力量，政府是单一的公共服务中心；管理结构松散，缺乏分工和协作；重结果轻过程，解决问题的方式缺乏科学性和专业性。在社会复杂性较低，公共管理任务较为简单的环境中，粗放式管理抓大放小的粗线条思维、动态和弹性的治理过程能够保证政府实现服务职能。但是，随着治理环境的流动性、复杂性、不确定性增强，粗放式管理的模糊性和随意性特征带来的弊端被放大，资源利用效率低、成本高、资源错配的问题日益严峻。①

新公共管理理论、新公共服务理论、治理理论为推动粗放式管理走向精细化治理提供了理论支撑。精细化治理既吸收新公共管理理论中的效率机制，坚持新公共服务的人民导向，又借鉴治理理论的多元共治理念。20世纪初，为了提升工业生产效率和减少资源浪费，泰勒提出科学管理的理念，其原则包括用科学知识取代工人根据传统经验办事的做法，科学地挑选工人并逐步地开发其能力，将科学知识与科学地挑选和培训工人整合起来，公司的实际工作在劳方和资方之间作几乎均等的分割。② 泰勒的科学管理理论突破以往的传统管理模式，转向科学管理模式。“它是科学，而

---

① 韩志明．从粗放式管理到精细化治理：迈向复杂社会的治理转型［J］．云南大学学报（社会科学版），2019，18（1）：107-114.

② 杰伊·M. 沙夫里茨，艾伯特·C. 海德．公共行政学经典［M］．刘俊生，译．北京：中国人民大学出版社，2019.

不是单凭经验的方法”。[①] 泰勒的科学管理理论被各国企业运用，并不断发展。20世纪50年代，日本的工业制造企业盛行精细化管理，致力于推进企业管理中的计划、制度、预算、投资、成本、队伍、质量、流程和安全等方面的精细化。[②] 科学管理出现“过程导向”，其目标不仅追求高效率，而且追求工作方法、服务流程等全方位的质量提升。20世纪70年代，外部经济环境的变化和长久以来的福利政策使得西方国家陷入入不敷出的财政危机，伴随着财政危机的是管理危机和信任危机：政府规模庞大导致管理失控、官僚主义和效率低下，群众对政府越来越不信任，政府形象受损，普遍存在信任危机。[③] 为此，西方国家掀起以新公共管理为标志的大规模政府改革运动。

新公共管理理论追求“以市场为导向，政府企业化”，是“管理主义”或“新管理主义”运用于公共部门的结晶[④]，即强调采用企业管理技术、强化服务及顾客导向，在公共行政体系内引入市场机制及功能，以提高公共管理的经济、效率和效益。[⑤] 在改革过程中，企业精细化管理的规范化、程序化、标准化被带入政府，表现为变革政府部门设置、注重业绩评估和效率，确定工作目标，实施项目管理等。[⑥] 由此，西方国家通过变革管理文化、理念、方式、技术、手段，实现行政效率提升。20世纪末，新公共管理理论逐渐式微，其在实践中对公平正义、公民参与等民主价值的忽视遭到批判，此时新公共服务理论兴起。

“所谓新公共服务，指的是关于公共行政在以公民为中心的治理系统

---

① 泰勒．科学管理原理［M］．马风才，译．北京：机械工业出版社，2007.

② 孙涛．当代中国社会治理精细化转型及路径探析［J］．北京交通大学学报（社会科学版），2017（4）：105-110.

③ 戴维·奥斯本，特德·盖布勒．改革政府-企业精神如何改革着公营部门［M］．上海市政协编译组，东方编译所，编译．上海：上海译文出版社，1996：6.

④ 登哈特．新公共服务：服务，而不是掌舵［M］．丁煌，译．北京：中国人民大学出版社，2010：8.

⑤ 王丽莉．新公共管理理论的内在矛盾［J］．南京社会科学，2004（11）：42-46.

⑥ 唐兴霖，尹文嘉．从新公共管理到后新公共管理：20世纪70年代以来西方公共管理前沿理论述评［J］．社会科学战线，2011（2）：178-183.

中所扮演的角色的一套理念”。[①] 与新公共管理理论注重行政效率相比，新公共服务理论更加关注民主价值和公共利益，更适应于现代社会发展和公共管理实践需要。[②] 实践中，新公共管理要求的精细化让组织陷入“过制度化危机”，政府疲于应对精细的制度系统，服务职能削弱，在新公共服务理论影响下，精细化管理开始不仅关注政府内部行政过程，而且要求其落脚于社会服务结果。[③] 与此同时，外部环境的复杂多变对政府管理方式提出了新的挑战，单一的以政府为主导的管理模式越来越难以应对外部环境要求。随着市场和公民社会的兴起，一种新的强调政府、市场、社会基于平等基础上合作治理的模式开始出现。[④] 治理理论推动政府精细化管理转向精细化治理。一方面，精细化的范围不再局限于政府组织内部，而是向社会延伸，对社会进行规范化、标准化管理；另一方面，治理主体不再局限于政府，而是通过各种工具、技术将社会和市场拉入服务的供给场域。

综上所述，精细化治理包括三个维度：一是以回应群众诉求为导向；二是优化行政管理的结构、程序和技术；三是增强政府、市场和社会的互动，以社会参与提升地方治理和公共服务供给的灵敏度与细致化程度。[⑤] 可见，精细化治理是提升政府服务能力，实现资源高效利用的内在要求，这一治理模式的实现涉及基层治理的结构、过程和功能。本章主要聚焦功能层次，因此集中讨论在结构-过程赋权和资源下沉的背景下，数字化转型如何提升基层政府服务供给能力，推进基层精细化治理。

---

① 新公共服务理论主张：服务于公民，而不是服务于顾客；追求公共利益；重视公民权胜过重视企业家精神；思考要具有战略性，行动要具有民主性；责任并不简单；服务，而不是掌舵；重视人，而不只是重视生产效率。参见：张英魁．构建和谐社会与政府模式创新问题论析［J］．行政论坛，2008（2）：28-32；登哈特．新公共服务：服务而不是掌舵［M］．丁煌，译．北京：中国人民大学出版社，2010：8.

② 汪浩．我国社会转型期政府角色的定位与转换［J］．理论界，2014（4）：15-17.

③ 王阳．从“精细化管理”到“精准化治理”：以上海市社会治理改革方案为例［J］．新视野，2016（1）：54-60.

④ 俞可平．治理与善治［M］．北京：社会科学文献出版社，2000：9.

⑤ 蒋源．从粗放式管理到精细化治理：社会治理转型的机制性转换［J］．云南社会科学，2015（5）：6-11.

精细化治理能够有效弥补粗放式管理的不足，是推进基层治理体系和治理能力现代化的必然选择。社会项目顺利实施的首要前提是实现清晰化和简单化,① 公共服务供给从“大水漫灌”的粗放式向“精准滴灌”的精细化模式转变，要求通过系统化和清晰化的规则，运用专业化、标准化、科学化、信息化、智能化和系统化的手段方式，精准识别群众需求，并使各个治理主体及单元精确、协调、高效、稳步和持续运作。② 这本质上是对基层政府的信息能力提出要求，信息通信技术、大数据、云计算、互联网等数字技术的发展为精细化治理的实现提供了契机。

首先，数字治理的前提是掌握信息，通过构建信息采集网络，增强基层政府对社会的信息采集能力，同时拓宽信息传输渠道，动员群众主动表达诉求。而后，提升精准识别技术，对采集的数据进行深度分析，实现对社会人力、物力、财力的精准把握，精准识别群众需求，为供需精准对接奠定基础，降低治理的模糊性。其次，通过数字化流程再造，规范城乡社区在服务供给过程中的行为，实现服务精准供给，降低治理的随意性。同时，居民群众最接近自己所居住的社区，了解社区的各类信息，通过搭建数字交互平台，让居民群众参与基层社会治理，在实现自我供给和监督的同时提升治理的韧性。最后，通过深化数据监测，保障服务可持续性，预测社会风险，降低治理的不确定性。

（三）价值引领共建共治

通过提升政府能力实现基层有效治理，即使触手深入社会，本质上仍旧是自上而下的政府治理视角，在一定程度上忽视了社会参与在基层治理中的功能。而社会参与正是“治理”的应有之义，政府与社会在互动中形成的公共价值是“治理”的核心诉求。③ 正如美国学者莫尔（M. H. Moore）

---

① 詹姆斯·C. 斯科特．国家的视角：那些试图改善人类状况的项目是如何失败的［M］．王晓毅，译．北京：社会科学文献出版社，2017：4.

② 何继新，郁琭．基层公共服务精细化治理的逻辑关联、社会行动与路径创新［J］．北京行政学院学报，2018（1）：43-51.

③ 何艳玲．“公共价值管理”：一个新的公共行政学范式［J］．政治学研究，2009（6）：62-68.

所言，公共管理的目的是根据环境情景的变化，发现、定义和创造公共价值。① 公共价值源起于公众需求，公众将普遍关注的基本需求通过利益表达产生自下而上的影响，公共管理者通过审慎选择与公众达成共识，进而产生公共价值。② 公共价值可以看作管理者对公众偏好的排序和公众偏好的实现，或者理解为与公众偏好相配对的、能够为群众带来客观效用的公共物品或公共服务。③公共价值包括过程和结果两个层次，在过程视角下，公共价值是一种在互动中达成的共识，是公民、政府和其他利益相关者在谈判、辩论、协商的共同参与过程中认同并决定的价值；如果从结果视角来看，公共价值可以视作“看得见，摸得着”的、能够满足公众偏好和为群众带来客观效用的实体，政府能够根据“客观存在”的公共价值的实现情况来评估管理者的服务绩效。④ 对此，中国学者何艳玲根据美国政治学家戴维·伊斯顿（David Easton）提出的政治系统价值权威性分配的效用论和莫尔提出的公共价值的主观期望属性，提出“公共价值具有输入和产出的双重性质，既是公民对政府期望的集合，也是公民获得的一种效用。公共价值管理必须将公民置于主导地位，因为只有调动了公民的积极性，政府才能找到有效的解决方案，从而创造公共价值”。⑤

综上，基于公共价值视角看待基层治理，基层治理绩效不仅是基层政府自己生产的，而且是多元主体合作的产物，必须以反映广大群众集体偏好的公共价值为基础。因此，基层治理体系和治理能力现代化建设不仅要求在结果层次上增强基层政府治理能力，实现公共服务高效率、高质量精

---

① MORE M H. Creating Public Value：Strategic Management in Government [M] . Harvard University Press. 5-25.

② STOKER G. Public value management a new narrative for networked governance? [J] . The American review of public administration, 2006 (1)：41-57；张会平．面向公共价值创造的城市公共数据治理创新 [J] . 行政论坛, 2020 (1)：130-136.

③ MORE M H. Creating Public Value：Strategic Management in Government [M] . Cambridge：Harvard University Press. 73.

④ 钟晓华．公共价值治理范式对社会治理的重构 [J] ．国外理论动态, 2016 (8)：93-101.

⑤ 何艳玲．“公共价值管理”：一个新的公共行政学范式 [J] ．政治学研究, 2009 (6)：62-68.

准供给，而且要求在过程层次上实现社会多元主体的有效参与。然而，随着科技发展和资本转型，资本与劳动力深度结合的状态被打破，起到一定聚合作用的职业团体、单位的联结被高流动性瓦解①，人处于极度孤单、信任不足和价值缺失的状态，不具备集体回应政府的能力，即在共同愿景的感召和共有规则的约束之下，借助公共对话平台，展开系统治理和协同行动。② 因此，必须重塑人的社会性，增强人们的归属感和价值感，从而增强人们的责任意识，让其参与基层治理，并在参与过程中实现人的社会价值。这实质就是要求激发社会活力，建设人人有责、人人尽责、人人享有的基层治理共同体。③

基层治理共同体的重要价值在于通过基层各类主体的动态联合提升治理的效能。德国社会学家、经济学家和哲学家斐迪南·滕尼斯（Ferdinand Tönnies）认为，“一切亲密的、秘密的、单纯的共同生活”才是共同体的生活，“现实的和有机的生命的结合是共同体的本质”，共同体从最初的血缘关系连接发展为地缘共同体，最后是精神共同体。④ 滕尼斯将共同体和社会区分开来，突出了共同体生活的伦理性。英国社会学家齐格蒙特·鲍曼（Zygmunt Bauman）将共同体比喻为“一种我们将热切希望栖息、希望重新拥有的世界”，⑤ 共同体中的成员在相互理解中共同生活，在共同生活中创造确定性，应对外界的不确定性、风险性，打造一个值得信赖的舒适庇护所。⑥ 从马克思主义视角看，共同体是人获得全面发展的联合体，“只有在共同体中，个人才能获得全面发展其才能的手段，也就是说，只有在

---

① 王亚婷，孔繁斌．用共同体理论重构社会治理话语体系［J］．河南社会科学，2019（3）：36-42.

② 朱碧波．论我国社会治理共同体的生成逻辑与建构方略［J］．西南民族大学学报（人文社会科学版），2020（10）：200-206.

③ 张贤明，张力伟．社会治理共同体：理论逻辑、价值目标与实践路径［J］．理论月刊，2021（1）：61-68.

④ 斐迪南·滕尼斯．共同体与社会［M］．北京：商务印书馆，2019：1.

⑤ 齐格蒙特·鲍曼．共同体：在一个不确定的世界中寻找安全［M］．欧阳景根，译．南京：江苏人民出版社，2003：10.

⑥ 张贤明，张力伟．社会治理共同体：理论逻辑、价值目标与实践路径［J］．理论月刊，2021（1）：61-68.

共同体中才可能有个人自由”。[①] 由此可见，共同体包括生活共同体、情感共同体和行动共同体三个层次，三个层次相互联系，缺一不可，人们只有在共同生活中才能建立起情感和共同的价值追求，情感和共同的价值追求是共同行动的内在动力，而在共同行动中群众能够实现自我价值，提升共同生活的品质。然而，现代社会的便捷性、流动性和各种压力让人与人之间常态化生活联系越来越弱，生活共同体难以建构，由此带来价值断裂和情感缺失，共同行动更无从谈起。因此，要通过构建新的、政治上开放的、创造性的纽带和联合，赋予现代社会以共同体的某些元素，从而激励群众参与基层治理、形成充满活力的基层社会。[②]

三、基层治理数字化转型功能改善进路

在结构和过程数字化转型取得成效的基础上，浙江省 G 镇在功能层面实现了较大提升，通过块数据[③]导入基层治理、关注数字化转型中的困弱群体、积分制等方式，实现了基层政府对社会的精细化治理，又让企业、社会组织、居民等主体参与基层治理过程，有效解决了基层治理中服务不足、精细化不足、参与不足等问题，最终推动基层治理现代化。本章节进一步结合 G 镇的具体做法进行基层治理数字化转型的功能改善进路分析。需要指出的是，基层治理中系统性不足的问题根本上源于结构-过程的不足，与其对应的技术进路在前面章节中已经提及，因此下文不再赘述。

（一）技术赋能力求精细化治理

信息是基层治理精细化的前提，要求构建信息采集网络、提升精准识

---

① 马克思恩格斯选集（第 1 卷）［M］. 北京：人民出版社，1995：6.

② 郁建兴，任杰. 社会治理共同体及其实现机制［J］. 政治学研究，2020（1）：45-56+125-126.

③ “块数据”有狭义和广义之分。狭义的“块数据”是一种数据的结构形态，如条状或块状。广义的“块数据”是指作为一种底层智能设施的块数据平台，用于横向融合政府和社会数据，统一数据标准和数字资源。本研究中出现的“块数据治理”指的是以统一地址为基础，构建人口、法人、房屋、事件、通信，以及教育、卫生、社保、水电气等基层治理要素与电子地图融为一体的城市块数据智能底板，目的是打造条块结合、多元共治的精细化治理体系，落实属地管理，压实块责任，解决基层治理“底数不清、情况不明、责任不实”等难题。参见：武大吉奥信息技术有限公司. 块治理：块数据驱动下的市域社会治理创新［M］. 北京：中国社会出版社，2022.

别技术、进行数字关联共享、搭建数字交互平台、深化数据监测从而提升基层信息能力。

一是构建信息采集网络，增强基层政府对社会的信息采集能力，同时拓宽信息传输渠道，动员群众主动表达诉求。进一步深化网格化治理，借由网络信息系统对网格中各类信息加以汇总，全面精确且及时高效地了解基层社会的各种情况；搭建信息平台，让居民主动报送信息。[①] 在 G 镇，全镇 5.4 万户村社居民全部完成“L 家园”实名注册，所有家庭均入驻数字孪生平台，信息实时传递。依托这一平台，G 镇在创新乡村治理方面作了不少创新探索，比如，ML 村为了加快实现“数字乡村一张图”，呈现未来乡村发展新愿景，开发建设了数智地名应用场景，现已完成数智地名建设，村民只要用手机扫一扫数智地名二维码就可以进入这个系统，点开数智地名一栏，直接输入某一家的门牌号，就可以一键导航到这一家的门口，比以前只能导航到村口精准多了。

二是提升精准识别技术，通过块数据，对采集的数据进行深度分析，实现对社会人力、物力、财力的精准把握，精准识别群众需求，为供需精准对接奠定基础，降低治理的模糊性。一方面，服务和管理对象识别要精准。通过“块数据”治理，对以往碎片化、割裂分散的信息进行有效整合，使每一类管理和服务对象都具有全量多维的信息描述，而且可以追本溯源。另一方面，服务和管理资源配置要精准。通过对人口、法人、房屋等信息的标签进行分级分类，以及对管理区域分块，基层服务和管理需求画像将更加精准，服务和管理的重点区域与热点区域将更加明确，这样就可以将有限的管理资源优先配置到重点与热点区域，加大监管力度，开展精准服务。这方面，G 镇也有探索，可供其他地方学习借鉴。比如，为了筹备办好亚运会，G 镇下大力气完善信息基础设施，研究编制全域前端感知体系布点规划，依托“全科网格”，强化“大脑+手脚”的联动配合，努力实现一图尽览、一网通管。为了服务经济转型升级，探索建设智慧能源驾驶舱，对复工复产、行业走势、安全用能等情况进行大数据分析，实

---

① 张帆．信息技术赋能基层治理的路径与限度［J］．兰州学刊，2021（10）：65-78.

时掌握企业运行情况，发现指标异动及时预警，指引政府精准开展工作，精细化地为企业送信息、送政策、送服务。

三是进行数字关联和协同共享，实现服务高效精准供给，降低治理的随意性。将社会管理要素与管理空间相关联，使人口、法人、事件等社会管理要素与房屋等空间地理信息关联融合，实现社会管理要素之间的全关联。通过数据关联和共享，解决数据更新不及时的问题，同时使得相关管理者能够单独或协作更加高效地作出回应。比如，G 镇针对电动车违章管理人工处罚工作量大的问题，通过线下管理机制与线上流程闭环的结合，专门研究制定了电动车违章三色管理规则，与交警部门的执法记录进行对接，通过镇综合信息指挥室“四平台”系统，实时推送到所属网格，让每一条违章信息下沉到村社，村社网格员开展安全教育，线上反馈形成闭环。同时，违章信息通过身份字段识别、自动扣除村级“L 家园”积分，形成“线上+线下”的管理通路。该应用实施以来，全镇电动车事故发生率越来越低。

（二）多元主体协同构筑治理共同体

多元主体参与基层治理既是复杂治理环境下保障居民多样化服务需求得到满足的需要，也是新时代彰显人民权利，增强人民获得感、幸福感和安全感的必然要求。在数字时代，数字技术赋予了用户更多的自主权①，以数字生命力、竞争力与创造力推动社会治理方式的创新②，并赋予公民参与政策制定的权力③，促进了公民的思考与行动④；同时数字平台的发展也为公民参与提供了便利⑤，增加了更多形式的社会动员，拓宽公众参

---

① 史蒂文·范·贝莱格姆．用户的本质：数字化时代的精准运营法则［M］．田士毅，译．北京：中信出版集团，2018.

② 董慧，李菲菲．大数据时代：数字活力与大数据社会治理探析［J］．学习与实践，2019（12）：20-27.

③ KATSONIS M，BOTROS A. Digital government：A primer and professional perspectives［J］. Australian journal of public administration，2015，74（1）：42-52.

④ 乌苏拉·胡斯，毛兴贵，高雪．新冠肺炎疫情危机下的数字化、资本重组和社会动员［J］．国外理论动态，2021（1）：148-155.

⑤ SILVANA S，VALERIO B，DANIEL L，et al. Does citizen involvement feed on digital platforms?［J］. International journal of public administration，2021（11）：1-18.

与途径①。因此，在推进基层治理数字化转型实践中，要积极营造数字化场景，拓宽沟通渠道，优化业务流程，打通部门壁垒，共享数据资源，推动构建部门协同、区域协同以及政府与企事业单位、社区居民的多方力量共同参与的治理新格局。

据调研了解，G 镇在未来社区和未来乡村建设试点探索中坚持政企共建、政社共建，引入积分制治理模式，通过发动多方参与，基本建立起一个共建共治共享的基层治理共同体。QC 社区作为全省首批未来社区试点，从居民核心痛点出发，把公共服务供给和市场化运营有机结合，通过具有数字化特征的“渐进迭代、流量吸聚、跨界协同”的建设路径进行创新，用社群运营文化+数字技术手段实现未来社区的场景共生，积极探索数字社会最基本单元的民生新系统，探索形成了“政企共建、全民参与”的基层治理模式。正如一位对浙江未来社区实践探索有深入研究的专家所言：未来社区通过迭代演进式建设模式、政企合作式数字平台和全民参与式“三三制”的三大特色，弘扬守约诚信、互助共享、公益环保的社区精神，建立社区多方主体的信用公共评价体系，构建服务换积分、积分换服务激励机制，推动构建共建共治共享的社区治理新格局。②

结合 G 镇实践来看，一方面，G 镇依托区块链技术开发上线了可比可见的 L 家园信用积分体系和数字账本，在 QC 社区试点推行“一户一注册、一夜一巡防、每巡有积分”的志愿者组织模式。群众通过“L 家园”手机端获取数字身份，在微信小程序内实现线上抢单、后台积分、一键触达，形成独一无二的文明账本。社区在组织各类义务劳动和公益活动时，在线发起任务、分组定向发布，居民群众在线抢任务，通过信用正向激励提高基层治理效能。另一方面，在社区打造功能集成的“L 家园”线下实体店“LI MALL”，开展积分线下兑换，将居民的信用行为转化为实实在在的小激励，增强群众获得感与体验感，营造“信用有价”的良好社会氛围。同

① 徐明，李震国．网络社会动员作用机制与路径选择［J］．中国行政管理，2016（10）：51-56.

② 项泽晔．未来社区场景建设的思考与探索：以松阳江南未来社区实施方案为例［J］．世界建筑，2022（S1）：70-73.

时还探索实现了线上线下“一键通”。通过数字驾驶舱管理端、社区居民微信用户端以及“LI MALL”现场实体端等载体，由 QC 社区 59 幢居民楼、126 个楼道单元、4739 户近 1 万人组成了一个“数字 QC 未来社区”，实现了社区基层各类基本情况及管理信息“一键通”，社区与居民管理沟通即信息下行与上传“一键达”，社区帮扶公益任务“一键抢”，做到了“家园”在云上、“服务”在线上、“响应”在掌上。① 另外，还依托“LI MALL”形成了集党建阵地、学习培训、座谈会议、休憩娱乐、数字工作等综合功能于一体的村社文化客厅，引领乡村数字生活新风尚。

身处数字化时代，G 镇的实践为我们构建多元共治共享的基层治理共同体提供了有益借鉴。基层治理共同体的打造需要政府、市场、社会协同，需要组织、个人参与。在推动基层治理数字化转型实践中，可以通过数字化建设，着力提升对社会治理复杂系统运行的感知能力、对社会治理风险防控的决策能力、社会治理多元主体协同能力、社会治理资源与服务共享的平台治理能力。具体可以从如下几个方面发力。

第一，坚持数字化改革与“放管服”配套推进，开放数字共享，激活企业参与基层治理活力。强化数字政府支撑“放管服”改革、行政审批制度改革、优化营商环境改革的能力，匹配数字信息化应用服务，促进各项改革任务与数字政府一体化建设，利用技术驱动推进行政业务改革和政策落地，从而为企业营造良好的营商环境。② 同时，通过数据共享，让企业参与社会治理。例如，使建筑商、物业管理企业与交通运输部门等共享相关信息，为群众提供更好的停车环境。

第二，通过数字化转型为社区减负增能，提升社区基层治理能力。一方面，以技术化手段降低治理成本，创新决策机制，提升群众满意度。通过大数据技术提升社区服务的精准度和有效性，更好地了解社区基本情况和居民诉求偏好。例如，对社区困难群体进行帮扶，引入人脸识别高清探头、红外线体温感应、二维码开门等技术增强居民的安全感和幸福感。另

---

① 数据来自笔者调研收集资料。

② 匡亚林．“思维-技术-规则”框架下超越数字政府技术治理路径依赖的优化方略［J］．青海社会科学，2021（2）：77-83.

一方面，借助智能化设施设备，增强数据开放性和可及性，畅通政府、企业、社区以及公众之间的数字联系，促进信息共享，提升治理效率。

第三，利用积分制、线上论坛等方式营造多元协同参与式治理场景，引导居民有效参与社区建设。G 镇将积分制嵌入“L 家园” App，居民可以通过上传志愿活动照片、线上抢单为其他居民服务、浏览新闻等方式获取积分，积分可在线下使用。“L 家园”的实质是为居民提供了一个虚拟生活空间，通过线上线下的联动，居民之间互帮互助，联系更加密切，居民对自己生活的社区更加熟悉，社区的共同体意义彰显，而居民也在参与过程中实现自我价值，增强获得感和幸福感。此外，应充分发挥数字化技术的平台优势，提供线上议事厅、线上信息公示平台，打破空间、时间的限制，为居民提供更多的参与途径和治理空间。

（三）安全发展并重践行数字正义①

数字治理必须强调数字正义。数字正义是指导和约束人类开发设计、应用数字技术的价值准则，其本质是社会正义而非“机器正义”。②数字正义具有时代性、多维性、动态性，它涉及数字技术在社会、法律与伦理层面的应用和发展。实现数字正义需要政府与市场和社会的共同努力。在推进基层治理数字化转型中理应重视和践行数字正义。

第一，平衡好数据共享和群众隐私的关系。数字社会治理作为技术变迁的产物，其社会效应受到多重因素的影响，会不可避免地陷入治理困境。为此，既需要国家完善信息收集、使用、挖掘等相关的安全制度与法规，明确处理个人信息要遵循的原则，细化相关规则，③ 又需要企业一方面增强自我保护能力，另一方面强化技术管理能力和规范。对此，G 镇依托数字化的全域信息平台，将国家治理、企业管理与个人强化三者有机结合，形成“国家—企业—个人”三位一体的防护体系，共同保障个人信息

---

①② 周尚君，罗有成．数字正义论：理论内涵与实践机制［J］．社会科学，2022（6）：166-177.

③ 郭雪慧．人工智能时代的个人信息安全挑战与应对［J］．浙江大学学报（人文社会科学版），2021（5）：157-169.

安全。①

第二，做到数字赋能与数字正义兼顾。从社会层面来看，数字治理的困境主要表现为数字正义问题。“数字鸿沟”是数字正义问题的一种表现，不同群体的数据意识、数据素养和数据能力存在差异，信息接收量和数据话语权不平等，一定程度上加剧了社会不公正现象②。在现实实践中，老年人、盲人、低收入人群、文化水平较低的人群等困弱群体受技术、制度、文化等因素制约，通常与其他群体在信息技术拥有程度、应用程度上存在巨大差别，难以获取相关服务。③ 为此，我们在推进数字化转型过程中，要特别兼顾好赋能与正义问题。G 镇在这方面的探索也走在前列。比如，在 G 镇 QC 社区调研时，笔者就注意到其办事服务中适当保留人工窗口或人工服务方式，能够高效地为“数字困弱群体”提供帮助，充分照顾到低收入人群、老年人、残障人士等特定群体的需求，并且 G 镇政务服务部门不断完善线下救济渠道，让其享有选择多种服务方式包括传统服务方式的权利等。

第三，注重人文与技术的融合。基层治理数字化转型中，其所依凭的技术手段和工具无疑会优化治理资源，提升治理绩效，也会产生数字崇拜。因而要强调以人为本，注重人文关怀和温情，增强治理弹性。在未来社区和未来乡村建设过程中，G 镇始终坚持以人民追求美好生活向往为目标，聚焦“人本化、生态化、数字化”本质特征，秉承“共享融合、美好睦邻”理念，采取刚性引领、柔性融入、韧性提升的方法，逐步构建了“党建统领、多跨融合、数智赋能、共建共享”的城乡社区数字化治理新格局④，努力将城乡社区建成绿色低碳智慧的“有机生命体”、宜居宜业宜游的“生活共同体”、资源高效配置的“社会综合体”，朝着共同富裕现代

① 高德胜，季岩．人工智能时代个人信息安全治理策略研究［J］．情报科学，2021（8）：53-59.

② 胡春阳．从接近沟到使用沟“数字鸿沟”的转向及跨越［J］．人民论坛，2018（24）：130-132.

③ 陆杰华，韦晓丹．老年数字鸿沟治理的分析框架、理念及其路径选择：基于数字鸿沟与知沟理论视角［J］．人口研究，2021（3）：17-30.

④ 吴前锋．党建统领“三化九场景”的基层实践［J］．浙江经济，2021（11）：45.

化基本单元方向迈进①，不断增强居民群众的归属感、舒适感、现代感。正如G镇领导所言：

数字化改革的出发点是“人”，最终的落脚点还是“人”，一切都是为了满足“人”的需要。我们坚持以人民为中心的发展思想，希望通过不断深化这项改革，为老百姓提供更加智能、更有温度的服务，以不断满足群众更高层次、更多样化的需求，切实提升群众生活品质，加快构建美好生活。②

（四）加强教育培训提高数字素养

随着数字经济的蓬勃发展，数字技术对人类的思维方式、生产生活、学习习惯的影响越来越深刻，全民的数字素养与技能不仅对于个人，而且对于一个组织、一个国家竞争力和软实力的提升至关重要。2021年10月，习近平总书记在中共中央政治局第三十四次集体学习时专门指出，要提高全民全社会数字素养和技能，夯实我国数字经济发展社会基础；同月，中央网络安全和信息化委员会专门印发了《提升全民数字素养与技能行动纲要》，强调要立足新时代世情、国情、民情，构建知识更新、创新驱动的数字素养与技能培育体系，要求广大领导干部和公务员着重提升数字治理能力的目标要求，引导领导干部和公务员提升数字化时代的履职能力，提升学网、懂网、用网的能力。在全社会各领域数字化转型大背景下，加强全民数字素养与技能教育已经成为提升国民素质、促进人的全面发展的战略任务，也是加快建设数字中国、网络强国、智慧社会的客观要求。③

具体到基层，干部群众的数字素养整体水平偏低，对大数据、区块链、人工智能等各种数字技术的认识相对比较粗浅，因此，面对数字化改革这一创新任务，很多时候大部分基层干部只能被动地“跟着干”“边学边干”，对这些技术以及应用场景并不太明白，数字化技术的应用水平参差不齐，一些基层单位缺乏数字化技术和人才支持，这些都给数字化改革

① 徐墉．湘湖·三江汇　拥江起新城［N］．杭州日报，2021-03-19.

② 节选自浙江省杭州市X区G镇领导内部会议讲话。

③ 蒋敏娟，翟云．数字化转型背景下的公民数字素养：框架、挑战与应对方略［J］．电子政务，2022（1）：54-65.

带来了很大的挑战。因此，在基层治理数字化转型实践中，大力提升基层领导干部、社区工作者乃至广大居民群众的数字素养和用网、懂网的能力水平迫在眉睫。在G镇推进数字化改革过程中，当地主要领导就前瞻性地意识到了这一点，并且采取了务实行动，积极开展有助于提升基层干部、社区工作者等人群的数字素养的学习教育培训，成立工作专班，引领带动，努力培养数字型干部队伍。用G镇时任党委书记的话讲：

我们要把数字赋能作为干部解决工作问题的常用办法，强化数字思维的培养。围绕机关干部、村社干部、企业经营者三支队伍，大力培养其数字意识、数字能力、数字意志，着力打造善于基层治理的数字型队伍。①

在G镇，政府专门组织网格片组长、试点村社网格长和网格员参加培训，通过培训让大家详细讲解网格平台应用场景、功能构架、操作流程等内容，提高微网格数字化应用能力和水平，完善“镇—村（社区）—网格—微网格—户”五级治理体系。

因此，推进基层治理数字化转型，首先要大力提升领导干部及公职人员的数字素养和数字治理能力。加强数字化转型相关内容培训，坚持综合性与专业性有机结合，线下线上多途径深度融合，打造遵守网络伦理、具备数据思维和数字治理能力的管理人才队伍。政府要有力有序地推进全民数字素养与技能提升，重点推进公民数字参与。积极拓宽广大居民群众参与政策制定、产业发展、城市管理、社区治理等建言献策的多元互动渠道。鼓励支持引导以数字技术促进民意汇聚、民主协商，引导居民密切日常交往、参与公共事务、开展协商活动、组织邻里互助。总之，要顺应数字时代的发展需要，努力转换思维和工作模式，基层治理工作要着力从行政协调转向数字协调，从各自为政转向资源整合，从习以为常转向倒逼改革，不断深化数字赋能基层治理创新。

① 节选自浙江省杭州市X区G镇时任党委书记内部会议讲话。

结论与展望

数字化转型是当今世界前沿课题。本研究立足中国国情，在前人研究的基础上，基于理论与实践相结合的系统分析，在数字治理、技术治理、整体性治理等相关理论支持下，基于“结构-过程-功能”分析框架，聚焦中国基层治理实践特别是数字化改革面临的突出问题，重点探寻其数字化转型的政治逻辑及其技术进路，以浙江省 G 镇为个案，点面结合，展开深入研究，形成了一些基本结论和相关思考。

一、研究结论

基层治理数字化转型是一项复杂的系统工程，涉及基层治理的体制机制变革、方式方法优化、制度体系重塑、效能效益评价等多个方面，关系到基层治理的结构、过程和功能变化。浙江省 G 镇的创新探索为我们观察研究基层治理数字化转型问题提供了诸多启示。本研究在分析 G 镇个案的基础上，按照“结构-过程-功能”分析框架，从个案到一般，对中国特色的基层治理数字化转型的政治逻辑及其技术进路进行了深入分析，形成了一些基本结论、产生了一些新发现。

首先，关于“结构-过程-功能”分析框架的适用性。

通过对既有研究成果分析发现，数字化转型的影响不是以任何直接的技术决定论的方式产生的，而是通过与基层治理体系中一系列的认知、行为、组织、政治和文化转型产生的。因而党和国家试图通过数字化改革推进基层治理现代化转型的努力，从实现路径看，并不能止步于赋权基层治理体系，而是需要立足中国的基层治理实际，以政府治理数字化改革为牵引推进基层治理体系和治理能力的结构性变革，以此来实现基层善治的目标功能。同时分析还发现，在结构与功能之间，必须将过程纳入其中共同作为分析基层治理数字化转型的政治逻辑框架，由此探寻到将“结构-过程-功能”作为本研究的整体分析框架。一方面，从理论模型出发，当国家试图通过某种结构性的制度安排来表达其政治意图时，必须通过考察执行结果判断国家意志是否得到了有效贯彻，并将功能实现作为判定依据，从而确认结构的合理性，这也构成了结构-功能主义的理论逻辑；另一方面，回归现实实践，国家意志的有效贯彻和执行仍旧是通过一套科层制的政府治理体系实现的，随着数字化推进、政府治理体系的内部结构调整以及相应的职能变化，能否对结构调整后的职能转变有效适应，便成为一个关键性问题，尤其是在推进治理重心下移的改革中，基层治理中长期存在的结构性问题，使基层干部在多次磨砺中，掌握了各种手段和策略来应对多样化的结构性变革与政策指令下沉。因而，如何有效地在结构调整的背景下进一步优化政府运行过程，促使官僚体系的认知和行动转变，成为基层治理结构性改革的功能意图能否有效实现的关键一环。由此，通过“结构-过程-功能”的分析框架勾连出国家能力、政府治理与基层治理之间的内在关联，并将其作为理解和阐释基层治理的结构、过程、功能实现数字化转型目标的总体思路和主体框架，分析其面临的问题和其中蕴含的政治逻辑及其对应的技术进路，具有科学性和适用性。

其次，关于基层治理数字化转型的政治逻辑。

基层治理数字化转型蕴含着丰富的政治逻辑。虽然“政治逻辑”这一概念在学术研究中至今没有一个统一的界定，但这丝毫不影响其被广泛使用和解读。从马克思主义政治学视角看，政治逻辑可以理解为基于人类社会生产关系发展规律的各种政治结构、政治关系和政治活动的存在方式与运动规律。① 就中国当前正在全面推进的国家治理现代化而言，“坚持党的领导、人民当家做主、依法治国有机统一是治国理政的根本政治前提”“完善和发展中国特色社会主义制度是治国理政的重大政治任务”“推进协

① 王沪宁．政治的逻辑：马克思主义政治学原理［M］．上海：上海人民出版社，2016.

商民主广泛多层制度化发展是治国理政的重要政治方式”“加强对权力运行的制约与监督是治国理政的基本政治保障”① 等就是必须遵循的政治逻辑。具体到本研究，基层治理数字化转型的政治逻辑即在中国基层治理数字化转型实践中治理结构、治理过程和治理功能变化呈现出来的本质问题与内在机理，其中的主线是国家与社会、中央与地方、政府与市场和社会关系演进与发展规律，简言之可以理解为中国特色社会主义制度优势转化为基层治理效能的内在机理与逻辑进路。基层治理中由社会结构变迁、经济社会快速发展和社会风险放大所引致的诸多治理困境为基层治理数字化转型提供了内生动力，数字赋能拓展了治理边界、重塑了治理流程、优化了治理工具，从而推动了基层治理数字化转型的整合与创新。在数字化转型的过程中，基层治理中的各主体要思考如何从碎片化转向体系化，如何从数字化增量转为数字化赋能，如何从权责分割转向权责协同，如何从增负减能转变为增能减负，这些问题是基层治理数字化转型面临的重要挑战，如何应对挑战并有效解决这些问题，是数字化转型和数字化赋能效能实现的关键所在。

第一，从结构维度看，在基层治理数字化转型过程中以数字技术为主要代表的治理技术对治理结构的冲击，从理论上看与韦伯的“科层制理论”密切相关，即数字化有助于推动条块分割的科层制实现扁平化整合、整体智治。基层治理数字化转型面临的结构性问题充分体现了基层治理体系的优化与数字化转型之间的主次关系，即基层治理体系本身的结构性重塑是决定数字化转型的重要因素，而要成功实现基层治理的数字化转型，其关键也在于基层治理结构的改革调整。基层治理数字化转型背后的结构性逻辑，包含以数字化推进国家意志、政府治理和基层社会之间的结构优化与调整。

第二，从过程维度看，以数字技术为主要代表的治理技术对治理过程的影响，与古德诺的“政治与行政二分”理论密切相关，即数字化有助于消除传统的政策研究制定和执行过程容易发生漂移的弊端，实现全周期、

① 包心鉴．当代中国治国理政的政治逻辑［N］．人民日报，2017-04-21（7）.

一体化高效运行。结合中国的国情实际，从基层治理的过程对结构关系上看，主要在于科层结构对基层治理方式的统摄性和规范性使基层治理的过程应服从于治理结构及其权力运作机制的实际安排。结构与过程之间有着千丝万缕的内在关联。基于基层治理结构和过程的关系提出的能力与需要的张力，以及规训与适应的张力，本质上均是针对复杂性的社会治理导向而阐发的。因为从本质上看，社会治理系统的更新跟不上社会环境的快速变化，不能对各类新产生的棘手问题作出有效回应，始终“以简制繁”，其后果便是相应的基层治理结构和过程之间出现了难以弥合的张力，导致政府内部行为的再复杂化，极大影响了基层治理效能。而立足复杂性社会的这一关键点，则必须通过有效方式实现对基层政府治理的过程的化繁为简，简化政府内部的治理过程，以高效而稳定的方式应对社会治理的复杂样态，而这一思路也正是本研究认为的基层治理过程的数字化转型逻辑的应有之义。

第三，从功能维度看，在数字化的技术治理对基层治理结构和过程的冲击影响下，治理功能被不断完善，与沃尔多的“民主行政”等理论关系密切，即数字治理使公众可以有序参与基层治埋，比如通过区块链、人工智能等技术实现便捷可及的参与式、共生性治理等。如何在基层赋权增能优化结构和过程的基础上推动实现精细化落地，不断释放基层治理数字化转型的正外部性，并在信息能力强化和场景营造的基础上继续通过价值创设给予群众参与更多的可能性，在共建共治共享中增强群众的参与感、获得感和幸福感，推动基层治理现代化的整体落地，便是基层治理功能数字化转型的逻辑所在。

关于基层治理数字化转型的技术进路。

在社会科学研究中，“技术进路”通常是和“研究设计”密切关联的，先有“研究设计”，后有与之匹配的“技术进路”选择。“研究设计在研究过程中扮演着重要角色，研究设计主要是根据研究问题对整个研究进行通盘规划的过程，主要包括理论视角的选取、研究方法的选择、研究进路和研究技术的确立及其具体操作方案等”。[①] 联系本研究，主要是以浙江省G镇探索为例，从个案到一般，系统探讨基层治理数字化转型的政治逻辑，并着力探索其技术进路。展开来讲，就是分别从结构、过程和功能等维度依次探寻基层治理数字化转型的技术路径。其一，基于对当前中国基层治理数字化转型的结构性逻辑分析，结合G镇的实践探索发现，基层治理数字化转型的技术进路需要通过省级谋划统一思想认识启动整体性改革，需要通过高位设计为基层治理的“条抓块统”的布局提供制度保障，需要建成数字化的系统集成平台为结构变革奠定整体智治基础。其二，基于对当前中国基层治理数字化转型的过程性逻辑分析，结合G镇的实践探索，提出基层治理数字化转型的过程性技术进路，主要是通过数字化平台集成和模块管理提升权责精确度，在场景打造和任务牵引下强化部门之间的协同性，在流程再造中实现数据决策、科学应对基层纷繁复杂的治理问题。其三，基于前述研究提出可以通过技术赋权增能努力释放基层治理功能，通过服务增效努力实现精细化治理，通过价值创设、场景营造积极构筑共建共治共享的基层治理共同体，着力破解当前基层治理数字化转型面临的系统性不足、精细化不够、共生性不强等功能改善问题。

综上，基层治理数字化转型的技术进路与政治逻辑之间有着密切关联，其政治逻辑是党和国家意志与既有基层治理行为逻辑的内在统一，既包含着党和国家总体层面的政治要求，也囊括了基层治理中必须直面的现实问题和内在矛盾，这些矛盾也正是当前基层治理面临的重点难题。基层治理数字化转型是一个复杂而长期的过程，需要政府、社会以及市场等多元主体的共同参与和协同努力。通过明确目标原则、加强基础设施建设、推动数据资源整合共享、提升数字化能力、创新治理模式和机制以及强化安全保障与风险管理等路径，可以推动基层治理数字化转型的顺利进行，为基层治理现代化提供有力支撑。另外，在前人研究基础上，本研究形成了几点新认识。

---

① 卫小将．本土化与土生化：中国社会工作发展的检视与重构［M］．北京：社会科学文献出版社，2015.

第一，基层治理的数字化功能并不一定需要结构和过程的完全变革才能实现。基层治理实践表明，通过直接的数字化赋能，给群众展现智能化的服务场景的确让群众得到了实惠，但同时由于结构和过程不变，进一步加重了基层的负担。

第二，结构调整并不意味着整个治理体系的实质变革，基层治理过程才是决定性因素。因为治理过程本质上是一种协作，组织协作的方式不变，结构的改变并不能产生决定性效果。

第三，在以政府治理为主导的基层治理数字化转型中，结构调整是由相应的功能需求决定或倒逼的；结构功能的实现则是由过程决定的；过程和功能相辅相成，简单的基层赋能只是治标不治本的技术累加，最终可能会造成基层减负悖论，而过程的调整如果缺乏功能的明确或创设同样也不能实现基层治理数字化转型目标。

第四，技术支撑是基层治理数字化转型不可或缺的因素。在推进基层治理数字化转型过程中，要深刻认识、科学用好各类治理技术，坚持数字技术与社会技术融合应用，做到技术与治理深度融合、同频共振。要防止迷恋工具理性，因为基层社会"技术治理"的工具理性逻辑的实质在于基层政府更注重社会机制和社会技术之"形"，却较少关注社会主体和社会价值之"实"；①"技术治理"的工具理性逻辑更注重物质技术、民主技术和组织技术等嵌入基层社会治理过程的实际治理绩效，强调技术嵌入对治理程序和流程的再造，而非治理技术对社会与制度价值的提升②。

总之，本研究运用"结构-过程-功能"这一分析框架不仅从理论维度全面观察了基层治理体系中基层政府的组织架构与职能调整、治理过程与互动优化，以及功能定位与效能提升的数字化转型进程，而且从国家政策实施维度看到了基层治理结构性的体制变革、过程性的机制变革以及功能性的效果变革进程，这不仅为理解中国基层治理数字化转型提供了新路径、新方法、新视角，而且增强了技术治理、数字治理、整体性治理等理

① 黄晓春，嵇欣．技术治理的极限及其超越［J］．社会科学，2016（11）：72-79.

② 张福磊，曹现强．城市基层社会"技术治理"的运作逻辑及其限度［J］．当代世界社会主义问题，2019（3）：87-95.

论在中国基层治理问题研究中的适用性，为探寻中国特色的基层治理乃至国家治理现代化道路贡献了绵薄之力。比如，就技术治理的主题而言，数字化转型是当今时代的发展主题，各地政府推进力度和实践探索成效参差不齐，但究其本质大同小异——基层治理数字化转型特别契合“技术治理”的思想原则和路径方法。改革开放以来中国的治理实践呈现一种由总体支配到技术治理的转型，主要表征为一种作为治理机制的技术治理。①在现代社会，技术治理展现出巨大优势，技术手段反应快速、储存便捷、执行精准，可以促进社会治理的科学化、智能化、精细化、数据化，从而提高治理效率和治理水平。② 随着信息革命、智能革命发展，技术日益成为国家治理现代化的中坚力量，但是有关技术赋能基层治理现代化的系统性研究还处于起步阶段，还有大量理论与实践问题亟待深化研究。

二、未来展望

本研究遵循中国推进基层治理现代化的基本政治逻辑，在技术治理、数字治理、整体性治理等理论支持下，按照“结构-过程-功能”分析框架，选取浙江省G镇治理数字化转型探索案例，坚持点面结合，通过理论与实践相结合的分析研究，对当下中国基层治理数字化转型的政治逻辑及其对应的技术进路问题进行了较为系统深入的认识和解构，但笔者同时也意识到了现有研究的局限，还有大量相关问题需要深入探讨。比如，就基本概念来讲，由于基层治理的复杂性和数字化转型、技术治理、数字治理等众多概念的包容性，学界对这些概念尚未形成统一界定，给本研究带来了诸多挑战，因此本研究只是基于相关研究尝试作了界定，对其本质内涵和外延作了阐释，为后续研究的展开铺设了基础，但对于这些概念仍然需要深入研究，特别是基于这些概念逐步发展形成的相关理论。再比如，本

① 颜昌武，杨郑媛．什么是技术治理？［J］．广西师范大学学报（哲学社会科学版），2020，56（2）：11-22.

② 郁建兴，樊靓．数字技术赋能社会治理及其限度：以杭州城市大脑为分析对象［J］．经济社会体制比较，2022（1）：117-126.

研究涉及的一些相关议题——从技术政治视角看，基层治理数字化转型过程中要防范哪些风险？数字时代推动数字化转型的治理主体应该从哪些方面提升数字素养？等等。

如今，数字化转型已成为不可逆转的时代发展趋势。随着国家与社会治理数字化进程不断深入，我们的治理实践将面临的挑战会越加凸显。

首先，数字化转型所依托的技术治理手段与治理目标之间的矛盾可能会长期存在。随着科技日新月异的发展进步，技术应用经过实践反复检验日益成熟，以数字化为主的技术治理创新尽管可以破除条块结构产生的信息壁垒，但条块分割的治理体制障碍在现实世界里可能很难被消除，条块关系在理论层面、结构层面、制度层面等存在的客观张力依旧难以避免，处在条块关系中的人摆脱不了利益和情感选择。技治主义所谓的技术治理理念尽管极大程度地从流程再造到数据赋能改变了治理场景的功能形态，但是人的能动性依旧凸显，各方治理主体对技术治理的规避和新的矛盾也势必会以不同的方式出现。比如，绩效评估在给政府带来大量技术效益的同时，也让不少地方政府陷入依赖甚至迷信绩效评估的困局，在绩效评估技术驱动下，政府可能面临一种“治理低效—技术强化—技术适应—治理低效”的“恶循环”。① 技术、环境与人之间往往存在难以弥合的裂隙。因此，要跳出技术治理框架，关心技术、环境和人之间的互动，由此来解决该问题。

其次，数字化主导下技术治理的功能改善与治理主客体的数字文明素养及其数字化生存发展能力提升是基层治理数字化转型面临的一个长期性挑战。尽管数字化技术治理形成的治理功能可以为政府提供精细化管理、为群众提供智能化服务，但技治主义在与人的互动过程中只能处于工具化的服务层面，在当下的状态中人依旧处于能动地位，对技术功能仍然具有完全的控制权。技术治理无法完全满足人们对美好生活的全方位诉求，也不能把善治目标完全寄托于技术之上。因此，在基层治理数字化转型实践

① 卢扬帆．超越技术治理：绩效评估与政府绩效的社会再生产［J］．学海，2020（6）：160-167.

中，要特别注重人的体验和参与，平衡技术创新与人文关怀的关系，努力提升治理主体和受众群体的认知能力与参与治理的行动能力，确保数字化转型不仅可以提升治理效能，还能更好地满足人民群众的需求和期望；要不断提高治理主体和客体的数字素养和数字能力，强化多元主体之间的有效沟通和信息共享；要加强数据安全保护和信息隐私管理，确保数字化转型过程中的信息安全和隐私保护，使技术治理得到最优化发展。

最后，要警惕技术官僚主义和新兴形式主义，理性看待、善用技术政治。一方面，数字技术的发展应用在一定程度上提高了政府治理效率，但也容易产生技术依赖症。正如有病人批评医生离开检查就不能看病一样，政府也面临着同样的批评，即离开数据就难以作出决策。而这种现象往往导致政府在进行决策时唯技术论或唯数据论，忽视了人的价值和能动性，与民主的本意相悖。就像批评者所言，技术官僚主义举着民主大旗，自认为没有什么比大数据更了解人民，哪怕这大数据样本经常小得难以置信①。因此，唯技术论可能在某种程度上影响民主程度，致使公职人员与群众之间距离渐远，产生鸿沟。因此基层治理数字化过程中不能有唯技术论思维，必须适当控制技术对政治的影响，不能以技术代替民主。另一方面，由于政府在化约技术权力结构失衡中很难避免因集聚资源与治理权威导致技术的弥散性进入政府组织体系中，因此政府要给予市场和社会足够的空间去适应技术发展，防止被技术俘获，失去科学的价值判断，出现新兴形式主义。② 随着数字技术和数字经济迭代演进，在基层治理实践中要防止新兴形式主义与新技术形成联合态势，防止在上级政府利用算法系统构建的任务书、路线图以及时间表引导下，下级政府及企业、社会组织等政府监管服务对象形式化地与上级政府对标对表，为完成有关考核评价指标，采用复杂的技术手段将一些用简单报告就可以厘清的事实向上级汇报、交付任务，从而出现技术化特征明显的新兴形式主义，致使技术不仅没有赋

① 俞冰夏．大数据时代自欺欺人的技术官僚主义［N］．第一财经日报，2018-09-07（A12）．

② 贾秀飞，王芳．复合场景与多维变革：技术嵌入城市治理的逻辑分析［J］．求实，2021（1）：32-45．

能增效，反而加重基层负担。

离开知识权威，技术政治就失去合理性，技术能力只有在知识权威的基础上应用和发展，才能产生正向作用。假设官员选拔标准从传统重视政治背景、政治品格等方面转向过分重视技术能力，那么传统官僚将逐步被技术官僚取代。诚然技术官僚对于国家治理有独特优势，但不能一味追求技术能力而忽视政治品德。否则，技术官僚可能会因技术垄断、有效制约机制缺失而出现权力专断。随着数字时代发展，纷繁复杂的政治技术可能会成为一种可以被设计和操控的理性程序。很多国家已将技术融入科层制，提高了政府工作效率，但同时也加剧了科层制弊端，使其陷入刻板化和专断化困局。① 过度强调技术有可能造就“技术利维坦”，人只能屈居于技术之下，甚至会被技术奴役。虽然在中国这种倾向或风险尚不突出，但需要高度警惕，防止科层制在技术政治支撑下过分忽视人的主观作用。总之，要坚持辩证唯物主义的原理和方法理性看待技术政治的多重功能，取其精华去其糟粕，在治理实践中充分发掘其正向作用、尽力避免其负向影响。

① 程同顺，周卉．当前中国粮食安全治理现代化中的技术政治［J］．理论探讨，2021（1）：28-37.

参考文献

一、中文著作类

［1］习近平．在庆祝中国共产党成立100周年大会上的讲话［M］．北京：人民出版社，2021.

［2］习近平．习近平新时代中国特色社会主义思想学习问答［M］．北京：学习出版社，人民出版社，2021.

［3］习近平．论把握新发展阶段、贯彻新发展理念、构建新发展格局［M］．北京：中央文献出版社，2021.

［4］习近平．习近平谈治国理政：第二卷［M］．北京：外文出版社，2017.

［5］习近平．干在实处走在前列：推进浙江新发展的思考与实践［M］．北京：中共中央党校出版社，2006.

［6］中国共产党第二十次全国代表大会文件汇编［M］．北京：人民出版社，2022.

［7］中共中央关于党的百年奋斗重大成就和历史经验的决议［M］．北京：人民出版社，2021.

［8］中共中央文献研究室．建党以来重要文献选编（1921-1949）：第一册［M］．北京：中央文献出版社，2011.

［9］中共中央文献研究室．十八大以来重要文献选编：上［M］．北京：中央文献出版社，2014.

［10］中共中央文献研究室．习近平关于全面建成小康社会论述摘编［M］．北京：中央文献出版社，2016.

［11］王沪宁．政治的逻辑：马克思主义政治学原理［M］．上海：上海人民出版社，2016.

［12］卫才胜．技术的政治：温纳技术政治哲学思想研究［M］．武汉：武汉大学出版社，2018.

［13］丁少华．数字化转型范式重塑［M］．北京：机械工业出版社，2020.

［14］王亚南．中国官僚政治研究［M］．北京：商务印书馆，2020.

［15］马西恒，夏军．城市与社区党建内涵与体系［M］．上海：学林出版社，2005.

［16］仓桥重史. 技术社会学［M］. 沈阳：辽宁人民出版社，2008.

［17］艾琳．重塑面向公众的政务服务［M］．北京：社会科学文献出版社，2015.

［18］包心鉴．社会治理创新与当代社会发展［M］．北京：人民出版社，2014.

［19］冯仕政．当代中国的社会治理与政治秩序［M］．北京：中国人民大学出版社，2014.

［20］吕德文．基层中国：国家治理的基石［M］．北京：东方出版社，2021.

［21］乔瑞金．技术哲学教程［M］．北京：科学出版社，2005.

［22］向春玲．社会治理创新理论与中国基层实践［M］．北京：中国人事出版社，2016.

［23］刘瑜．可能性的艺术：比较政治学 30 讲［M］．桂林：广西师范大学出版社，2022.

［24］江青．数字中国：大数据与政府管理决策［M］．北京：中国人民大学出版社，2019.

［25］许益军．大都市社会治理：理论、实践与政策［M］．北京：中国社会科学出版社，2014.

［26］李友梅，等．静静的改革：上海浦东嘉兴大厦楼宇党建实证研究［M］．上海：上海人民出版社，2005.

［27］李怀印．现代中国的形成［M］．桂林：广西师范大学出版社，2022.

［28］杨华．县乡中国：县域治理现代化［M］．北京：中国人民大学出版社，2022.

［29］邹谠．二十世纪中国政治［M］．香港：牛津大学出版社，1994.

［30］张占斌．新型城镇化与省直管县改革研究［M］．北京：商务印书馆，2018.

［31］张晓．数字化转型与数字治理［M］．北京：电子工业出版社，2021.

［32］陈雪频．一本书读懂数字化转型［M］．北京：机械工业出版社，2021.

［33］罗新忠．社区治理智能化：基于上海浦东新区的实践探索［M］．上海：上海交通大学出版社，2020.

［34］竺乾威．公共行政理论［M］．上海：复旦大学出版社，2008.

［35］金江军，郭英楼．智慧城市：大数据、互联网时代的城市治理［M］．北京：电子工业出版社，2018.

［36］卫小将．本土化与土生化：中国社会工作发展的检视与重构［M］．北京：社会科学文献出版社，2015.

［37］周振超．当代中国政府“条块关系”研究［M］．天津：天津人民出版社，2008.

［38］周黎安．转型中的地方政府：官员激励与治理［M］．上海：上海人民出版社，2017.

［39］郑永年，黄彦杰．制内市场：中国国家主导型政治经济学［M］．杭州：浙江人民出版社，2021.

［40］俞可平．治理与善治［M］．北京：社会科学文献出版社，2000.

［41］费孝通．乡土中国　生育制度乡土重建［M］．上海：商务印书馆，2011.

[42] 顾朝曦，王蒙徽．社区治理现代化探索研究［M］．北京：人民出版社，2015.

[43] 李慧凤．中国城市基层治理：路径、方式与转型［M］．北京：中国社会科学出版社，2021.

[44] 钱学森．论系统工程［M］．上海：上海交通大学出版社，2007.

[45] 徐继华．智慧政府［M］．北京：中信出版社，2014.

[46] 郭小聪，何艳玲．破局：中国治理变革的地方样本［M］．北京：社会科学文献出版社，2018.

[47] 郭苏建．转型中国的治理研究［M］．上海：格致出版社，2017.

[48] 黄宗智．华北的小农经济与社会变迁［M］．北京：中华书局，2000.

[49] 龚维斌，马福云，等．中国社会治理研究［M］．北京：社会科学文献出版社，2014.

[50] 龚维斌．中国特色社会主义社会治理体制（《国家治理体系现代化研究》系列丛书）［M］．北京：经济管理出版社，2016.

[51] 崔翔．中国共产党在社会治理体制创新中的功能研究［M］．北京：中国经济出版社，2018.

[52] 敬乂嘉．合作治理：再造公共服务的逻辑［M］．天津：天津人民出版社，2009.

[53] 谢庆奎，等．中国地方政府体制概论［M］．北京：中国广播电视出版社，1998.

[54] 谭功荣．西方公共行政学思想与流派［M］．北京：北京大学出版社，2008.

[55] 燕继荣．走向协同治理：基层社会治理创新的宁波探索［M］．北京：人民出版社，2017.

[56] 霍绍周．系统论［M］．北京：科学技术文献出版社，1988.

[57] 魏礼群．社会治理：新思想 新实践 新境界［M］．北京：中国

言实出版社，2018.

［58］魏宏森，曾国屏．系统论［M］．北京：清华大学出版社，1995.

［59］阎步克．中国古代官阶制度引论（第二版）［M］．北京：北京大学出版社，2021.

［60］李杰，陈超美．CiteSpace：科技文本挖掘及可视化：Text Mining and Visualization in Scientific Literature［M］．北京：首都经济贸易大学出版社，2016.

［61］赫伯特·斯宾塞．社会学研究［M］．张宏晖，胡江波，译．北京：华夏出版社，2001.

［62］戴维·伊斯顿．政治生活的系统分析［M］．王浦劬，等译．北京：华夏出版社，1989.

［63］史蒂文·范·贝莱格姆．用户的本质：数字化时代的精准运营法则［M］．田士毅，译．北京：中信出版集团，2018.

［64］青木昌彦．比较制度分析［M］．周黎安，译．上海：上海远东出版社，2001.

［65］迈克尔·曼．社会权力的来源（第一卷）［M］．刘兆成，李少军，译．上海：上海人民出版社，2015.

［66］约翰·齐曼．技术创新进化论［M］．孙喜杰，曾国屏，译．上海：上海科技教育出版社，2002.

［67］雷蒙·威廉斯．关键词：文化与社会的词汇［M］．刘建基，译．北京：生活·读书·新知三联书店，2005.

［68］尼古拉·尼葛洛庞帝．数字化生存［M］．胡泳，范海燕，译．北京：电子工业出版社，2017.

［69］尼葛洛庞帝．数字化生存［M］．胡永，译．海口：海南出版社，1997.

［70］弗兰克·古德诺．政治与行政：政府之研究［M］．丰俊功，译．北京：北京大学出版社，2012.

［71］约瑟夫·C．皮特．技术思考：技术哲学的基础［M］．马会端，

等，译. 沈阳：辽宁人民出版社，2012.

[72] 简·芳汀. 构建虚拟政府：信息技术与制度创新 [M]. 邵国松，译. 北京：中国人民大学出版社，2010.

[73] 杜赞奇. 文化、权力与国家 [M]. 王福明，译. 南京：江苏人民出版社，2003.

[74] 加布里埃尔·A. 阿尔蒙德. 比较政治学：体系、过程和政策 [M]. 曹沛霖，等，译. 上海：上海译文出版社，1987.

[75] 杰伊·M. 沙夫里茨，艾伯特·C. 海德. 公共行政学经典 [M]. 刘俊生，译. 北京：中国人民大学出版社，2019.

[76] 罗伯特·K. 殷. 案例研究方法的应用 [M]. 周海涛，夏欢欢，译. 重庆：重庆大学出版社，2014.

[77] 泰勒. 科学管理原理 [M]. 马风才，译. 北京：机械工业出版社，2007.

[78] 曼纽尔·卡斯特. 信息时代三部曲：经济、社会与文化 [M]. 夏铸九，王志弘，译. 北京：社会科学文献出版社，2003.

[79] 登哈特. 新公共服务：服务，而不是掌舵 [M]. 丁煌，译. 北京：中国人民大学出版社，2010.

二、中文期刊类

[1] 丁大尉，李正风，胡明艳. 新兴技术发展的潜在风险及技术治理问题研究 [J]. 中国软科学，2013 (6)：62-70.

[2] 于永达. 基层治理要唯真、唯实 [J]. 人民论坛，2021 (3)：53-55.

[3] 徐勇. 将基层带入国家：单一制、基层社会与国家建设 [J]. 国家现代化建设研究，2022，1 (2)：83-94.

[4] 于秋颖. 关于高质量建设未来社区的几点思考 [J]. 浙江经济，2021 (12)：48-49.

[5] 于健慧. 基层形式主义：生成机理与治理对策 [J]. 中国行政管理，2021 (11)：145-147.

[6] 门理想，王丛虎．“互联网+基层治理”：基层整体性治理的数字化实现路径［J］．电子政务，2019（4）：36-45.

[7] 马力宏．论政府管理中的条块关系［J］．政治学研究，1998（4）：71-77.

[8] 马卫红，喻君瑶．何谓基层?：对当前城市基层治理基本概念的拓展［J］．治理研究，2020，36（6）：66-72.

[9] 马立，曹锦清．社会组织参与社会治理：自治困境与优化路径：来自上海的城市社区治理经验［J］．哈尔滨工业大学学报（社会科学版），2017，19（2）：1-7.

[10] 马亮．数字政府建设：文献述评与研究展望［J］．党政研究，2021（3）：99-111.

[11] 王天夫．数字时代的社会变迁与社会研究［J］．中国社会科学，2021（12）：73-88+ 200-201.

[12] 王汉生，王一鸽．目标管理责任制：农村基层政权的实践逻辑［J］．社会学研究，2009（2）：61-92+244.

[13] 王亚婷，孔繁斌．用共同体理论重构社会治理话语体系［J］．河南社会科学，2019（3）：36-42.

[14] 王阳．从“精细化管理”到“精准化治理”：以上海市社会治理改革方案为例［J］．新视野，2016（1）：54-60.

[15] 王丽丽，安小米．在线政务服务数据的协同治理：对 8 个发达国家的比较研究［J］．图书情报知识，2021（3）：130-143.

[16] 王丽莉．新公共管理理论的内在矛盾［J］．南京社会科学，2004（11）：42-46.

[17] 王佃利．城市治理体系及其分析维度［J］．中国行政管理，2008（12）：73-77.

[18] 王伯鲁，王宁．社会技术化机理及其特征剖析［J］．社会科学研究，2019（1）：119-124.

[19] 王建民．数字社会是“监视社会”吗?：数字社会的多维效应及机遇［J］．新视野，2022（1）：108-114.

［20］王建设．技术决定论与社会建构论：对立抑或分立？［J］．河南师范大学学报（哲学社会科学版），2007（2）．

［21］王剑侯．浙江：以“基层治理四平台”改革推动基层治理体系现代化［J］．社会治理，2019（12）：13-15.

［22］王倩，危怀安．工具赋能与价值失控：技术化社会治理问题解构［J］．云南社会科学，2021（1）：158-165+188.

［23］王晨．基于公共价值的城市数字治理：理论阐释与实践路径［J］．理论学刊，2022（4）：161-168.

［24］文丰安．优化营商环境视域下我国基层社会治理的实践历程及提升路径［J］．经济体制改革，2020（6）：22-28.

［25］文宏．基层政府数字化转型的趋势和挑战［J］．国家治理，2020（2）：11-14.

［26］尹栾玉，隋音．技术创新对治理模式的挑战及风险防范［J］．中国特色社会主义研究，2020（Z1）：95-101.

［27］尹鹏程，李钢，蔡先娈，等．国土资源全要素管理信息系统建设实践：以江苏省徐州市为例［J］．国土资源科技管理，2013（4）：74-81.

［28］孔娜娜．社区公共服务碎片化的整体性治理［J］．华中师范大学学报（人文社会科学版），2014（5）：29-35.

［29］邓念国．整体智治：城市基层数字治理的理论逻辑与运行机制：基于杭州市S镇的考察［J］．理论与改革，2021（4）：58-69+155-156.

［30］卢扬帆．超越技术治理：绩效评估与政府绩效的社会再生产［J］．学海，2020（6）：160-167.

［31］叶战备．政务数据治理的现实推进及其协同逻辑：以N市为例［J］．中国行政管理，2021（6）：44-49.

［32］叶敏．竞争、维持与整合：形式主义的多源流产生机制［J］．行政论坛，2021（2）：66-74.

［33］叶璇．整体性治理国内外研究综述［J］．当代经济，2012（6）：110-112.

［34］叶璇．整体性治理的分析框架研究［J］．经济视角（下），

2012（2）：23-25.

［35］田北海，王连生．城乡居民社区参与的障碍因素与实现路径［J］．学习与实践，2017（12）：98-105.

［36］陈水生．城市治理数字化转型：动因、内涵与路径［J］．理论与改革，2022（1）：33-46+156.

［37］田先红．适应性治理：乡镇治理中的体制弹性与机制创新［J］．思想战线，2021（4）：116-127.

［38］田先红．属地管理与基层避责：一种理论解释：基于理性选择制度主义的分析［J］．广西大学学报（哲学社会科学版），2021，43（2）：53-62.

［39］田毅鹏．"未来社区"建设的几个理论问题［J］．社会科学研究，2020（2）：8-15.

［40］田毅鹏．网格化管理的形态转换与基层治理升级［J］．学术月刊，2021，53（3）：125-132.

［41］史云贵，周荃．整体性治理：梳理、反思与趋势［J］．天津行政学院学报，2014，16（5）：3-8.

［42］史云贵，薛喆．简约治理：概念内涵、生成逻辑与影响因素［J］．中国人民大学学报，2022（1）：149-159.

［43］代佳欣．从割裂到弥合：政府技术治理何以可能与何以可为［J］．学习与实践，2020（11）：76-84.

［44］冯奎．以数字赋能提升基层智慧治理水平［J］．中国党政干部论坛，2021（8）：37-40.

［45］冯献，李瑾．信息化促进乡村振兴的国际经验与借鉴［J］．科技管理研究，2020（3）：174-181.

［46］兰建平．场景革命是数字化改革的重要突破口［J］．浙江经济，2021（7）：17.

［47］匡亚林．"思维-技术-规则"框架下超越数字政府技术治理路径依赖的优化方略［J］．青海社会科学，2021（2）：77-82.

［48］过勇，贺海峰．我国基层政府体制的条块关系：从失调走向协

同［J］．经济社会体制比较，2021（2）：90－100.

［49］吕德文．治理技术如何适配国家机器：技术治理的运用场景及其限度［J］．探索与争鸣，2019（6）：59－67+158.

［50］朱碧波．论我国社会治理共同体的生成逻辑与建构方略［J］．西南民族大学学报（人文社会科学版），2020（10）：200－206.

［51］任克强，胡鹏辉．社会治理共同体视角下社区治理体系的建构［J］．河海大学学报（哲学社会科学版），2020，22（5）：99－105+109.

［52］任克强．政府主导城市基层治理模式的现代转向［J］．南京社会科学，2021（3）：64－70.

［53］任彬彬，宋程成．治理复杂性与社会组织形态分化：基于行政条块结构的视角［J］．中国行政管理，2021（5）：31－39.

［54］向玉琼．论技术治理的民主化：基于对风险治理技术化的反思［J］．学术界，2020（12）：88－96.

［55］刘永谋，李佩．科学技术与社会治理：技术治理运动的兴衰与反思［J］．科学与社会，2017，7（2）：58－69.

［56］刘永谋．“新技术治理的隐忧”：以智能治理和生化治理为例［J］．当代美国评论，2019（1）：39－48+120－121.

［57］刘永谋．技术治理、反治理与再治理：以智能治理为例［J］．云南社会科学，2019（2）：29－34+2.

［58］刘永谋．技术治理的哲学反思［J］．江海学刊，2018（4）：46－52.

［59］刘永谋．技术治理的逻辑［J］．中国人民大学学报，2016，30（6）：118－127.

［60］何立军，朱志伟．区块链嵌入基层治理的价值效能与创新路径［J］．江汉论坛，2021（7）：79－84.

［61］何立军，袁小平．技术治理的研究谱系与理论反思：基于Citespace的文献计量分析［J］．华东理工大学学报（社会科学版），2023，38（5）：101－124.

［62］刘伟，翁俊芳．撕裂与重塑：社会治理共同体中技术治理的双

重效应［J］．探索与争鸣，2020（12）：123-131+199-200.

［63］刘丽，郭苏建．大数据技术带来的社会公平困境及变革［J］．探索与争鸣，2020（12）：114-122+199.

［64］刘秀秀．新时代国家治理中技术治理的双重维度及其出路［J］．行政管理改革，2019（10）：65-70.

［65］刘杰．党政关系的历史变迁与国家治理逻辑的变革［J］．社会科学，2011（12）：4-11.

［66］刘学涛．行政法典编纂进路中数字政府的形塑［J］．法治社会，2022（1）：21-32.

［67］刘淑春．数字政府战略意蕴、技术构架与路径设计：基于浙江改革的实践与探索［J］．中国行政管理，2018（9）：37-45.

［68］刘密霞．推进数字政府建设的思路与对策［J］．中国领导科学，2020（2）：72-75.

［69］刘锋．以"全周期管理"思维破解基层治理困局［J］．领导科学，2020（16）：30-33.

［70］闫瑞峰．数字资本的伦理逻辑及其规范［J］．海南大学学报（人文社会科学版），2021，39（4）：118-126.

［71］关晓铭．项目制：国家治理现代化的技术选择：技术政治学的视角［J］．甘肃行政学院学报，2020（5）：87-102+127.

［72］关锋，谢超．社会技术：一种概念史的考察与梳理［J］．洛阳师范学院学报，2016（6）：13-21.

［73］米加宁，章昌平，李大宇，等．"数字空间"政府及其研究纲领：第四次工业革命引致的政府形态变革［J］．公共管理学报，2020（1）：1-17+168.

［74］安小米，白献阳，洪学海．政府大数据治理体系构成要素研究：基于贵州省的案例分析［J］．电子政务，2019（2）：2-16.

［75］许阳，胡月．政府数据治理的概念、应用场域及多重困境：研究综述与展望［J］．情报理论与实践，2022（1）：196-204.

［76］许晓龙．从"统治"到"治理"：中国行政思维的历史性嬗变

[J]．观察与思考，2014（6）：56-60.

[77] 孙柏瑛，张继颖．解决问题驱动的基层政府治理改革逻辑：北京市“吹哨报到”机制观察［J］．中国行政管理，2019（4）：72-78.

[78] 孙涛．当代中国社会治理精细化转型及路径探析［J］．北京交通大学学报（社会科学版），2017（4）：105-110.

[79] 孙越．防范化解重大风险视阈下技术治理的优化路径研究［J］．贵州社会科学，2020（12）.

[80] 阳盛益，周超玥．基于网格化的城乡一体化社会治理平台创新与应用［J］．中共浙江省委党校学报，2015（6）：36-43.

[81] 杜超，赵雪娇．基于“政府即平台”发展趋势的政府大数据平台建设［J］．中国行政管理，2018（12）：146-148.

[82] 李一．“数字社会”的发展趋势、时代特征和业态成长［J］．中共杭州市委党校学报，2019（5）：83-90.

[83] 李三虎．技术决定还是社会决定：冲突和一致：走向一种马克思主义的技术社会理论［J］．探求，2003（1）：37-45.

[84] 李元珍．对抗、协作与共谋：条块关系的复杂互动［J］．广东社会科学，2015（6）：201-210.

[85] 李文钊，翟文康．从条块到界面：基层政府“放管服”改革的内在逻辑：基于江苏省徐霞客镇的案例研究［J］．甘肃行政学院学报，2021（1）：23-31+124-125.

[86] 李齐，贾开，曹胜．数字治理时代公共管理学科的回应与发展：第三届数字政府治理学术研讨会会议综述［J］．中国行政管理，2018（11）：35-38.

[87] 李宜钊，孔德斌．公共治理的复杂性转向［J］．南京农业大学学报（社会科学版），2015（3）：110-115.

[88] 李春根，罗家为．从总体性支配到社会化整合：新中国70年基层治理现代化的演进逻辑：国家与社会关系的分析视角［J］．华中师范大学学报（人文社会科学版），2020，59（3）：40-51.

[89] 李韬，冯贺霞．数字治理的多维视角、科学内涵与基本要素

[J]．南京大学学报（哲学・人文科学・社会科学），2022（1）：70-79.

[90] 李慧凤，郁建兴．基层政府治理改革与发展逻辑［J］．马克思主义与现实，2014（1）：174-179.

[91] 李醒民．论技治主义［J］．哈尔滨工业大学学报（社会科学版），2005（6）：1-5.

[92] 杨华．"认真应付政治任务"：从县域条块机制探讨基层形式主义产生的根源［J］．东方学刊，2020（1）：2-9.

[93] 肖唐镖．中国技术型治理的形成及其风险［J］．学海，2020（2）：76-82.

[94] 吴玉宗．服务型政府：缘起和前景［J］．社会科学研究，2004（3）：10-13.

[95] 吴永红，梁波．制度结构、非均衡依赖与基层治理困境的再生产：以居委会减负悖论为例［J］．甘肃行政学院学报，2017（4）：52-60+128-129.

[96] 吴旭红．智慧社区建设何以可能?：基于整合性行动框架的分析［J］．公共管理学报，2020（4）：110-125+173.

[97] 吴军．城市社会学研究前沿：场景理论述评［J］．社会学评论，2014（2）：90-95.

[98] 吴昌杰．政府流程再造：我国国家治理现代化的技术支撑［J］．安徽行政学院学报，2018（4）：41-46+88.

[99] 吴冠军．当代中国技术政治学的两个关键时刻［J］．政治学研究，2021（6）：116-127.

[100] 吴晓林，郝丽娜．"社区复兴运动"以来国外社区治理研究的理论考察［J］．政治学研究，2015（1）：47-58.

[101] 吴晓林，谢伊云．国家主导下的社会创制：城市基层治理转型的"凭借机制"：以成都市武侯区社区治理改革为例［J］．中国行政管理，2020（5）：91-98.

[102] 吴朝晖．四元社会交互运行，亟须深化数字治理战略布局［J］．浙江大学学报（人文社会科学版），2020（2）：5-9.

［103］邱泽奇．技术与组织：多学科研究格局与社会学关注［J］．社会学研究，2017（4）：167-192+245-246.

［104］何艳玲．“公共价值管理”：一个新的公共行政学范式［J］．政治学研究，2009（6）：62-68.

［105］何哲．行政体制改革中的管理问题与政治问题：基于组织变革和流程再造视角的分析［J］．中国行政管理，2013（9）：20-24.

［106］何哲．国家数字治理的宏观架构［J］．电子政务，2019（1）：32-38.

［107］何哲．基层治理的复杂性和干部面临的现实难题［J］．国家治理，2020（40）：7-11.

［108］何哲．新信息时代中央地方职能与纵向治理结构变革趋势探析［J］．电子政务，2019（12）：35-43.

［109］何海兵．我国城市基层社会管理体制的变迁：从单位制、街居制到社区制［J］．管理世界，2003（6）：52-62.

［110］何继新，郁琭．基层公共服务精细化治理的逻辑关联、社会行动与路径创新［J］．北京行政学院学报，2018（1）：43-51.

［111］余敏江．基层治理如何更高效［J］．人民论坛，2020（32）：62-65.

［112］辛勇飞．数字技术支撑国家治理现代化的思考［J］．人民论坛·学术前沿，2021（Z1）：26-31+83.

［113］闵学勤．从无限到有限：社区平台型治理的可能路径［J］．江苏社会科学，2020（6）：25-32+241-242.

［114］汪浩．我国社会转型期政府角色的定位与转换［J］．理论界，2014（4）：15-17.

［115］汪曙华．传媒数字化背景下的媒介融合与全媒体传播［J］．东南传播，2011（4）：73-75.

［116］沈费伟，叶温馨．基层政府数字治理的运作逻辑、现实困境与优化策略：基于“农事通”“社区通”“龙游通”数字治理平台的考察［J］．管理学刊，2020，33（6）：26-35.

［117］沈费伟．技术能否实现治理：精准扶贫视域下技术治理热的冷思考［J］．中国农业大学学报（社会科学版），2018，35（5）：81-89.

［118］沈费伟．智慧治理："互联网+"时代的政府治理变革新模式［J］．中共福建省委党校学报，2019（4）：101-108.

［119］张力伟．从共谋应对到"分锅"避责：基层政府行为新动向：基于一项环境治理的案例研究［J］．内蒙古社会科学（汉文版），2018，39（6）：30-35.

［120］张玉磊．整体性治理理论概述：一种新的公共治理范式［J］．中共杭州市委党校学报，2015（5）：54-60.

［121］张丙宣，卢志朋．服务、监管与技术性协同治理［J］．公共管理与政策评论，2016，5（4）：67-74.

［122］张丙宣．技术治理的两幅面孔［J］．自然辩证法研究，2017（9）：2-32.

［123］张丙宣．政府的技术治理逻辑［J］．自然辩证法通讯，2018，40（5）：95-102.

［124］王翔林．结构功能主义的历史追溯［J］．四川大学学报（哲学社会科学版），1993（1）：37-42.

［125］吴晓林．结构依然有效：迈向政治社会研究的"结构-过程"分析范式［J］．政治学研究，2017（2）：96-108+128.

［126］张钦朋．阿尔蒙德的结构功能主义评析［J］．内蒙古大学学报（哲学社会科学版），2012，44（6）：18-22.

［127］邓若玉，胡煜．马克思系统论视域下基层治理中的审计思维［J］．中小企业管理与科技（上旬刊），2020（12）：151-152+155.

［128］张帆．信息技术赋能基层治理的路径与限度［J］．兰州学刊，2021（10）：65-77.

［129］张伟坤．协同共生：基层社会治理理念的传承逻辑与时代趋向［J］．华南师范大学学报（社会科学版），2022（4）：123-134.

［130］张良．资源下乡、行动者博弈与基层治理内卷化［J］．华南农业大学学报（社会科学版），2021（5）：118-129.

［131］张贤明，张力伟．论责任政治［J］．政治学研究，2018（2）：89–97.

［132］张贤明，张力伟．社会治理共同体：理论逻辑、价值目标与实践路径［J］．理论月刊，2021（1）：61–68.

［133］张贤明，张力伟．国家纵向治理体系现代化：结构、过程与功能［J］．政治学研究，2021（6）：63–74+176.

［134］张贤明．当代中国问责制度建设及实践的问题与对策［J］．政治学研究，2012（1）：11–27.

［135］张国勇，娄成武．基于制度嵌入性的营商环境优化研究：以辽宁省为例［J］．东北大学学报（社会科学版），2018（3）：277–283.

［136］张国磊，张新文．基层社会治理的政社互动取向：共建、共治与共享［J］．内蒙古社会科学（汉文版），2018（3）：131–137.

［137］张佳慧．整体性治理视角下政府数字化改革的实践探索与深化路径：以嘉兴市为例［J］．领导科学，2022（1）：116–119.

［138］张晓，鲍静．数字政府即平台：英国政府数字化转型战略研究及其启示［J］．中国行政管理，2018（3）：27–32.

［139］张峰．基层政府间的“共谋现象”分析：基于信息空间的分析视角［J］．湖南社会科学，2015（5）：98–103.

［140］张铤，程乐．技术治理的风险及其化解［J］．自然辩证法研究，2020，36（10）：42–46.

［141］张康之．论主体多元化条件下的社会治理［J］．中国人民大学学报，2014，28（2）：2–13.

［142］张康之．数据治理：认识与建构的向度［J］．电子政务，2018（1）：2–13.

［143］刘植靖．基层治理现代化：基本内涵、历史理路、时代背景［J］．中共太原市委党校学报，2022（3）：62–65.

［144］刘博．韦伯、帕森斯、吉登斯社会行动理论之比较［J］．社科纵横（新理论版），2010，25（4）：145–146.

［145］张锐昕．基层治理数字化转型亟待破解的三个瓶颈［J］．国家

治理，2020（10）：19-22.

［146］张新生．创新社会治理：大数据应用与公共服务供给侧改革［J］．南京社会科学，2018（12）：66-72.

［147］张福磊，曹现强．城市基层社会“技术治理”的运作逻辑及其限度［J］．当代世界社会主义问题，2019（3）：87-95.

［148］陆杰华，韦晓丹．老年数字鸿沟治理的分析框架、理念及其路径选择：基于数字鸿沟与知沟理论视角［J］．人口研究，2021（3）：17-30.

［149］陈水生．城市治理数字化转型：动因、内涵与路径［J］．理论与改革，2022（1）：33-46+156.

［150］陈水生．数字时代平台治理的运作逻辑：以上海“一网统管”为例［J］．电子政务，2021（8）：2-14.

［151］陈那波，张程，李昊霖．把层级带回技术治理：基于“精密智控”实践的数字治理与行政层级差异研究［J］．南京大学学报（哲学·人文科学·社会科学），2021（5）：45-53.

［152］陈丽君，童雪明．科层制、整体性治理与地方政府治理模式变革［J］．政治学研究，2021（1）：90-103.

［153］陈荣卓，肖丹丹．从网格化管理到网络化治理：城市社区网格化管理的实践、发展与走向［J］．社会主义研究，2015（4）：83-89.

［154］陈秋虹．技术与社会的互构：以信息通讯技术在商村社会的应用为例［J］．青年研究，2011（1）：11-22+94.

［155］陈晓运．技术治理：中国城市基层社会治理的新路向［J］．国家行政学院学报，2018（6）：123-127+191.

［156］陈家刚．基层治理：转型发展的逻辑与路径［J］．学习与探索，2015（2）：47-55.

［157］陈潭．大数据驱动社会治理的创新转向［J］．行政论坛，2016，23（6）：1-5.

［158］邵娜．论技术与制度的互动关系［J］．中州学刊，2017（2）：7-12.

［159］邵新哲，计国君．城市网格化管理与智慧社区协同运作机制研究：以四川省 S 市社区网格化管理为例［J］．软科学，2021（2）：137-144.

［160］武峥，孟宪平．建国以来党政领导干部问责制的历史探索与完善方略［J］．科学社会主义，2018（3）：135-138.

［161］苗延义．能力取向的“行政化”：基层行政性与自治性关系再认识［J］．社会主义研究，2020（1）：84-92.

［162］范如国．复杂网络结构范型下的社会治理协同创新［J］．中国社会科学，2014（4）：98-120+206.

［163］林尚立．基层群众自治：中国民主政治建设的实践［J］．政治学研究，1999（4）：47-53.

［164］郁建兴，任杰．中国基层社会治理中的自治、法治与德治［J］．学术月刊，2018，50（12）：64-74.

［165］郁建兴，任杰．社会治理共同体及其实现机制［J］．政治学研究，2020（1）：45-56+125-126.

［166］郁建兴，李琳．当代中国地方政府间关系的重构：基于浙江省县乡两级政府扩权改革的研究［J］．学术月刊，2016，48（1）：101-116.

［167］郁建兴，徐越倩．从发展型政府到公共服务型政府：以浙江省为个案［J］．马克思主义与现实，2004（5）：65-74.

［168］郁建兴，樊靓．数字技术赋能社会治理及其限度：以杭州城市大脑为分析对象［J］．经济社会体制比较，2022（1）：117-126.

［169］孙越．防范化解重大风险视阈下技术治理的优化路径研究［J］．贵州社会科学，2020（12）．

［170］欧阳静．论基层运动型治理：兼与周雪光等商榷［J］．开放时代，2014（6）：180-190.

［171］欧阳静．简约治理：超越科层化的乡村治理现代化［J］．中国社会科学，2022（3）：145-163.

［172］叶本乾．治理民主使民主和服务运转起来：基于成都市龙泉驿区基层治理的调查与思考［J］．党政研究，2015（1）：102-107.

［173］吴新叶．基层治理需要跨越科层制范式的藩篱：与王龙飞博士商榷［J］．学术争鸣，2016（1）：55-58.

［174］罗梁波．国家治理的技术场景：理论反思和话语重构［J］．学海，2020（1）：38-46.

［175］季乃礼，王岩泽．基层政府中的“留痕形式主义”行为：一个解释框架［J］．吉首大学学报（社会科学版），2020，41（4）：97-106.

［176］竺乾威．公共服务的流程再造：从“无缝隙政府”到“网格化管理”［J］．公共行政评论，2012（2）：1-21+178.

［177］金祖睿，金太军．基层政府治理的碎片化困境及其消解［J］．江汉论坛，2020（1）：48-53.

［178］周飞舟．从汲取型政权到“悬浮型”政权：税费改革对国家与农民关系之影响［J］．社会学研究，2006（3）：1-38.

［179］周庆智．改革与转型：中国基层治理四十年［J］．政治学研究，2019（1）：43-52.

［180］周庆智．基层社会自治与社会治理现代转型［J］．政治学研究，2016（4）：70-80+127.

［181］周庆智．基层治理：一个现代性的讨论：基层政府治理现代化的历时性分析［J］．华中师范大学学报（人文社会科学版），2014（5）：19-28.

［182］周其仁．中国农村改革国家和所有权关系的变化（上）：一个经济制度变迁史的回顾［J］．管理世界，1995（3）：178-189.

［183］周林兴，谢林蓉．城市数字化转型视域下公共数据资源协同治理研究：以10个城市统计数据为分析对象［J］．现代情报，2022（8）：114-126.

［184］周根才．走向软治理：基层政府治理能力建构［J］．学术界，2014（10）：34-42.

［185］周雪光．权威体制与有效治理：当代中国国家治理的制度逻辑［J］．开放时代，2011（10）：67-85.

［186］周雪光．项目制：一个“控制权”理论视角［J］．开放时代，

2015（2）：82-102+5.

［187］周雪光．基层政府间的“共谋现象”：一个政府行为的制度逻辑［J］．社会学研究，2008（6）：1-21.

［188］周黎安．行政发包制［J］．社会，2014，34（6）：1-38.

［189］郑跃平，杨学敏，甘泉，等．我国数字政府建设的主要模式：基于公私合作视角的对比研究［J］．治理研究，2021（4）：38-50+2.

［190］郑磊．数字治理的效度、温度和尺度［J］．治理研究，2021（2）：5-16+2.

［191］郎友兴，葛俊良．让基层治理有效地运行起来：基于社区的治理［J］．浙江社会科学，2014（7）：63-69.

［192］孟天广．政府数字化转型的要素、机制与路径：兼论“技术赋能”与“技术赋权”的双向驱动［J］．治理研究，2021，37（1）：5-14+2.

［193］孟天广．数字治理全方位赋能数字化转型［J］．政策瞭望，2021（3）：33-35.

［194］孟庆国，崔萌．数字政府治理的伦理探寻：基于马克思政治哲学的视角［J］．中国行政管理，2020（6）：51-56.

［195］赵玉林，任莹，周悦．指尖上的形式主义：压力型体制下的基层数字治理：基于30个案例的经验分析［J］．电子政务，2020（3）：100-109.

［196］赵吉．简约而非简单：基层复杂社会的折叠型治理形态［J］．宁夏社会科学，2020（5）：125-130.

［197］赵树凯．农村发展与“基层政府公司化”［J］．中国发展观察，2006（10）：48-50.

［198］赵树凯．县乡政府治理的危机与变革：事权分配和互动模式的结构性调整［J］．人民论坛·学术前沿，2013（21）：14-30.

［199］郝海波．整体性治理视阈下政务服务“跨省通办”的现实困境和实践进路：以婚姻登记“跨省通办”试点为例［J］．中国行政管理，2022（6）：12-18.

［200］胡玉桃．数字化转型视野下的地方政府数据协同治理［J］．学习与实践，2021（6）：69-77.

［201］胡业飞．国家治理与创新的长周期演化：对技术治理的重新理解［J］．学海，2021（3）：93-100.

［202］胡重明，喻超．技术与组织双向赋能：应急管理的整体智治：以杭州城市防汛防台体系数字化转型为例［J］．浙江社会科学，2022（7）：59-67.

［203］胡重明．“政府即平台”是可能的吗?：一个协同治理数字化实践的案例研究［J］．治理研究，2020，36（3）：16-25.

［204］胡税根，杨竞楠，结宇龙．我国持续优化市场化营商环境的思路研究［J］．中共天津市委党校学报，2021，23（1）：64-71.

［205］冯献，李瑾，崔凯．乡村治理数字化：现状，需求与对策研究［J］．电子政务，2020（6）：13.

［206］钟晓华．公共价值治理范式对社会治理的重构［J］．国外理论动态，2016（8）：93-101.

［207］段尧清．以数字化转型应对基层治理碎片化［J］．国家治理，2020（2）：15-18.

［208］段哲哲，贾泽民．数字治理视域下的互联网+基层治理：困境与优化路径：以S市为例［J］．江苏师范大学学报（哲学社会科学版），2022，48（3）：68-82+124.

［209］姜方炳．理解“市域社会治理现代化”的三个着力点［J］．杭州（周刊），2019（19）：36-37.

［210］娄成武，张国勇．治理视阈下的营商环境：内在逻辑与构建思路［J］．辽宁大学学报（哲学社会科学版），2018，46（2）：59-65+177.

［211］费月．整体性治理：一种新的治理机制［J］．中共浙江省委党校学报，2010（1）：67-72.

［212］姚水琼，齐胤植．美国数字政府建设的实践研究与经验借鉴［J］．中共浙江省委党校学报，2019（6）：60-65.

［213］姚远，任羽中．“激活”与“吸纳”的互动：走向协商民主的

中国社会治理模式［J］．北京大学学报（哲学社会科学版），2013，50（2）：141-146.

［214］姚毓春，李冰．新发展阶段我国经济增长动能转换：逻辑、方向与路径［J］．华东师范大学学报（哲学社会科学版），2022，54（3）：161-171+188.

［215］贺东航，孔繁斌．中国公共政策执行中的政治势能：基于近20年农村林改政策的分析［J］．中国社会科学，2019（4）：4-25.

［216］贺海波．选择性合作治理：国家与农村精英的关系变迁［J］．社会主义研究，2014（3）：99-106.

［217］姜晓萍．国家治理现代化进程中的社会治理体制创新［J］．中国行政管理，2014（2）：24-28.

［218］沈费伟，袁欢．大数据时代的数字乡村治理：实践逻辑与优化策略［J］．农业经济问题，2020（10）：9.

［219］蔡小慎，牟春雪．治理现代化背景下我国城市基层治理模式的比较与选择［J］．学习与实践，2016（2）：65-72.

［220］贺雪峰．基层治理的逻辑与机制［J］．云南行政学院学报，2017（6）：4.

［221］贺雪峰．资源下乡与基层治理悬浮［J］．中南民族大学学报（人文社会科学版），2022（7）：91-99+184.

［222］宗成峰，朱启臻．互联网+党建引领乡村治理机制创新：基于新时代枫桥经验的探讨［J］．西北农林科技大学学报（社会科学版），2020，20（5）：8.

［223］莫纪宏．论“国家治理体系和治理能力现代化”的“法治精神”［J］．新疆师范大学学报（哲学社会科学版），2014（3）：16.

［224］乡镇治理“体制性困局”待破解［J］．理论与当代，2020（4）：60-61.

［225］贾秀飞，王芳．复合场景与多维变革：技术嵌入城市治理的逻辑分析［J］．求实，2021（1）：32-45.

［226］钱玉英．城镇化背景下的基层治理：中国的问题与出路［J］．

苏州大学学报（哲学社会科学版），2008（5）：1-4.

［227］倪星，王锐．权责分立与基层避责：一种理论解释［J］．中国社会科学，2018（5）：116-135.

［228］徐明，李震国．网络社会动员作用机制与路径选择［J］．中国行政管理，2016（10）：51-56.

［229］徐勇，赵德健．找回自治：对村民自治有效实现形式的探索［J］．华中师范大学学报（人文社会科学版），2014（4）：1-8.

［230］徐顽强．数字化转型嵌入社会治理的场景重塑与价值边界［J］．求索，2022（2）：124-132.

［231］徐晓林，周立新．数字治理在城市政府善治中的体系构建［J］．管理世界，2004（11）：140-141.

［232］翁士洪．城市治理数字化转型的发展与创新［J］．中州学刊，2022（5）：75-82.

［233］翁列恩，齐胤植，李浩．我国法治化营商环境建设的问题与优化路径［J］．中共天津市委党校学报，2021（1）：72-78.

［234］高枝．谋划超前一步行动 向前一步：北京市探索“专班制”推进地方立法侧记［J］．北京人大，2020（2）：45-49.

［235］高艳芳，黄永林．论村规民约的德治功能及其当代价值：以建立“三治结合”的乡村治理体系为视角［J］．社会主义研究，2019（2）：102-109.

［236］高德胜，季岩．人工智能时代个人信息安全治理策略研究［J］．情报科学，2021（8）：53-59.

［237］郭雪慧．人工智能时代的个人信息安全挑战与应对［J］．浙江大学学报（人文社会科学版），2021（5）：157-169.

［238］唐兴霖，尹文嘉．从新公共管理到后新公共管理：20 世纪 70 年代以来西方公共管理前沿理论述评［J］．社会科学战线，2011（2）：178-183.

［239］唐皇凤，王豪．可控的韧性治理：新时代基层治理现代化的模式选择［J］．探索与争鸣，2019（12）：53-62.

［240］容志，吴磊，李婕．公共价值驱动的基层治理数字化转型：基于“两张网”运行的观察［J］．广西师范大学学报（哲学社会科学版），2022（1）：49-62.

［241］陶勇．协同治理推进数字政府建设：《2018 年联合国电子政务调查报告》解读之六［J］．行政管理改革，2019（6）：70-74.

［242］黄少华．风险社会视域中的网络社会问题［J］．科学与社会，2013（4）：14-22.

［243］黄宗智．集权的简约治理：中国以准官员和纠纷解决为主的半正式基层行政［J］．开放时代，2008（2）：10-29.

［244］黄建伟，陈玲玲．国内数字治理研究进展与未来展望［J］．理论与改革，2019（1）：86-95.

［245］黄祖军，赵万里．传统技术与地域社会的相互建构：对自贡井盐社区的技术社会学研究［J］．科学与社会，2014（4）：53-67.

［246］黄晓春，周黎安．政府治理机制转型与社会组织发展［J］．中国社会科学，2017（11）：118-138+206-207.

［247］黄晓春，嵇欣．技术治理的极限及其超越［J］．社会科学，2016（11）：72-79.

［248］黄晓春．当代中国社会组织的制度环境与发展［J］．中国社会科学，2015（9）：146-164+206-207.

［249］黄新华，陈宝玲．治理困境、数字赋能与制度供给：基层治理数字化转型的现实逻辑［J］．理论学刊，2022（1）：144-151.

［250］黄璜．对“数据流动”的治理：论政府数据治理的理论嬗变与框架［J］．南京社会科学，2018（2）：53-62.

［251］黄毅，文军．从“总体-支配型”到“技术-治理型”：地方政府社会治理创新的逻辑［J］．新疆师范大学学报（哲学社会科学版），2014，35（2）：35-44.

［252］萧冬连．乡镇企业“异军突起”的历史和机制分析［J］．中共党史研究，2021（5）：46-59.

［253］曹正汉，王宁．一统体制的内在矛盾与条块关系［J］．社会，

2020（4）：77-110.

［254］曹正汉，钟珮．条块关系与中国的适应能力：对韩博天观点的修正［J］．探索与争鸣，2020（11）：100-111+179.

［255］龚维斌．加强和创新基层社会治理［J］．理论导报，2020（9）：7-9.

［256］崔云朋，乔瑞金．新时代创新主体实践路径研究［J］．经济问题，2020（2）：10-17+57.

［257］章伟，曾峻．大数据时代的国家治理形态创新及其趋向分析［J］．上海行政学院学报，2015，16（2）：28-35.

［258］渠敬东，周飞舟，应星．从总体支配到技术治理：基于中国 30 年改革经验的社会学分析［J］．中国社会科学，2009（6）：104-127+207.

［259］渠敬东．项目制：一种新的国家治理体制［J］．中国社会科学，2012（5）：113-130+207.

［260］梁宇，郑易平．我国政府数据协同治理的困境及应对研究［J］．情报杂志，2021（9）：108-114.

［261］彭亚平．技术治理的悖论：一项民意调查的政治过程及其结果［J］．社会，2018（3）：46-78.

［262］彭亚平．治理和技术如何结合?：技术治理的思想根源与研究进路［J］．社会主义研究，2019（4）：71-78.

［263］彭勃．技术治理的限度及其转型：治理现代化的视角［J］．社会科学，2020（5）：4.

［264］彭勃．基层韧性治理的数字化转型策略［J］．国家治理，2021（11）：10-14.

［265］彭勃．智能技术赋能基层治理：新问题与新机遇［J］．国家治理，2020（26）：25-29.

［266］董立人．智慧治理："互联网+"时代政府治理创新研究［J］．行政管理改革，2016（12）.

［267］董慧，李菲菲．大数据时代：数字活力与大数据社会治理探析［J］．学习与实践，2019（12）：20-27.

［268］蒋俊杰．整体智治：我国超大城市治理的目标选择和体系构建［J］．理论与改革，2022（3）：110-119.

［269］蒋源．从粗放式管理到精细化治理：社会治理转型的机制性转换［J］．云南社会科学，2015（5）：6-11.

［270］韩万渠．跨界公共治理与平台型政府构建［J］．科学社会主义，2020（1）：104-110.

［271］韩自强．应急管理能力：多层次结构与发展路径［J］．中国行政管理，2020（3）：137-142.

［272］韩兆柱，于均环．整体性治理视域下京津冀基本公共服务均等化研究［J］．学习论坛，2018，34（1）：58-64.

［273］韩兆柱，马文娟．数字治理理论及其应用的探索［J］．公共管理评论，2016（1）：92-109.

［274］韩兆柱，单婷婷．网络化治理、整体性治理和数字治理理论的比较研究［J］．学习论坛，2015（7）：44-49.

［275］韩兆柱，翟文康．大数据时代背景下整体性治理理论应用研究［J］．行政论坛，2015，22（6）：24-29.

［276］韩江风．技术治理逻辑下社会工作评估的失灵与优化：以T市W街道社会工作评估项目为例［J］．理论月刊，2019（12）：143-154.

［277］韩志明．从“互联网+”到“区块链+”：技术驱动社会治理的信息逻辑［J］．行政论坛，2020，27（4）：68-75.

［278］韩志明．从粗放式管理到精细化治理：迈向复杂社会的治理转型［J］．云南大学学报（社会科学版），2019，18（1）：107-114.

［279］韩沙．基层治理数字化转型的迫切性、挑战性与突破点［J］．领导科学，2021（6）下：28-31.

［280］韩瑞波，唐鸣．基层社会治理智能化的潜在风险与化解防范：基于Y市Z区的案例研究［J］．宁夏社会科学，2021（1）：172-180.

［281］徐林．智慧治理的实践探索：案例分析及启示［J］．国家治理，2022（17）：55-59.

［282］景跃进．党、国家与社会：三者维度的关系：从基层实践看中

国政治的特点［J］．华中师范大学学报（人文社会科学版），2005（2）：9-13+29.

［283］喻国明，马慧．互联网时代的新权力范式："关系赋权"："连接一切"场景下的社会关系的重组与权力格局的变迁［J］．国际新闻界，2016（10）：6-27.

［284］程同顺，周卉．当前中国粮食安全治理现代化中的技术政治［J］．理论探讨，2021（1）：28-37.

［285］童星．从科层制管理走向网络型治理：社会治理创新的关键路径［J］．学术月刊，2015，47（10）：109-116.

［286］曾凡军，潘懿．基层治理碎片化与整体性治理共同体［J］．浙江学刊，2021（3）：64-71.

［287］曾渝，黄璜．数字化协同治理模式探究［J］．中国行政管理，2021（12）：58-66.

［288］曾德麟，蔡家玮，欧阳桃花．数字化转型研究：整合框架与未来展望［J］．外国经济与管理，2021，43（5）：63-76.

［289］谢微，张锐昕．整体性治理的理论基础及其实现策略［J］．上海行政学院学报，2017，18（6）：31-37.

［290］鲍静，贾开．数字治理体系和治理能力现代化研究：原则、框架与要素［J］．政治学研究，2019（3）：23-32+125-126.

［291］蔡曙山．论数字化［J］．中国社会科学，2001（4）：33-42+203-204.

［292］廖福崇．数字治理体系建设：要素、特征与生成机制［J］．行政管理改革，2022（7）：84-92.

［293］颜昌武，许丹敏．属地管理与基层自主性：乡镇政府如何应对有责无权的治理困境［J］．理论与改革，2021（2）：73-86+153.

［294］颜昌武，杨华杰．以"迹"为"绩"：痕迹管理如何演化为痕迹主义［J］．探索与争鸣，2019（11）：111-121+159.

［295］颜昌武，杨郑媛．什么是技术治理？［J］．广西师范大学学报（哲学社会科学版），2020（2）：11-22.

［296］颜佳华，王张华．数字治理、数据治理、智能治理与智慧治理概念及其关系辨析［J］．湘潭大学学报（哲学社会科学版），2019，43（5）：25-30+88.

［297］燕继荣．服务型政府的研究路向：近十年来国内服务型政府研究综述［J］．学海，2009（1）：191-201.

［298］戴长征，鲍静．数字政府治理：基于社会形态演变进程的考察［J］．中国行政管理，2017（9）：21-27.

［299］魏礼群，顾朝曦，倪光南，等．数字治理：人类社会面临的新课题［J］．社会政策研究，2021（2）：3-12.

［300］魏振．社会技术的结构分析［J］．沈阳师范大学学报（社会科学版），2016（2）：56-59.

［301］敏娟，翟云．数字化转型背景下的公民数字素养：框架、挑战与应对方略［J］．电子政务，2022（1）：54-65.

［302］周智博．ChatGPT 模型引入我国数字政府建设：功能、风险及其规制［J］．山东大学学报（哲学社会科学版），2023（3）：1-11.

［303］柳亦博．治理理论的“视差”：术道分离与术道合一［J］．探索与争鸣，2021（11）：167-176+180.

［304］陈锋．从整体支配到协商治理：乡村治理转型及其困境：基于北镇“钉子户”治理的历史考察［J］．华中科技大学学报（社会科学版），2014，28（6）：21-27.

［305］陈剩勇，卢志朋．信息技术革命、公共治理转型与治道变革［J］．公共管理与政策评论，2019，8（1）：40-49.

［306］丁大尉，李正风，胡明艳．新兴技术发展的潜在风险及技术治理问题研究［J］．中国软科学，2013（6）：62-70.

［307］苏竣，董新宇．科学技术的全球治理初探［J］．科学学与科学技术管理，2004（12）：21-26.

［308］冯勤，纪松涛．企业治理与技术的共同演进：工业革命的视角［J］．科技管理研究，2005（12）：126-128.

［309］邢源源．技术与企业治理结构：K 模型修正及实证检验［J］．

中国软科学，2006（5）：73-79.

［310］于骥．治理结构与企业技术创新的耦合性研究［J］．求是学刊，2008（3）：62-66.

［311］韩志明．从“互联网+”到“区块链+”：技术驱动社会治理的信息逻辑［J］．行政论坛，2020，27（4）：68-75.

［312］韩志明．技术治理的四重幻象：城市治理中的信息技术及其反思［J］．探索与争鸣，2019（6）：48-58+157+61.

［313］西宝，陈瑜，姜照华．技术协同治理框架与机制：基于“价值—结构—过程—关系”视角［J］．科学学研究，2016，34（11）：1615-1624+735.

［314］单勇．跨越“数字鸿沟”：技术治理的非均衡性社会参与应对［J］．中国特色社会主义研究，2019（5）：68-75+82+2.

［315］党兴华，王方．核心企业知识权力运用对技术创新网络关系治理行为的影响：基于关系能力角度的实证研究［J］．科学学与科学技术管理，2012，33（12）：77-86.

［316］冯根福，温军．中国上市公司治理与企业技术创新关系的实证分析［J］．中国工业经济，2008（7）：91-101.

［317］鲁桐，党印．公司治理与技术创新：分行业比较［J］．经济研究，2014，49（6）：115-128.

［318］张宗益，张湄．关于高新技术企业公司治理与R&D投资行为的实证研究［J］．科学学与科学技术管理，2007（5）：23-26+116.

［319］杨勇，达庆利，周勤．公司治理对企业技术创新投资影响的实证研究［J］．科学学与科学技术管理，2007（11）：61-65

［320］渠敬东，周飞舟，应星．从总体支配到技术治理：基于中国30年改革经验的社会学分析［J］．中国社会科学，2009（6）：104-127+207.

［321］王雨磊．数字下乡：农村精准扶贫中的技术治理［J］．社会学研究，2016（6）：119-142+244.

［322］陈锋．分利秩序与基层治理内卷化 资源输入背景下的乡村治理逻辑［J］．社会，2015（3）：95-120.

［323］孙从军，张明旭．河道曝气技术在河流污染治理中的应用［J］．环境保护，2001（4）：12-4+20.

［324］郭鹏，林祥枝，黄艺，等．共享单车：互联网技术与公共服务中的协同治理［J］．公共管理学报，2017（3）：1-10+154.

［325］陈振明．政府治理变革的技术基础：大数据与智能化时代的政府改革述评［J］．行政论坛，2015（6）：1-9.

［326］李炜光，柳妍，唐权．现代公共治理的路径与选择［J］．学术界，2020（1）：33-44.

［327］邢怀滨，苏竣．全球科技治理的权力结构、困境及政策含义［J］．科学学研究，2006（3）：368-373.

［328］马亮．大数据技术何以创新公共治理?：新加坡智慧国案例研究［J］．电子政务，2015（5）：2-9.

［329］沈费伟．技术能否实现治理：精准扶贫视域下技术治理热的冷思考［J］．中国农业大学学报（社会科学版），2018，35（5）：81-89.

［330］颜海娜．技术嵌入协同治理的执行边界：以S市“互联网+治水”为例［J］．探索，2019（4）：144-155.

［331］高恩新，刘璐．平台的“祛魅”：城市治理数字化转型中的组织-技术互嵌逻辑［J］．东南学术，2023（2）：125-134.

［332］金筱霖，王晨曦，张璐，等．数字赋能与韧性治理双视角下中国智慧社区治理研究［J］．科学管理研究，2023（1）：90-99.

［333］王雨磊．数字下乡：农村精准扶贫中的技术治理［J］．社会学研究，2016（6）：119-142+244.

［334］彭亚平．照看社会：技术治理的思想素描［J］．社会学研究，2020（6）：212-236+246.

［335］徐雅倩．技术、国家与社会：技术治理的现代面向及其反思［J］．自然辩证法研究，2021（6）：39-44.

［336］许志中，刘祖云，王太文．“技术治理”知识图谱的延展：基于共识、辩识与智识的视角［J］．天津行政学院学报，2022（4）：34-43.

[337] 吴冠军．健康码、数字人与余数生命：技术政治学与生命政治学的反思［J］．探索与争鸣，2020（9）：115-122+159.

[338] 郭荣茂．转译社会学视角下的技术治理研究［J］．科学学研究，2016（11）：1608-1614.

三、学位论文类

[1] 田玉麒．协同治理的运作逻辑与实践路径研究［D］．吉林大学，2017.

[2] 刘滨．约束性放权：地方政府剩余权激励与问责调适［D］．吉林大学，2021.

[3] 陈亮．走向网络化治理：社会治理的发展进路及困境破解［D］．吉林大学，2016.

[4] 赵友华．技术行政的价值及其实现逻辑［D］．华东政法大学，2021.

[5] 胡春艳．科学技术政治学的"研究纲领"［D］．厦门大学，2006.

[6] 钟冬生．结构分化与政治体系的发展进路［D］．浙江大学，2008.

[7] 程李华．现代国家治理体系视阈下的政府职能转变［D］．中共中央党校，2014.

[8] 曾凡军．基于整体性治理的政府组织协调机制研究［D］．武汉大学，2010.

[9] 赖燕茹．科技政治学视角下的互联网研究［D］．国防科学技术大学，2016.

[10] 贺栋豪．技术治理的向度、风险及规避［D］．内蒙古大学，2021.

[11] 曹伟．中国政府全面质量管理问题研究导论［D］．中共中央党校，2006.

四、中文报刊类

［1］习近平．决胜全面建成小康社会　夺取新时代中国特色社会主义伟大胜利：在中国共产党第十九次全国代表大会上的报告［N］．人民日报，2017-10-28（1）．

［2］习近平．高举中国特色社会主义伟大旗帜 为全面建设社会主义现代化国家而团结奋斗：在中国共产党第二十次全国代表大会上的报告［J］．中华人民共和国国务院公报，2022（30）：4-27．

［3］习近平．在庆祝中国共产党成立95周年大会上的讲话［N］．人民日报，2016-07-02（2）．

［4］习近平．在省部级主要领导干部学习贯彻党的十八届五中全会精神专题研讨班上的讲话［N］．人民日报，2016-05-10（2）．

［5］习近平．在庆祝改革开放40周年大会上的讲话［N］．人民日报，2018-12-19（2）．

［6］习近平．在浦东开发开放30周年庆祝大会上的讲话［N］．人民日报，2021-11-13（2）．

［7］习近平．关于《中共中央关于全面推进依法治国若干重大问题的决定》的说明［N］．人民日报，2014-10-29（2）．

［8］习近平．关于《中共中央关于坚持和完善中国特色社会主义制度推进国家治理体系和治理能力现代化若干重大问题的决定》的说明［N］．人民日报，2019-11-06（4）．

［9］习近平．关于《中共中央关于制定国民经济和社会发展第十四个五年规划和二〇三五年远景目标的建议》的说明［N］．人民日报，2020-11-04（2）．

［10］习近平．坚定不移走高质量发展之路 坚定不移增进民生福祉［N］．人民日报，2021-03-08（1）．

［11］中共中央关于制定国民经济和社会发展第十四个五年规划和二〇三五年远景目标的建议［N］．人民日报，2020-11-04（1）．

［12］中共中央 国务院关于加强基层治理体系和治理能力现代化建设

的意见［N］. 人民日报，2021-07-12（1-2）.

［13］推进新时代基层治理现代化建设的纲领性文件：中央组织部、民政部负责人就印发《中共中央 国务院关于加强基层治理体系和治理能力现代化建设的意见》答记者问［N］. 人民日报，2021-07-13.

［14］中华人民共和国国民经济和社会发展第十四个五年规划和2035年远景目标纲要［N］. 人民日报，2021-03-13（1）.

［15］包心鉴. 当代中国治国理政的政治逻辑［N］. 人民日报，2017-04-21（7）.

［16］刘乐平，余勤，黄珍珍. 推进城乡社区现代化建设打造人民幸福美好家园［N］. 浙江日报，2022-05-06.

［17］中共中央 国务院关于加强和完善城乡社区治理的意见［N］. 人民日报，2017-06-13（1）.

［18］李玉梅. 未来社区是"让老百姓幸福"的新平台［N］. 学习时报，2019-11-25（1）.

［19］坚定不移沿着中国特色社会主义道路前进为全面建成小康社会而奋斗［N］. 人民日报，2012-11-09（2）.

［20］何毅亭. 四十年改革开放与中国特色社会主义［N］. 学习时报，2018-12-07（1）.

［21］张权. 什么是技术治理，怎么用好？［N］. 学习时报，2020-06-22（7）.

［22］国纪平. 大变局中的中国与世界［N］. 人民日报，2019-09-25（1）.

［23］俞冰夏. 大数据时代自欺欺人的技术官僚主义［N］. 第一财经日报，2018-09-07（A12）.

［24］施力维，应磊，王黎婧. IRS，把"信息孤岛"连成"数字大陆"［N］. 浙江日报，2021-11-30（4）.

［25］贾建芳. 中国特色社会主义现代化的意蕴［N］. 新华日报，2018-09-11（13）.

［26］凌锋. 以数字治理助推国家治理能力现代化［N］. 法治日报，

2021-06-23（5）.

［27］常保国，赵健．“全周期管理”的科学内涵与实现路径［N］．光明日报，2020-09-04.

［28］喻思南．数字时代如何保护个人信息［N］．人民日报，2019-10-16（5）.

［29］谢春涛．党开创和发展中国特色社会主义的历史经验［N］．学习时报，2019-10-11（1）.

［30］管志利．政府数据开放重在协同治理［N］．学习时报，2021-07-16（3）.

［31］颜晓峰．改革开放开创社会主义现代化道路［N］．人民日报，2018-07-24（7）.

五、外文类

［1］ROSENAU J N，CZEMPIEL E. Governance without government：Order and change in world politics［M］. Cambridge：Cambridge University Press，1992.

［2］AGARWAL R，GUODONG G，DesRoches C，et al. The digital transformation of healthcare：Current status and the road ahead［J］. Information Systems Research，2010（4）：796-809.

［3］MAJCHRZAK A，MARKUS M L，WAREHAM J. Designing for digital transformation：Lessons for information systems research from the study of ICT and societal challenges［J］. MIS Quarterly，2016（2）：267-277.

［4］PATEL K，MCCARTHY M P. Digital transformation：The essentials of e-business leadership［M］. New York：Mcgraw-Hill，2000.

［5］DEMARK E F，HARCOURT R R. Companies must adapt to the internet to survive［J］. CPA Journal，2004（4）：9.

［6］GEOM L. Exploring good governance with an integrative framework for collaborative governance：A case study［J］. Korean Review of Organizational Studies，2020（1）：123-147.

[7] SUSHA I, GIL-GARCIA J R. A Collaborative governance approach to partnerships addressing public problems with private data [C] . Prooceedings of the 52nd Annual Hawaii International Conference on System Sciences, 2019: 2892-2901.

[8] GIL-GARCIA J R, DAWES S S, PARDO T A. Digital government and public management research: finding the crossroads [J] . Public Management Review, 2018, 20 (5): 633-646.

[9] BAE K H, KANG Y J. A study on critical factors of successful collaborative governance for resolving environmental problems focusing upon the taehwa river [J] . Korean Policy Sciences Review, 2018 (2): 155-187.

[10] RICHARD G. Olson, Scientism and Technocracy in the Twentieth Century: The Legacy of Science Management [M] . New York: Lexington Books, 2016.

[11] DUNLEAVY P. New public management is dead? Long live digital-era governance [J] . Journal of Public Administration Research & Theory, 2005.

[12] GIL-GARCIA J R, DAWES S S, PARDO T A . Digital government and public management research: finding the crossroads [J] . Public Management Review, 2017: 1-14.

[13] YIN R K, Case study research: Design and methods, 5th edition [M] . Thousand Oaks: SAGE Publication, Inc. 2014.

[14] STEIN M, NEWELL S, WAGNER E L, et al . Coping with information technology: Mixed emotions, vacillation, and nonconforming use patterns [J]. MIS Quarterly, 2015 (2): 367-392.

[15] VIAL G. Understanding digital transformation: A review and a research agenda [J] . The Journal of Strategic Information Systems, 2019, 28 (2): 118-144.

[16] DUNLEAVY P. Digital Era Governance: IT corporations, the State, and E-Government [M] . Oxford: Oxford University Press, 2006.

[17] NOUR M A, ABDEL R A, FADLALLA A. A context-based integra-

tive framework for E-Government initiatives [J]. Government Information Quarterly, 2008 (25): 448-461.

[18] BIJKER W E. How is technology made? [J]. Cambridge Journal of Economics, 2010 (1): 63-76.

[19] WILSON S M, PETERSON L C. The anthropology of online communities [J]. Annual Review of Anthropology, 2002 (31): 449-467.

[20] IM T, CHO W, GREG PORUMBESCU G. Internet, Trust in government, and citizen compliance [J]. Journal of Public Administration Research and Theory, 2014 (3): 741-763.

[21] EKBIA H, MATTIOLI M, KOUPER I. Big data, bigger dilemmas: A critical review [J]. Journal of the Association for Information Science and Technology, 2015 (8): 1523-1545.

[22] PORUMBESUC G A. placing the effect? gleaning insights into the relationship between citizens Use of E-Government and trust in government [J]. Public Management Review, 2016 (10): 1504-1535.

[23] PERRI. Towards Holistic Governance: The New Reform Agenda [M]. New York: Palgrave, 2002: 37.

[24] POLLITC. Joined-up Government: a Survey [J]. Political Studies Review, 2003 (1).

[25] PERRI. Joined-Up government in the western world in comparative perspective: A preliminary literature review and exploration [J]. Journal of Public Administration Research and Theory, 2004 (1).

[26] FUKUYAMA F. What is governance? [J]. Governance, 2013 (3): 347-368.

[27] BESLEY T, PERSSON T. Pillars of prosperity [M]. Princeton University Press, 2011.

[28] MCADAM D, TARROW S, TILLY C. Dynamics of contention [M]. Cambridge: Cambridge University Press, 2001.

[29] LEE M M, ZHANG N. Legibility and the informational foundations of

state capacity [J] . The Journal of Politics, 2017 (79): 118-32.

[30] SCOTT J C. Seeing Like a State: How Certain Schemes to Improve the Human Condition Have Failed [M] . New Haven: Yale University Press, 1998.

[31] SMITH G. The hollow state: Rural governance in China [J] . The China Quarterly, 2010 (203): 601-618.

[32] VOLKOFFO S E. Technological embeddedness and organizational change [J] . Organization Science, 2007 (5): 832-884.

[33] DUNLEAVY P, MARGETTS H, BASTOWES, et al. Digital era governance: IT corporations, the State, and e-Government [J]. New York: Oxford University Press, 2006: 217.

[34] ESPEJO R, REYES A. Organizational Systems Managing Complexity with the Viable System Model [M] . New York: Springer, 2011.

[35] THOMPSON J D. Organizations In Action: Social Science Bases of Administrative Theory [M] . New York: MaGraw-Hill, 1967.

[36] DENHARDT R B. . DENHARDT J V. The New public service: Serving rather than stering [J] . Public Administration Review, 2000, 6 (6).

[37] MORE M H. Creating Public Value: Strategic Management in Government. [J] . Cambridge MA: Harvard University Press, 1995: 5-25.

[38] STOKER G. Public value management a New narrative for networked governance? [J] . The American Review of Public Administration, 2006 (1): 41-57.

[39] KATSONIS M, BOTROS A. Digital government: A primer and professional Perspectives [J] . Australian Journal of Public Administration, 2015, 74 (1): 42-52.

[40] SILVANA S, VALERIO B, DANIEL L, et al. Does citizen involvement feed on digital platforms? [J] . International Journal of Public Administration, 2021 (11): 1-18.

[41] JESSOP B. The Rise of Governance and the Risks of Failure: the Case of Economic Development [J] . International Social Science Journal, 1998

(50): 29-45.

[42] VICENTE P N, DIAS-TRINDADE S. Reframing sociotechnical imaginaries: The case of the fourth industrial revolution [J]. Public Understanding of Science, 2021, 6 (30): 708-723.

[43] MICHELI M. PONTI M, CRAGLIA M et al. Emerging Models of Data Governance in the Age of Datafication [J], Big Data & Society, 2020, 2 (7): 1-15.

[44] CENTENO M A. The new leviathan: The dynamics and limits of technocracy [J]. Theory & Society, 1993 (22): 307-335.

[45] BANNERMAN S, ORASCH A. Privacy and Smart Cities: A Canadian Survey [J]. Canadian Journal of Urban Research, 2020, 1 (29): 17-38.

[46] MCDONNELL D, VALBRUZZI M. Defining and classifying technocrat-led and technocratic governments [J]. European Journal of Political Research, 2014, (53): 654-671.

[47] WAJCMAN J. Automation: Is it really different this time? [J]. British Journal of Sociology, 2017, 1 (68): 119-127.

[48] BURRELL J, FOURCADE M. The society of algorithms [J]. Annual Review of Sociology, 2021, 1 (47): 213-237.

[49] STOCKTON P. Beyond micromanagement: congressional budgeting for a post-cold war military [J]. Political Science Quarterly, 1995, 2 (110): 233-259.

[50] ROBERGE J, CASTELLE M. Toward an end-to-end sociology of 21st-Century Machine Learning [J] //ROBERGE J, CASTELLE M (Eds.), The cultural life of machine learning: An incursion into critical AI studies, Springer International Publishing, 2021: 3.

[51] CHRISTOPHER A, LEVI-FAUR D, TRONDAL J. An Organizational-Institutional Approach to Governance' [M] //ANSELL C K, Trondal J, and Morten Øgård (eds), Governance in Turbulent Times, Oxford: Oxford

University Press, 2016: 29.

[52] FEENBERG A. QuestioningTechnology [M] . New York: Routledge, 1999: 4.

[53] GINTY R M. Routine peace: Technocracy and peacebuilding [J]. Cooperation and Conflict, 2012, 47 (3): 287-308.

[54] BALASUBRAMANIAN A. Micromanagement: fixing microfinance in argentina [J] . Harvard International Review, 2009, 31 (3): 9-10.

[55] ISSAR S, ANEESH A. What isAlgorithmic Governance? [J]. Sociology Compass, e12955.

附　录

附录 1：访谈对象基本信息和口述编码

受访者编码	性别	受访者职业	访谈方式
BJ20220401GHS	男	民政部相关司局领导	面对面
BJ20220925HGH	男	民政部相关司局领导	面对面
ZH20220828CXD	男	浙江省民政厅处长	面对面
ZHX20211031WXY	男	杭州市民政局领导	面对面
ZHX20211031YTT	女	杭州市民政局处长	面对面
ZHX20211031WWW	男	杭州市 X 区人民政府领导	面对面
ZHX20211225DCX	女	杭州市 X 区人大社建委领导	面对面
ZHX20211030DJJ	女	杭州市 X 区民政局领导	面对面
ZHXG2021030GHJ	男	杭州市 X 区 G 镇领导	面对面
ZHXG20211225CYS	男	杭州市 X 区 G 镇领导	面对面
ZHXG20211229QXL	女	杭州市 X 区 G 镇干部	面对面
ZHXG20211226ZJ	男	杭州市 X 区 G 镇干部	面对面
ZHXG20211225HXL	男	杭州市 X 区 G 镇干部	面对面
ZHXG20220727SXY	女	杭州市 X 区 G 镇干部	网络
ZHXG20211228KGM	女	杭州市 X 区 G 镇 ML 村驻村书记	面对面
ZHXG20211226ZXL	女	杭州市 X 区 G 镇联系 QC 社区干部	面对面
ZHXG20211225GJC	男	杭州市 X 区 G 镇 QC 社区党支部书记	面对面
ZHXG20211225SGL	女	杭州市 X 区 G 镇 QC 社区居民	面对面

续表

受访者编码	性别	受访者职业	访谈方式
ZHXG20211228HJQ	男	杭州市 X 区 G 镇 BLQ 村党支部书记、村委会主任	面对面
ZHXG20211228YH	女	杭州市 X 区 G 镇 BLQ 村村民	面对面
ZHXG20211228HJQ	女	杭州市 X 区 G 镇 DE 村党支部书记、村委会主任	面对面
ZHXG20211229lX	男	杭州市 X 区 G 镇 ML 村村民	面对面
ZHXG20211226GQ	女	杭州市 X 区 G 镇 DS 村村委会副主任	面对面
ZHXG20211229MJJ	女	杭州市 X 区 G 镇 HM 村 HM 集团接待办主任	面对面
ZHXG20211226SJG	男	杭州市 X 区 G 镇 YD 村党支部书记、村委会主任	面对面
ZHXG20211225WWB	男	杭州市 X 区 G 镇数字平台开发团队成员	面对面
ZH20211027YJX	男	浙江大学教授	面对面
ZHX20211031XL	男	浙江大学教授	面对面
BJ20220520ZCG	男	清华大学教授	网络
ZHX20211031LJJ	男	复旦大学教授	面对面
SHX20210608HZ	男	上海交通大学教授	面对面
SHX20210607PB	男	上海交通大学教授	面对面
BJ20211105HYL	女	中国人民大学教授	面对面
BJ20200220TYP	男	吉林大学教授	电话
SC20220825JXP	女	四川大学教授	电话
WH20220715CT	男	华中科技大学教授	面对面
WH20220715ZDW	男	华中师范大学教授	面对面
GGH20211202WH	男	华南理工大学教授	面对面
GSN20200427CW	男	深圳大学教授	面对面
GSN20200427TJ	女	深圳大学教授	面对面
BJ20220509TCG	男	智慧治理领域高科技公司高管	面对面

附录 2：本研究参考的主要政策文件梳理

政策文件	发文机构
高举中国特色社会主义伟大旗帜 为全面建设社会主义现代化国家而团结奋斗——在中国共产党第二十次全国代表大会上的报告	中共中央
中共中央关于认真学习宣传贯彻二十大精神的决定	中共中央
决胜全面建成小康社会　夺取新时代中国特色社会主义伟大胜利——在中国共产党第十九次全国代表大会上的报告	中共中央
中共中央关于坚持和完善中国特色社会主义制度　推进国家治理体系和治理能力现代化若干重大问题的决定	中共中央
中共中央 国务院关于加强基层治理体系和治理能力现代化建设的意见	中共中央、国务院
中共中央 国务院关于加强和完善城乡社区治理的意见	中共中央、国务院
中共中央 国务院关于支持浙江高质量发展建设共同富裕示范区的意见	中共中央、国务院
法治政府建设实施纲要（2021-2025 年）	中共中央、国务院
中华人民共和国国民经济和社会发展第十四个五年规划和 2035 年远景目标纲要	国务院
关于加强数字政府建设的指导意见	国务院
国务院关于加快推进政务服务标准化规范化便利化的指导意见	国务院
关于深入推进审批服务便民化的指导意见	中共中央办公厅、国务院办公厅

续表

政策文件	发文机构
关于推行地方各级政府工作部门权力清单制度的指导意见	中共中央办公厅、国务院办公厅
关于规范村级组织工作事务、机制牌子和证明事项的意见	中共中央办公厅、国务院办公厅
乡村建设行动实施方案	中共中央办公厅、国务院办公厅
关于推进基层整合审批服务执法力量的实施意见	中共中央办公厅、国务院办公厅
关于加强和改进城市基层党的建设工作的意见	中共中央办公厅
国务院办公厅《关于印发“十四五”城乡社区服务体系建设规划的通知》	国务院办公厅
关于深化城市基层党建引领基层治理的若干措施（试行）	中共中央组织部、中共中央政法委员会、民政部、住房城乡建设部
民政部、中央政法委、中央网信办、发展改革委、工业和信息化部、公安部、财政部、住房城乡建设部、农业农村部印发《关于深入推进智慧社区建设的意见》的通知	民政部、中央政法委、中央网信办、发展改革委、工业和信息化部、公安部、财政部、住房城乡建设部、农业农村部
关于做好村规民约和居民公约工作的指导意见	民政部、中央组织部、中央政法委、中共文明办、司法部、农业农村部、全国妇联
民政部办公厅关于印发《培育发展社区社会组织专项行动方案（2021–2023年）》的通知	民政部办公厅
中共浙江省委全面深化改革委员会关于印发《浙江省数字化改革总体方案》的通知	中共浙江省委全面深化改革委员会
浙江省人民政府《关于印发浙江省深化“最多跑一次”改革推进政府数字化转型工作总体方案的通知》	浙江省人民政府
浙江省人民政府《关于深化数字政府建设的实施意见》	浙江省人民政府
关于印发浙江省未来社区建设试点工作方案的通知	浙江省人民政府

续表

政策文件	发文机构
关于高质量加快推进未来社区试点建设工作的意见	浙江省人民政府办公厅
浙江省人民政府办公厅关于开展未来乡村建设的指导意见	浙江省政府办公厅
高质量打造未来社区公共文化空间的实施意见	浙江省文化和旅游厅、浙江省发展和改革委员会
浙江省未来社区试点建设管理办法（试行）	浙江省发展改革委
关于进一步加强财政金融支持未来社区试点建设的意见	浙江省发展改革委、省财政厅、人行杭州中心支行、浙江银保监局
关于“数智杭州”建设的总体方案	中共杭州市委全面深化改革委员会
杭州市人民政府办公厅《关于印发〈杭州市数字化城市管理实施办法〉的通知》	杭州市人民政府办公厅
杭州市人民政府办公厅关于进一步加强全市乡村规划管理工作的指导意见	杭州市人民政府办公厅
X区数字化改革总体方案	中共杭州市X区委全面深化改革委员会
关于印发《X区数字政府建设“十四五”规划》的通知	杭州市X区发改局、X区数据资源管理局
X区深化镇街职能调整和体制改革的实施方案	杭州市X区委办公室、区政府办公室
X区委办公室、区政府办公室关于印发《杭州市X区数据资源管理局职能配置、内设机构和人员编制规定》的通知	杭州市X区委办公室、区政府办公室
G镇深化职能调整和体制改革实施方案	杭州市X区G镇内部资料

后记

每本书通常都有一篇后记，既为惯例。当我们翻看一本书的时候，一般会习惯性地首先看看目录、摘要、前言或后记，往往后记最耐人寻味。因此，写好后记十分重要。可后记写什么呢？总感觉有千言万语，提起笔来却又发现讲什么都显得苍白无力，特别是那些表达感谢的话。也曾想过，行胜于言，大恩不言谢，不写后记了，可思来想去，在这个信息爆炸、转瞬即逝、复杂多变的数字时代，人与人之间思想的交流、心灵的对话、情感的表达还是要及时，以免留下遗憾，且大多数时候还是通过文字来传递，于是决定还是写吧！纵然思绪万千，就这样开场吧！

在数字化浪潮中探寻基层治理新范式

当我在键盘上敲下“后记”这两个字的时候，也就意味着《基层治理数字化转型研究》这本拙著快要面世了，心中涌动的情感还是挺复杂的，有回忆、有憧憬，有感慨、有感激，有淡然、有忐忑。这本书是在我的博士论文基础上修改完善形成的，算是自己学术生涯中的一个里程碑，是对当下国家和社会治理变革实践的一次反思与前瞻，也是对服务推动基层治理现代化的一次尝试与努力。

缘起：在时代洪流中践行责任担当

当今时代，现代科技的飞速发展正以前所未有的方式深刻影响和改变着我们的生产生活形态和国家与社会的治理模式。基层治理，作为国家与社会治理体系的神经末梢，其重要性不言而喻。基础不牢，地动山摇。面对复杂多变的社会环境和人民群众日益增长的美好生活需要，传统的治理模式显得力不从心。在此背景下，作为一位青年读书人，我有责任为推进国家与社会治理现代化贡献力量，于是便踏上了探索基层治理数字化转型之路的征途，希望通过深入研究为新时代的基层治理创新提供理论支持。

浙江省G镇，以其独特的地理位置、深厚的文化底蕴、活跃的经济发展态势和敢为人先的数字化转型探索，成为我几经调研比较后决定深入分析的样本。在这里，我看到了数字化技术如何渗透到基层治理的结构与过程，从政务服务的“一网通办”到基层治理的“数字驾驶舱”，从基层党建的创新实践到公共服务的精准投放，无不彰显着数字化转型的强大生命力。因此，本研究的初衷是希望通过对G镇实践的剖析，以点带面，揭示其背后的逻辑与规律，为其他地方推进基层治理数字化转型提供借鉴。

历程：理论推演与实践分析的交汇融合

本研究是一次从理论到实践，再从实践回归理论的旅程。我通过研读大量的文献，汲取前人的智慧与洞见，论证并采用“结构-过程-功能”的分析框架，试图为基层治理数字化转型提供一个全新的分析视角。事实上，“结构-过程-功能”也不只是一个分析框架，而是有大量研究成果支撑的。它引导我深入剖析基层治理的内在逻辑，揭示数字化转型如何重塑基层治理结构、优化基层治理过程、强化基层治理功能。然而，理论与实践是相互依存、相互促进的关系。它们相互支撑、相互影响，共同构成了知识体系和社会进步的基石。在各个领域，我们都应该坚持理论与实践相结合的原则，以推动知识进步和社会发展。

理论的魅力在于其解释世界、预测未来、指导实践、激发创新思维的能力，以及提升人类智慧。不过，实践是检验真理的唯一标准。通过实践，人们可以检验理论是否契合实际，从而进一步完善和发展理论。通过本研究，我深刻体会到了理论与实践相结合的重要性。理论为我们提供了分析问题的框架和工具，而实践则为我们提供了验证理论、丰富理论的素材。正是这种理论与实践的良性互动，让我们的研究更加深入、更加生动。

本书从技术治理、数字治理、整体性治理、国家与社会关系等理论视角出发，按照“结构-过程-功能”的分析框架，以浙江省G镇作为典型案例，深入剖析了基层治理数字化转型的背景、动因、顶层设计、实践过程与结果，揭示其背后的政治逻辑、技术路径和制度保障，力求使研究更加科学、更加深入、更加具体，贴近政府、贴近社会。在这个过程中，我感受到了学术研究的魅力与艰辛，更体会到了作为学者应有的责任与担当。然而，研究之路并非一帆风顺。面对复杂多变的现实情况，我时常感到迷茫与困惑。但正是这些挑战与困难，激发了我不断探索、不断突破的决心与勇气。我深知，只有深入基层、贴近实际，才能捕捉到最真实的现状；只有广泛阅读、深入思考，才能提炼出深刻见解。

结论：基层治理数字化转型是一项复杂的系统工程

在信息化、数字化、智能化浪潮席卷全球的今天，基层治理数字化转型已成为不可逆转的趋势和现实。回顾整个研究过程，我深感基层治理数字化转型的复杂性和紧迫性。

基层治理数字化转型，可以理解为以数字技术为支撑，对基层治理体系、治理能力和治理方式进行全面升级和改造的过程；其目的在于通过引入先进的数字技术，提升基层治理的数字化、智能化、精细化、协同化、民主化水平和综合效能，更好地满足人民群众对美好生活的向往和需要，为实现国家治理体系和治理能力现代化奠定基础。基层治理数字化转型的本质在于对传统的基层治理模式、基层政府既有运作模式、基层社会治理范式等进行变革和创新。它要求基层治理主体具备数字化思维和数字治理能力，能够熟练运用数字技术开展工作；同时还需要构建适应数字化转型的治理体制机制，为数字化转型顺利进行提供保障和支撑。

本研究采用“结构-过程-功能”分析框架进行系统分析发现：首先，结构重塑促进基层治理现代化。数字化转型推动基层治理结构深刻变革，改变基层治理的组织架构与权力配置，促进扁平化、网络化的治理结构形成，增强了治理的灵活性和响应能力，加快了基层治理现代化进程，为提升基层治理效能提供了结构支撑。其次，过程数字化提升基层治理效率。

通过数字化手段优化基层治理的决策、执行、监督等过程，促使治理流程透明化、高效化和智能化，提高了基层治理运行效率，促进了政府和民众之间的互动与合作。最后，功能强化满足基层多元治理需求。数字化转型强化了基层治理的服务功能、管理功能、协调功能和创新功能，使其能够更精准地对接民众需求，更有效地应对复杂社会问题，满足了社会治理的多元化需求。

同时本研究也产生了几点启示：首先，基层治理数字化转型必须坚持以人民为中心的发展思想，确保技术服务于人民、造福于人民。其次，基层治理数字化转型需要政府、企业、社会组织等多元主体的共同参与和协作，形成共建共治共享的治理格局。最后，基层治理数字化转型需要坚守数字正义，注重数据安全与隐私保护，防范“技术官僚主义”“技术形式主义”，确保技术的发展应用不损害人民群众的合法权益。

此外，本研究还发现，当前推动基层治理数字化转型还面临着诸多挑战，如技术治理的局限性、制度变革的滞后性、多元主体协同的困难等。这些问题提醒我们，基层治理数字化转型并非一蹴而就，而是需要持续努力、不断优化。

感悟：基层治理数字化转型折射出温情与力量

回望来时路，每一步都走得那么坚定而又不易。基层治理，这个看似平凡却又关乎国家长治久安的领域，在数字化转型的浪潮中焕发出了前所未有的生机与活力。而我，有幸成为这场变革的记录者与见证者，用笔墨勾勒出它的轮廓，用思考探索它的未来。在本研究开展过程中，我深感数字背后的情感与能量。数字化转型并非简单的技术堆砌，而是技术与治理的深度融合，是技术与人文的相互促进。通过数字化手段，基层党政机关能够更加精准地把握民意、回应民需，提高治理效能；同时，数字化转型也为群众提供更加便捷、高效的服务体验，增强了他们的获得感、幸福感、安全感。

在浙江省 G 镇等地实地调研中，我看到了数字化转型给基层政府治理、社会治理产生的冲击、带来的变化。从与党政机关领导干部、专家学者的访谈、座谈，到深入社区、村、居民家庭、企业、社会组织等进行实地观察，一幕幕场景让我感受到了数字化转型的力量与温度。那些看似冰冷的数字背后，是党和政府对民生社稷的高度重视与倾力投入，是观念、制度与各类技术的交融互动。调研中，我一次次被那些看似平凡却又充满温情的故事感动。我看到了数字化技术如何帮助老年人、残疾人等跨越“数字鸿沟”，享受便捷的政务服务；我看到了智慧平台如何快速、精准地捕捉社情民意，及时解决群众的急难愁盼问题；我看到了基层干部如何利用数字化手段提高工作效率，更好地服务人民群众……这些故事让我深感数字化转型不仅仅是技术革新，更是治理理念的更新、治理范式的转型和人文关怀的显现。

总之，基层治理数字化转型不仅是一场技术革命，更是一场社会变革。它以独特的温情与力量，推动着社会进步和人类文明的发展。在这个过程中，我们需要保持开放的心态和创新的精神，积极探索数字化转型的无限可能，为构建更加美好的未来贡献自己的力量。

展望：未来的画卷与持续的探索

基层治理数字化转型是一项长期性系统工程，不仅是技术的革新应用，更是治理理念、治理结构、治理过程和治理功能的全面升级。随着大数据、云计算、物联网、区块链、人工智能等各类数字技术的快速发展，基层治理数字化转型不仅具备强大的技术支撑，而且面临着前所未有的发展机遇，当然也面临许多新问题、新挑战。这就需要我们持续关注数字技术的发展动态，不断更新治理理念、治理范式，以适应日益复杂多变的经济社会环境。同时，我们还要警惕技术治理的悖论，避免技术带来的碎片化、内卷化等问题，努力实现技术与社会、技术与制度的深度融合和协调发展。

展望未来，基层治理数字化转型的道路漫长且充满挑战。本研究只是抛砖引玉，对于我个人而言也只是万里长征的第一步，当下和未来都还有大量的问题需要研究、有更多的未知需要持续深入探寻。因此，我衷心希望本书能够为关注基层治理数字化转型的同人们提供一些有益的参考与启示，激发更多人的思考和行动。同时，我也期待在未来的研究中，能够与更多的同人携手并进，共同探索基层治理数字化转型的新思想、新路径、新模式、新方法，为推动实现基层治理现代化贡献智慧与力量。

致谢：苍白无力但发自内心的表白

随着本书圆满落笔，一路上艰辛与喜悦交织成的一幅幅生动画面，仿佛使我又回到了那些研读文献、调研访谈、四处求教、埋头写作、辗转反侧的日夜。抚今思昔，这本书是我多年研究心血的一个结晶，是对一段充满挑战与希望、汗水与泪水交织岁月的深情回望，更是我对那些关心我、支持我、陪伴我走过这段旅程的人们的最好回馈。在开展本研究的过程中，我得到了许多人的关心、支持与帮助。因此，借此机会我想尽力表达我最诚挚的谢意，但由于我应该感谢的人太多，他们给我的恩情源自不同层面、不同维度，所以我想敬请大家同意我将他们都珍藏在心底、付诸于行动，就不在下文逐一点名道谢了。

我要感谢我的博士生导师。自从认识您后，您独立高尚的人格、严谨的治学态度、深厚的学术造诣、充满智慧的启迪，对我产生了很大影响。博士论文写作过程中，您给予我悉心的指导，给我信心和力量。每一次我们的交流讨论都充满了思想的碰撞、灵感的火花、深厚的师生情谊。

我要感谢在研究过程中给予我关心支持帮助的前辈和师友，包括素未谋面的参考文献作者们——我们之间事实上进行了很多的思想对话、信息共享。办公室、会场中、餐桌上、飞机上、高铁上、电话里、网络上，等等，我向前辈和师友求教的场景至今历历在目。我们共同探讨对基础概念、核心理论还有分析框架的理解与认识，深入剖析基层治理的复杂结构与动态过程，努力揭示其数字化转型背后的政治逻辑、价值取向与路径选择。你们提供的真知灼见、意见建议，使我的研究成果更加完善和深入。你们的智慧和前期研究，为我搭建了知识的桥梁，让我能够站在巨人的肩膀上看得更深更远。

我要感谢我实地调研交流过的所有党政机关领导干部、基层工作者、居民群众等，特别是来自浙江省G镇的访谈对象。你们为我的调研提供了大力支持，你们的热情、真诚与担当作为的精神一次又一次感动着我、激励着我。你们长期奋战在基层一线，勇于创新的辛勤实践与成功或失败的努力探索，为我提供了鲜活的素材、给我提供了诸多启发。正是来自基层一线的人和事，让我逐步深入地理解了基层治理数字化转型的外在表征与内在逻辑，更加深刻地感受到了理论与现实、技术与人文之间的隔阂与交融。

我要感谢这些年来一起工作过的领导与同事。你们无论在工作中还是生活中都给予了我太多的关心支持与帮助，特别是在我们协同作业、并肩战斗的日子，留下了不可磨灭的回忆。感谢你们在我生命中留下的美好印记，让我的世界因你们而更加丰满多姿。愿我们之间温情长存，共同赐予我们幸福美好的未来。

我要感谢中国社会出版社的领导、编辑，你们的“工匠精神”和“劳模精神”深深感染了我，没有你们的大力支持、辛勤工作，这本书可能不会这般精致地与读者见面。当然，这不是最完美的作品，不过它承载了我和出版社同人们共同的价值追求和真挚情感。我们都希望通过这本书能够激发更多人对这一领域的关注与探讨，共同推动基层治理现代化不断走向深入。借此机会，我也想对所有可能会阅读本书的读者朋友们说：“希望你们能够从中获得有益的启示和收获，也期待你们提出宝贵的意见建议，以便我在未来的研究中不断改进和完善；书中难免有不足之处，还请海涵和指正。”

我必须要感谢我的父母和家人。因为他们是这个世界上最爱我的人，特别是我的父母。虽然父亲现在看不到这本书了，但他总是出现在我的脑海里和梦境中，无时无刻不跟母亲一样在牵挂我、鼓励我，源源不断地给我传递人世间最深最真的爱。我要感谢我的家人，他们是我坚实的后盾和避风的港湾。在我苦苦求索的岁月里，是他们给予了我无尽的理解和包容，给予了我暖心的鼓舞与关爱。

“世界潮流，浩浩荡荡，顺之则昌，逆之则亡！”回顾这段创作历程，我深刻体会到了学术研究的艰辛与乐趣。虽然过程中充满了挑战与困难，但正是这些经历让我更加坚定了对学术的热爱与追求。我相信，这本专著的出版将为我未来的研究道路奠定坚实的基础。

感恩相遇，感恩相伴。再次衷心感谢每一位在我成长发展之路上给予启迪、支持与陪伴的人。你们的大爱与期许，增强了我奋进的动力。你们的智慧之光，照亮了我的前行之路。天下大势，浩浩荡荡，担当作为，时不我待。期待未来我们能在更广阔的领域里绽放光彩，共同为民族复兴、强国伟业贡献智慧与力量。

“路漫漫其修远兮，吾将上下而求索。”是为记。

何立军

2024 年 6 月于北京